浙江省“十一五”重点建设教材

物流信息系统

琚春华　蒋长兵　白丽君　编著

中国物资出版社

图书在版编目（CIP）数据

物流信息系统／琚春华，蒋长兵，白丽君编著．—北京：中国物资出版社，2010.12
ISBN 978－7－5047－3629－1

Ⅰ．①物…　Ⅱ．①琚…　②蒋…　③白…　Ⅲ．物流—管理信息系统　Ⅳ．F252－39

中国版本图书馆 CIP 数据核字（2010）第 236827 号

策划编辑　马　军
责任编辑　王佳蕾
责任印制　方朋远
责任校对　孙会香　杨小静

中国物资出版社出版发行
网址：http：//www.clph.cn
社址：北京市西城区月坛北街 25 号
电话：（010）68589540　邮政编码：100834
全国新华书店经销
中国农业出版社印刷厂印刷

开本：787mm×1092mm　1/16　印张：18　字数：384 千字
2010 年 12 月第 1 版　2010 年 12 月第 1 次印刷
书号：ISBN 978－7－5047－3629－1/F·1447
印数：0001—3000 册
定价：32.00 元
（图书出现印装质量问题，本社负责调换）

前　言

早期的物流学是专门研究物质资料流动的一门学科，随着物流学科的发展与应用，物流学研究的范围和内容也在不断地扩大和丰富，特别是现代信息技术、供应链管理技术给物流学增添了新的内容，与之相伴而生的现代物流也正在成为新的需要研究的课题。随着我国经济体制改革的不断深入，经济全球化和我国融入到 WTO 的体系中，物流业作为现代服务经济的重要支柱和组成部分，必将在我国得到空前发展，并成为我国国民经济新的重要产业和新的经济增长点。

现代物流的内涵十分丰富，不仅有许多理论问题有待深入探讨，而且在如何实现现代物流方面更需要通过不断实践积累经验。《物流信息系统》是一本既具有理论性，又具有实践性的物流信息系统专业书籍。作者多年来从事现代物流学领域的科研与教学，结合参加企业和政府物流研究项目的实践，较为透彻完整地阐述了物流信息系统建设的一些基本理论，采用了大量的图表和案例分析，较为客观而真实地反映了物流信息系统建设的前沿。相信本书的出版对国内物流信息系统建设实践、对现代物流人才的培养，将起到非常积极的促进作用，特别是针对当前物流热衷于宣传、匮于实践的状况，更具有指导意义。

在写作本书过程中，借鉴了国内外许多专家学者的学术观点，参阅了许多报刊媒体和专业站点的资料，在此特别鸣谢。还要特别感谢东南大学赵林度教授、东北大学戢守峰教授、浙江大学邹小平、刘伟文教授，他们对这本书的编辑和写作给予了不遗余力的支持，整个写作过程是对科研和教学的一次巨大的升华。

由于作者水平有限，成稿时间仓促，书中表述难免出现疏忽和谬误，敬请各位专家、读者提出批评意见，并及时反馈给作者，以便逐步完善（联系邮箱：jch@ mail. zjgsu. edu. cn，johncabin@ mail. zjgsu. edu. cn，blj@ mail. zjgsu. edu. cn）。

琚春华　蒋长兵　白丽君

2010 年 10 月于浙江工商大学

目　　录

第1篇　基础理论篇

1　物流信息系统基础 …… 3
1.1　信息与系统 …… 3
1.2　信息系统 …… 11
1.3　物流信息系统 …… 16
2　物流信息系统的技术基础 …… 27
2.1　物流信息技术概述 …… 27
2.2　数据采集与识别技术 …… 29
2.3　数据传输与交换技术 …… 36
2.4　物流动态跟踪技术 …… 46
2.5　电子商务技术 …… 50

第2篇　方法篇

3　物流信息系统的开发方法 …… 59
3.1　物流信息系统开发概述 …… 59
3.2　物流信息系统的开发方法 …… 63
3.3　物流信息系统的开发方式 …… 75
4　物流信息系统规划 …… 79
4.1　物流信息系统规划的作用 …… 79
4.2　物流信息系统规划的内容 …… 80
4.3　物流信息系统规划的步骤 …… 81
4.4　物流信息系统规划的方法 …… 82

4.5 企业流程重组 …… 94
5 物流信息系统的系统分析 …… 97
5.1 物流信息系统分析概述 …… 97
5.2 物流信息系统的需求分析 …… 99
5.3 组织结构分析 …… 104
5.4 业务流程分析 …… 107
5.5 数据流程分析 …… 110
5.6 数据字典 …… 118
5.7 描述处理逻辑的工具 …… 121
5.8 建立新系统逻辑方案 …… 123
5.9 系统分析报告 …… 124
6 物流信息系统的系统设计 …… 126
6.1 物流信息系统设计的任务 …… 126
6.2 系统模块结构设计 …… 127
6.3 系统物理配置方案设计 …… 130
6.4 代码设计 …… 131
6.5 界面设计 …… 134
6.6 数据库设计 …… 135
6.7 输入设计 …… 136
6.8 输出设计 …… 138
6.9 处理过程设计 …… 139
6.10 系统设计说明书 …… 142
7 物流信息系统的实施、运行维护和评价 …… 143
7.1 物流信息系统实施概述 …… 143
7.2 物理系统的实施 …… 144
7.3 程序设计和调试 …… 145
7.4 系统测试 …… 148
7.5 数据准备 …… 152
7.6 人员培训 …… 153
7.7 系统转换 …… 154
7.8 物流信息系统的运行和维护 …… 155
7.9 物流信息系统的评价 …… 159

第3篇 环境篇

8 物流信息系统开发环境 …… 165

8.1 VB 的简单介绍 …… 165

8.2 Delphi 的简单介绍 …… 171

8.3 其他主流 Web 编程技术介绍 …… 179

9 物流信息系统数据库环境 …… 184

9.1 关系数据库管理系统 …… 184

9.2 结构化查询语句 SQL …… 185

9.3 ODBC/JDBC 介绍 …… 192

9.4 SQL Server/Sybase/Oracle 介绍 …… 196

10 电子商务环境及物流信息系统网络 …… 202

10.1 电子商务发展的环境和前景分析 …… 202

10.2 客户机、服务器结构 …… 205

10.3 浏览器、服务器结构 …… 206

10.4 分布式计算与网格计算 …… 207

第4篇 管理篇

11 物流信息系统项目管理与质量管理 …… 211

11.1 物流信息系统项目管理 …… 211

11.2 物流信息系统质量管理 …… 215

第5篇 案例篇

12 典型的物流信息系统设计方案介绍 …… 221

12.1 第三方物流信息管理系统方案设计 …… 221

12.2 第四方物流信息管理系统方案设计 …… 233

12.3 供应链管理信息系统设计 …… 240

12.4 货代业务信息系统设计 …… 248

12.5 企业物流信息门户设计 …… 252

13　典型配送中心仓储管理信息系统案例 …… 257
13.1　配送中心仓储管理信息系统概述 …… 257
13.2　系统分析 …… 258
13.3　系统设计 …… 260
13.4　系统实施 …… 268

参考文献 …… 277

第 1 篇

基础理论篇

1 物流信息系统基础

内容提要：

物流活动进行中必需的信息为物流信息。所谓信息是指能够反映事物内涵的知识、资料、情报、图像、数据、文件、语言、声音等。信息是事物的内容、形式及其发展变化的反映。因此，物流信息和运输、仓储等环节都有密切关系，在物流活动中起着神经系统的作用。加强物流信息的管理才能使物流成为一个有机的整体，而不是各个环节孤立的活动。一些物流产业发达的国家都把加强物流信息工作作为改善物流状况的关键而给予充分的注意。在物流活动中不仅要对各项活动进行计划预测、动态分析，还要及时提供物流费用、生产情况、市场动态等有关信息。只有及时收集和传输有关信息，才能使物流通畅化、定量化。

本章主要阐述了信息与系统、信息系统及其物流信息系统的内在关系，明确了企业构建物流信息系统的重要性。

学习要点：

通过这一章内容的学习，我们要达到这样几个目标：

(1) 掌握信息的概念，包括信息的定义、类型、特性；系统的定义与特征。

(2) 掌握信息系统的概念及其基本功能、理解信息系统的基本结构。

(3) 掌握物流信息的概念、理解物流信息与物流系统的关系以及物流信息系统的开发原则。

1.1 信息与系统

1.1.1 信息的概念

信息和数据是我们经常使用的词汇和术语，也是信息系统中最基本的概念。信息系统处理的主要对象是大量的各式各样的信息和数据。当今社会已进入日新月异的信息时代，信息和数据已经被广泛地应用到社会生活的各个领域。那么，什么是信息？基于不同的领域和不同的研究目的，人们对信息的定义也是五花八门。例如，信息是数据加工处理的结果；信息是一种有用的知识；信息是对现实世界某一方面的客观认识；等等。由此可见，信息是一种包容性很强、很难被确切定义的术语。本书主要从信息系统的角度对信息进行定义。在给信息进行定义之前，首先让我们了解一下数据的概念。

所谓数据，就是用来反映客观事物的性质、属性，以及相互关系的任何字符、数字和图形。例如，"五艘集装箱货轮"，其中的"五"和"集装箱"就是数据。"五"表示了货轮的数量特征，"集装箱"反映了货轮的类型。在信息系统领域中，我们可以将数据这样定义：数据是记录客观事物的可以鉴别的符号，数据不仅包括数字，还可以是文字、图形及声音等。

数据是一种原始记录，没有经过加工的数据是粗糙的、杂乱的，但是它是真实的、可靠的、有积累的价值。现代科技的飞速发展已经使计算机能够处理数量惊人的各种数据，而我们更关注那些经过计算机处理过的数据，这是因为我们可以从这些数据中得到有用的信息。

现代经济生活每天都产生大量的各式各样的信息。信息论的创始人香农对信息的定义是：信息是一种对不确定性的消除。事物的不确定性被消除得越大，信息量就越大。对信息的定义，有的从使用者的视角出发进行定义，有的从纯技术的角度来进行概括。一般来说，信息总是通过数据形式来表示，加载在数据之上并对数据的具体含义进行解释。信息是客观世界的反映，它提供了有关现实世界某些事物的知识，这种知识对信息的接受者来说是有价值的。所以，信息与数据是两个不同的概念，数据经过加工处理后才能成为信息，同时，信息也需要通过数据来表示。

近50年来，科学界一直在对信息的定义进行积极的探索，Information以前在我国译作"情报"，所以现在社会上有不少人认为搞信息的就是搞情报的，这种片面的理解也就不足为奇了。有关信息的定义很多，但由于其本身内涵的全面性和科学性，目前尚无一个令大家都接受的定义。例如：

信息是使人们促进知识更新和认识事物的客观存在。

信息是维系事物内部结构和外部联系，感知、表达并反映其属性和差异的状态和方式。

信息是指应用文字、数据或信号等形式通过一定的传递和处理，来表现各种相互联系的客观事物在运动变化中所具有特征性内容的总称。

信息是减少不确定性的一种客观存在和能动过程。

它们都从不同的侧面反映了信息的某些特征，而且随着时间的推移，时代将赋予信息新的含义，是一个动态的概念。现代"信息"的概念，已经与半导体技术、微电子技术、计算机技术、通信技术、网络技术、多媒体技术、信息服务业、信息产业、信息经济、信息化社会、信息管理、信息论等含义紧密地联系在一起。

总之，可以认为，信息是对客观世界中各种事物的变化和特征的反映；是客观事物之间相互作用和联系的表征；是客观事物经过感知或认识后的再现。

1.1.2 信息的类型、特征与功能

1. 信息的类型

信息的外延特征就是信息的各种类型，是对信息概念进一步的形象化认识。按不同的分类标准，信息可以划分为不同的类型。图 1－1 是米哈依洛夫的信息两分分类，这一分法对我们从总体上理解信息的类型是有益的，世界上确实存在着我们理解不了也无法描述的现象。

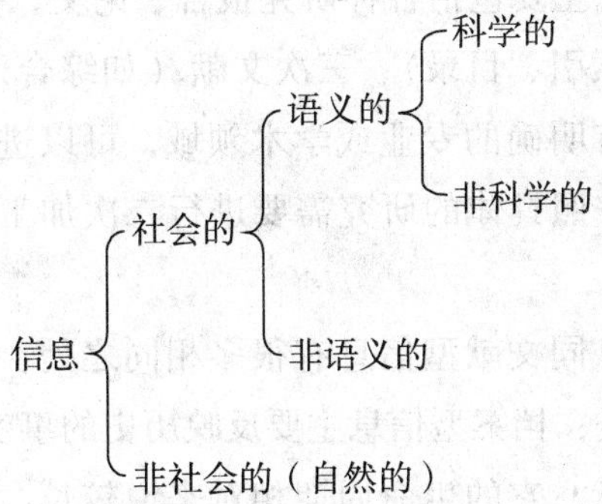

图 1－1 信息的两分分类

根据我们的专业与教学目的，按以下标准进行的几种分类是值得我们注意的。不同级次的信息有不同的价值，不同形式的信息有不同的管理开发方式，不同内容的信息有不同的目的，同时它们又是相互联系、相辅相成的。

（1）按信息产生的先后或加工深度划分。

①一次信息。一次信息是客观事件的第一记录，即现实中所发生事件的原始记录。它可能来自于政府的调查与评论、新闻报道与广播、公共机构的内部信息源、营利性公司的市场调查等。政府的决议或专家的报告，一段出自某个人心得的直接引语，或由收音机、电视机或其他视听系统记录的一次谈话、图片，都是一次信息。一次信息可能是口头的、图片的、图解的或数字的，也可由表格、清单、公式等组成。原始信息是大量的、零星的、分散的、无规则的，在存储、检索、传递和应用方面存在困难，依据人们的能力和需求，其质量与价值有多重表现。为了更有效地利用信息，需要对其进行加工处理成二次信息、三次信息。

②二次信息。对一次信息加工处理后得到的信息就成了二次信息。典型的二次信息是文摘期刊、文摘报、索引期刊和简报等，这种信息已呈现有序的、有规则的特征。文摘或摘要提供一个主题的清晰轮廓，它是简要地把事实压缩成关键概念的信息，并清除或减少无关概念。索引是将一类相关的主题以标题或关键字的形式提供给使用者，

通过它，人们可以方便地检索到所需要的内容。经过加工后的二次信息易于存储、检索、传递和使用，有较高的使用价值。比如，《世界经理人文摘》、《管理科学文摘》、《经济参考文摘》等提供了大量的二次信息。

③三次信息。三次信息组成的服务是系统地组织、压缩和分析一次和二次信息的结果，是通过二次信息提供的线索对某一范围的一次信息、二次信息进行分析、综合研究、核算加工所生成的信息，是人们深入研究的结晶。包括综述、专题报告、词典、年鉴等。

（2）按信息的表现形式划分。

①文献型。文献型信息主要包括各种研究报告、论文、资料、刊物、书籍、汇编，以及它们的二次文献（如索引、目录）、三次文献（如综合评述、评论等）。文献型信息的特点是以文字为主，有明确的专业或学术领域，可以进行编目、分类等进行整序处理生成二次文献，还可按照具体的研究需要进行二次加工，形成专题研究报告等三次文献。

②档案型。档案型信息同文献型信息有很多相同之处：以文字为主，内容结构比较清晰。其主要不同之处是：档案型信息主要反映历史的事实和演变过程，是“事后”的、经过整理、筛选的文献，它的生命周期相对来说较长、较稳定，按时间序列贯穿始终。档案型信息包括行政、技术、财务、人事等各方面内容。档案法规定在工作中继续使用的、未经整理归档的资料不是档案。

③统计型。这是信息管理者接触到的最重要的一类信息。统计型信息是数字型信息的集合，是反映大量现象的特征和规律性的数字资料。包括以数据为基础的情况分析、趋势分析等内容。以数据、图表为主要表现形式是统计型信息区别于其他类型信息的主要特点。

④图像型。图像处理技术是当今信息技术的重要领域。数字化信息技术的发展，使图像信息成为信息管理的一种重要类型。照片、电影、遥测遥感图像、电视、录像等图像信息所传递的信息量远远大于文字所传递的信息量，是一种十分有效的记录信息的方式。其管理的方式需要适应图像信息的特点。

⑤动态型。动态信息主要是行情、商情、战况等瞬息万变情况的反映，它的特点是：生命周期很短，强调时效性；需要进行积累加工，才能产生有价值的信息。动态信息的收集、加工、存储和传递都与其他类型的信息不同，对接受主体的要求很高。人们需要丰富的知识和分析能力，才能利用和判别动态信息，得到正确的结论。

（3）按信息记录内容与使用领域划分。

①经济信息。经济信息是在经济活动过程中形成的，在生产、消费、流通、分配的各种经济活动中，必然伴随着大量信息的收集、处理和利用。在原始的物物交换中，

信息还只是隐含在各种具体商品中。随经济生活的发展，信息逐渐脱离了其具体载体，成为抽象的一般等价物。首先是货币，其次是各种有价证券，最后到现代的电子货币。在各种经济管理与经济活动中，还有繁多的其他形式的经济信息，国家经济政策法规信息、新技术开发与应用信息、生产经营信息、劳动人事信息、商业贸易信息、金融投资信息、市场需求信息等都是经济信息。

②管理信息。管理信息是指各行业各个层次管理与决策活动所需要的信息。如人事、工资、计划、财务、统计、社会和政治等多方面的内容和外部信息。经济与管理是孪生兄弟，是有明确目的的管理活动，离不开诸如经济信息等多方面相关信息。

③科技信息。人类的科学研究积累了大量的信息。包括各种理论、学说、发明、专利，以及大量的资料数据。与科学、技术等有关的信息成为科技信息。从内容性质上看有两部分：一是科学技术成果与科研方法等知识内容；二是科学研究计划管理等工作活动的内容。科技信息较多地使用各种形式的文献，如通过报刊、电视网络等媒介传递。知识经济时代，科学技术构成经济发展的重要因素，经济分析离不开科技信息。广义上讲，科技信息是经济信息的子集。

④政务信息。政府机关活动产生的信息，如方针政策、法规条例、政府决议、公报条约、国际往来、社会状况及日常活动等。政务信息多以文件形式传播。政务活动对人类的其他活动都有影响，经济管理决策离不开政务信息。

⑤文教信息。文化是一个含义广泛的行业，包括人类创造的物质文明和精神文明的总和。这里的文教信息是指教育、体育、文学、艺术等有关信息。教育是产业，体育是产业，文化艺术更是产业，知识产业是今天的热门话题，是经济发展的有生力量。

⑥军事信息。国防、战争等与军事活动有关的信息，如国防与军队的现代化建设、战略战术研究、武器发展研制、部队管理及作战等有关的信息。一个发展的经济离不开稳定的国内国际环境，一个稳定的社会环境离不开国防建设，经济信息与军事信息息息相关。

2. 信息的基本特征

（1）客观性。信息是事物变化和状态的客观反映，其实质内容具有客观性。因为事物变化和状态都是客观存在的，它的反映也是客观的。信息的客观性特征是由信息源的客观性决定的。信息一旦形成，本身具有客观实用性。

（2）主观性。对于信息和信息处理的任何研究与讨论，都离不开主体的目的或目标（即人们的目的或需求）。

（3）抽象性。即二重性。必须区分信息的载体与内容，使信息有可能在不同的载体之间转化与传递。这里需要强调的是，人们往往将主要注意力集中在信息的载体（例如计算机网络的建设）或技术手段上，而忽略了信息的内容，这种本末倒置现象的产生就源于对信息的抽象性缺乏明确的认识。

（4）整体性。即系统性。信息必须作为表达客观事物（或系统）的完整描述中的一环，脱离了全局，零碎的信息将毫无意义。

（5）时效性。客观事物（或系统）都是在不断发展变化的，信息只有及时、新颖，才能发挥巨大的作用，才有价值。

（6）层次性。信息及其处理与客观事物（或系统）的层次密切相关，只有合理地确定层次，才能正确地确定信息需求的范围和信息的价值，并有效地进行信息处理。

（7）不完全性。信息与不确定性是对立统一的整体，客观事物的无限复杂与动态变化，决定了信息的无限性。故信息的完全性只能是相对的，而其不完全性则是绝对的。因此，我们在信息的处理过程中，要能在信息不完全的情况下，以各种可能的方法，力图降低其不确定性，提供比较合理的信息服务与支持，避免僵化。

（8）普遍性和无限性。信息是事物运动的状态和方式，只要有运动的事物存在，就必然有信息产生。根据马克思主义的哲学观点，宇宙间无绝对真空，亦无绝对静止事物，万事万物在不停地运动着，这就决定了信息是普遍存在的。事实上，从物质的微观结构到宇宙天体，从自然界的湖光山色到生物界的活动，从人类生活的时间到空间，信息无处不在，无时不有。信息和阳光、空气一样，普遍存在于自然界和人类社会。

从哲学的角度考察信息，普遍性的另一面便是无限性，因此由普遍性的特征又派生出无限性的特征。

3. 信息的地位和作用

（1）信息是联系客观事物（或系统）各部分的纽带。一个企业，正是通过其物流（原料、半成品、成品等）、能量流（水、电、汽、风等）和信息流（物流、能量流的量、质及控制信息等）三者的紧密联系，才构成一个有机的整体。

（2）信息是客观事物（或系统）的表征。企业的生产、经营情况正是通过其产品结构、产值产量、经营总额、利税总额等信息来体现的。

（3）信息是客观事物（或系统）管理与控制的依据及实现手段。企业领导者正是通过掌握企业生产、经营的有关信息，来判断目前生产、经营状态是否正常，从而作出有关调整的决策并加以实施，以便使生产、经营活动正常进行。

（4）信息是科学技术转化为生产力的桥梁与工具。科学研究的成果、实验中的发明、技术上的创新作为推动社会前进的直接生产力是需要转化的，而转化的桥梁则是人们所要把握的信息和其他一些因素。

（5）信息是经济发展的保证。信息是很重要的资源，这一点已得到了国际社会的广泛承认，这也是“信息是现代经济发展的保证”这一论断的理论和实践的依据。

1.1.3 系统的概念与特征

1. 系统的概念

“系统”这个词来源于古希腊 System，有“共同”和“给以位置”的含义。现代关于系统的定义很不统一，一般可以理解为“系统是由两个以上相互区别或相互作用的单元之间有机结合起来，完成某一功能的综合体”。系统中每一个单元也可以称为一个子系统。系统与系统的关系是相对的，一个系统可能是另一个更大系统的子系统，而一个系统也可以继续分成更小的系统。在现实中一个机组、一个工厂、一个部门、一项计划、一个研究项目、一套制度等都可以看成是一个系统。由定义可知，系统的形成应具备以下条件，即系统是由两个或两个以上要素组成；各个要素都具有一定的目的；各要素间相互联系，使系统保持相对稳定；系统具有一定结构，保持系统的有序性，从而使系统具有特定的功能。

2. 系统的特征

（1）系统的整体性。组成系统的各个要素不是简单地集合在一起的，而是有机地组成一个整体，每个元素要服从整体，追求整体最优，而不是每个元素最优。这就是通常所说的全局观点。有了系统的整体性，即使在系统中每个元素并不十分完善，通过综合、协调，仍然使整体系统达到较完美的程度。反之，如果不考虑整体利益，单纯地追求每个元素达到最好的结果，从全局看系统还可能是最差的系统。

（2）系统的层次性。系统的层次性是指系统的每个元素本身又可看做一个系统，我们称之为是系统的“子系统”。作为一个例子，我们可以以国民经济系统为例，它的下面有许多子系统，如工业系统、农业系统、银行系统、商业系统、交通系统，等等。而交通系统又可分为民航系统、公路系统、铁路系统、水运系统。

（3）系统的相关性。组成系统的各个元素相互关联并相互作用。例如，在国民经济系统中，工业系统为农业系统提供机械设备、化肥等，而农业系统为工业系统提供原料、粮食和市场等。系统各个元素的相互关联、相互支援和相互制约，使之有机结合成为有特定功能的社会系统。

（4）系统的目的性。任何系统都是有目的和目标的。例如，教育系统的目的是为了提高教学水平、提高人的素质，其目的是通过系统的功能达到和实现的，因此任何系统都具备某种功能。

（5）系统对环境的适应性。任何系统都处于一定的环境之中，系统总要受到环境的影响和制约。系统也要对环境的变化作出某种反应。我们把环境对系统的影响称为刺激或冲击，而系统对环境的反应称为反响。系统对环境的适应性表现为环境对系统提出的限制和系统对环境的反馈控制作用。

1.1.4 系统模型

系统是相对外部环境而言的，并且和外部环境的界限往往是模糊过渡的，所以严格地说系统是一个模糊集合。外部环境向系统提供劳力、手段、资源、能量、信息，称为系统的“输入”。将系统的“输入”进行必要的转换处理活动，使之成为有用的产成品，供外部环境使用，称之为系统的“输出”。输入、处理和输出是系统的三要素。如一个工厂输入原材料，经过加工处理，得到一定产品作为输出，这就成为生产系统。外部环境因资源有限、需求波动、技术进步以及其他各种变化因素的影响，对系统加以约束或影响，这些因素称为系统的“干扰”因素。此外，输出的成果不一定是理想的，可能偏离预期目标，因此要将输出的信息返回给输入，以便调整和修正系统的活动，这称为系统的“反馈”。系统的一般模式如图 1－2 所示。

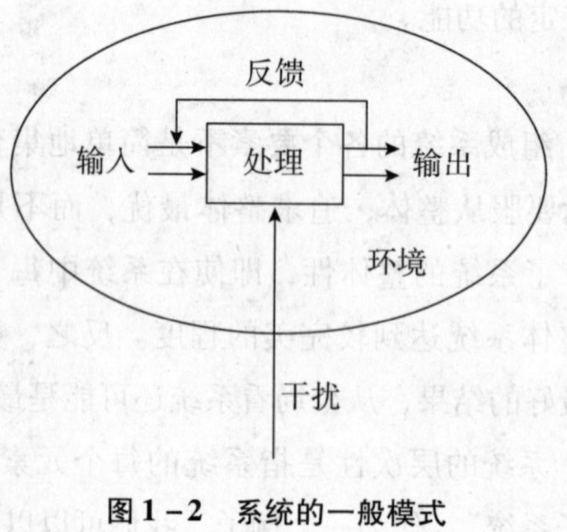

图 1－2 系统的一般模式

1.1.5 系统理论与方法

系统理论与方法是一种行之有效的研究手段，它已广泛地运用到科学技术生产实践和社会生活的许多领域，系统理论作为企业管理的有力手段，正日益发挥其应有的作用，它为企业的经营投资决策提供了一定的理论依据。一般来讲，系统理论与方法主要包括以下 3 种：

1. 系统管理理论

系统管理理论是系统工程的第一个核心内容，它既把研究的对象看做一个系统整体，又把研究对象的过程看做一个整体。这就是说，一方面对于任何一个研究对象，即使它是由各个不相同的结构和功能部分所组成的，都要把它看成是一个为完成特定目标而由若干个要素有机结合的整体来处理，并且还应把这个整体看做是它所从属的更大系统的组成部分来考察和研究；另一方面对于研究对象的研制过程也作为一个整体来对待，即以系统的规划、研究、设计、制造、试验和使用作为整个过程，分析这些工作环节的组成和联系，从整体出发来掌握各个工作环节之间的信息以及信息传递路线，分析它们的控制、反馈关系，从而建立系统研制全过程的模型，全面地看待和改善整个工作过程，以实现整体最优化。

2. 运筹学管理数学模型

有很多学者把数量化看做系统工程的特点，即运用数学模型来加强管理工作的定量分析。其实这种说法只抓住了问题的一个方面。因为在管理科学中运用数学方法是由来已久的，泰罗（F. Taylor）就有制定工时定额的定量分析内容。著名的威尔逊库存数量模型早在1915年以前就产生了。所以问题不仅在于用不用数学方法，还在于用什么样的数学方法。系统工程中运用数学方法比以前管理数学方法更加深化了。它运用20世纪40年代后发展起来的运筹学作为主要的定量分析手段，建立了运筹学管理数学模型。这是系统工程的第二个核心内容。

3. 综合应用方法

系统工程强调综合运用各个学科和各个技术领域内所获得的成就和方法，使得各种方法相互配合，达到系统整体最优化。系统工程对各种方法的综合运用，并不是将各种方法进行简单的堆砌叠加，而是从系统的总目标出发，将各种相关的方法协调配合，互相渗透、互相融合，综合应用。由于系统工程研究的对象在规模、结构、层次、相互联系等方面高度复杂，综合应用日益广泛，其科学的现代化组织管理的重要性也显得日益突出。这是系统工程的第三个核心内容。

1.2 信息系统

1.2.1 信息系统的概念

信息系统是一种由人、计算机（包括网络）和管理规则组成的集成化系统。该系统利用计算机软硬件，分析、计划、控制和决策用的模型、数据，为一个企业或组织的作业、管理和决策提供信息支持。

组织是指在社会系统中为实现共同目标而形成的具有一定形式和结构的人的群体和关系，它所面临的主要任务就是管理，即对组织的人、财、物、信息等进行管理。在组织活动中，由人员、资金、物资、信息等要素组成了各种“流”。其中，信息流伴随着其他“流”而产生，并通过管理活动起着引导人员、资金、物资等进行有规则流转的作用。现代狭义的信息系统概念就是指基于计算机和通信技术等现代化信息技术手段之上的、集组织的各种信息流为一体并为组织管理提供信息服务的系统。信息管理是组织的一种重要的管理行为，也是信息系统的基本功能。

实际上，信息系统是一个金字塔形的结构，它包括4个层次：第一层（最低层）

为初级信息系统，它进行一般的事物数据处理，以改善人工数据处理；第二层是在计算机网络、数据库支持下，用于作业计划、决策制定和控制的信息系统；第三层用于辅助战术计划和决策活动的信息系统；第四层（最顶层）为支持最高决策者进行战略决策的信息系统，这一层不仅要运用数据库、方法库和模型库，而且还要用人工智能、专家系统的技术，所以最高层又称为智能化信息系统。信息系统的层次结构如图1－3所示。

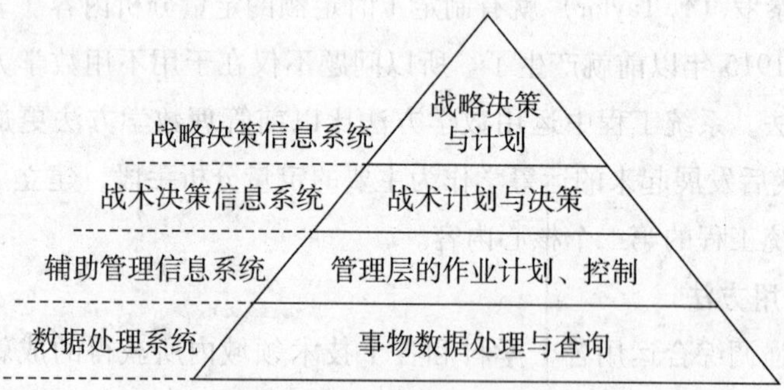

图1－3　信息系统的结构

1.2.2　信息系统的基本功能

信息系统的不同阶段和不同层次之间通过信息流紧密地联系在一起，因而在信息系统中，总是存在对信息进行采集、传输、存储、处理、显示和分析等环节。它的基本功能可以归纳为以下几个方面，如图1－4所示。

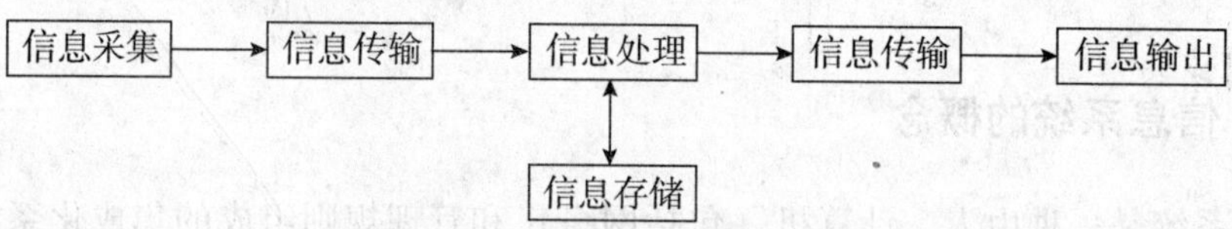

图1－4　信息系统的基本功能

（1）数据的收集和输入。数据是信息系统处理的对象。在信息系统处理流程中，首先需要对数据进行收集和输入。当数据记录在一定介质上并经校验后，即可输入系统进行处理。在实际处理中，可以通过输入设备将系统所需数据随时进行输入。例如，在物流信息系统中，POS系统可以完成部分数据的收集和输入，通过EDI系统完成数据传输，为零售商提供决策支持。

（2）数据的加工处理。数据具有一定的抽象性、原始性，要使之成为有用的信息必须进行加工处理。信息系统具有加工处理数据的作用，数据加工的方法很多，包括代数运算、统计量的计算及各种检验、各种最优算法、模拟预测、排序分类与合并等。信息系统的这一部分功能的强弱直接关系到信息系统的优劣，现代高级的信息系统已经能够处理数量惊人的各种数据。

(3) 数据的存储功能。在日常经济管理过程中往往要产生大量的各种类型的数据，其中又有相当一部分数据需要重复使用，大量的经过加工处理而得到的有关信息和数据也要随时存储起来，以备将来使用和更新。信息系统的这种存储数据的功能方便了管理者的日常业务处理，大大提高了工作效率。

(4) 数据传输功能。一般较大的信息系统都具有较大的规模，在地理上有一定的分布，此时数据传输就成为信息系统必备的一项基本功能。在传输过程中要考虑信息的种类、数量、频率和可靠性等因素，实际上传输与存储常常联系在一起。

(5) 信息输出功能。信息系统服务的对象是管理者，因此，它必须具备向管理者提供信息的手段和机制。信息系统对加工处理后所得到的信息，可以根据不同的需要，以不同的方式输出。有的直接供管理者使用，例如，以报表、图形等形式输出；有的则是供计算机进一步处理、分析，例如，将中间结果输出到有关介质上。

1.2.3 信息系统的结构

作为一个系统，信息系统也必然有一定的结构。这种结构反映了信息系统所具有的特点、功能及现阶段人们对信息系统的认识和技术发展水平。信息系统的结构就是指组成信息系统各部分之间的相互关系的总和。信息系统虽然是组织信息流的综合体，但其结构与组织的结构不一定相同。组织结构一般是树状的，是为完成组织各项目标而形成的管理体系，而信息系统的结构可以不受组织结构的束缚，多是网状的，是为满足信息采集、处理、存储、分析、传递等需要建立起来的体系。随着信息技术的发展，信息系统的结构也经历了由低级向高级、由简单到复杂、由单项到综合的发展过程。

(1) 信息系统的物理结构。信息系统的物理结构是指避开信息系统各部分的实际工作和软件结构，只抽象地考察其硬件系统的拓扑结构。信息系统的物理结构一般有3种类型：集中式、分散—集中式和分布式。

①集中式。早期的信息系统，由于计算机和通信设备所限，都采用集中式的结构。集中式是由一台主机带若干终端，运行多用户操作系统供多个用户使用。主机承担系统所有的数据处理、数据存储和应用管理，因此必须有大存储容量、超高速I/O传输速率，一般由小型机甚至中大型机担任；终端一般是非智能的，即没有信息处理能力，只是将键盘输入的信息送主机和将主机输出的信息送显示器的哑终端；多用户操作系统有很多，不同的机型都有专用的多用户操作系统，唯一能在不同机型上运行的操作系统是UNIX，但不同机型上的版本也是不兼容的。这种系统结构的优点是数据高度集中，便于管理控制；缺点是系统灵活性差，扩展能力有限，且维护困难，一旦主机出现故障则造成整个系统的瘫痪。为保证系统的可靠性，通常需采用高代价的双机系统

或容错机。

②分散—集中式。20 世纪 70～80 年代出现了微型计算机和计算机网络系统，但由于当时的微机功能十分有限，故多采用分散—集中式系统。这就是用微机或工作站执行应用软件和数据库管理软件，通过局域网与由一台或几台作为整个系统的主机和信息处理交换中枢的小型机乃至大型机相联。这种结构的优点是，主机主要作为文件服务器负责根据用户的请求读取传送文件，并可集中管理共享资源，各个工作站既能相互独立地处理各自的业务，必要时又是一个整体，可相互传递信息、共享数据，因而较灵活，易扩展；缺点是，文件服务器提供服务的能力有限，它仅以将整个文件在网络中传输的方式进行服务，因而导致网络通信负荷重，系统维护较困难。

③分布式。20 世纪 80～90 年代，在计算机网络技术和分布式计算的基础上出现了一种新的客户—服务器（Client/Server，C/S）模式，对信息系统的结构体系产生了极大的影响。这种结构由微机、工作站充当客户机，负责执行前台功能，如管理用户接口、收集数据和报告请求等；由一台或分散在不同地点的多台微机、工作站、小型机或大型机充当服务器，负责执行后台功能，如管理共享外设、控制对共享数据库的存取、接受并回答客户机的请求等，再用总线结构的网络把客户机和服务器连接起来。它与分散—集中式的区别在于将系统的任务一分为二，即客户机承担每个用户专有的外围应用功能，负责处理用户的应用程序，服务器承担数据库系统的数据服务功能，负责执行数据库管理软件。这样，两种设备功能明确，可以高度优化系统的功能。数据库服务器处理客户机的请求，然后只返回结果，这就大大减少了网络的传输负担，避免网络堵塞。这种结构任务分布合理，资源利用率高，有较强的可伸缩性和可扩展性，系统开发与维护较为方便，而且可靠性也相对较高。但随着系统规模的不断扩大，构成 C/S 体系结构的多类型部件的兼容问题也会变得越来越复杂，组织的信息资源共享问题仍有待解决。

（2）信息系统的逻辑结构。信息系统的逻辑结构是从其功能角度来描述的，是指各功能子系统的联合体。信息系统的基本功能是管理与组织活动有关的信息，为组织管理提供信息支持。根据组织的业务活动和管理层次，信息系统的逻辑结构可以从两个方面进行分析。

①基于组织业务功能的信息系统结构。组织的业务功能是多种多样的。例如，在一个制造业企业，其典型的业务功能包括：研究开发、生产、市场销售、财会、物资、人事及信息管理、行政管理等。每种业务活动都有一定的信息需求，并会产生伴随着业务活动的信息流，从而产生了按照职能结构原则设计的信息系统。信息系统支持着组织机构的各种功能子系统，与组织的业务功能平行地开发出各信息子系统，形成了基于组织业务功能的信息系统结构。主要包括：研究开发子系统、生产子系统、市场

销售子系统、物资供应子系统、财会子系统、人事子系统、信息处理子系统、行政管理子系统等。

②基于组织管理功能的信息系统结构。信息系统是为组织管理提供信息支持服务的，这意味着信息系统的结构也可以按组织管理活动的层次来划分。组织的管理活动一般分为3个层次，即作业层、管理层和战略层，每一层次的管理决策功能和信息需求各不相同，如表1－1所示。相应地，信息系统的结构亦可分为作业控制子系统、管理监督子系统和战略规划子系统。

作业控制是确保组织的各项业务活动能充分有效地完成的过程，所要进行的步骤一般都是相当稳定的，进行决策和产生的行动通常持续时间较短（一天至一周）。作业控制子系统的信息支持主要有日常业务处理、报表处理和查询处理。如销售服务，需要对销售数据进行收集、统计、查询，产生销售报表，对各种会计账簿登录、查询及产生相应的报表等。作业控制层主要处理的是组织内部的业务数据，数据处理量大，是组织信息系统的基础。

表1－1　　组织管理活动的层次

管理层次	决策特征	功能特征	信息需求特征				
			信息源	信息内容	时间性	精确度	信息种类
作业层	短期的、结构化决策：决策过程和方法均有固定规律可循，能用形式化的方法描述求解	充分有效地利用既有资源提高工作效率，以求在预算允许范围内完成各项任务	内部的	定义完善、描述明确的结构化信息	短期的记录性信息	较高；以定量为主	狭窄的；细节信息
管理层	中期的、半结构化决策；决策过程和方法有一定规律可循，但又不能完全确定	建立组织经营的预算和资源保证，对各部门的活动进行监督、检查和综合衡量	主要是内部的，结合少部分外部的	部分能明确说明的半结构化信息	现实的动态性信息	适中；既有定量信息，又有定性信息	有一定概括的局部信息
战略层	长期的、非结构化决策；决策过程和方法无规律可循，难以用确定的程序和方法表达	确定组织的目标，制定实现该目标所采用的战略规划和竞争策略	以外部为主	模糊的、不确定的非结构化信息	长期的预测性信息	较低；以定性为主	广泛的；综合信息

管理监督层的任务是保证组织经营所需要的各种资源，综合衡量组织的业务进展情况，检查控制组织生产经营的主要经济技术指标。管理监督子系统的信息支持包括：编制计划和预算，分析计划执行情况并提供组织经营情况的综合报告，提出今后的行动方案，如对组织的人事、财务、合同、库存等方面进行微观调控。管理监督子系统所需要的数据来自作业控制子系统，它所产生的信息又提供给战略规划子系统使用。

战略规划层的主要任务就是制定有关发展战略和竞争战略，并利用这些战略来达到组织的目标。战略规划子系统的信息支持包括用数学模型进行模拟或利用辅助软件等方法去探索实现组织目标的途径，或根据组织内外多方面的信息去预测组织未来的发展情况。战略规划子系统所需要的信息一方面来自组织内部作业控制层和管理监督层，另一方面则是更重要的组织环境信息，如国内外政治、经济、科技发展状况，竞争对手的情况，等等。由于决策环境的不确定性和管理模型的不精确性，因此要解决的问题也多是非结构化的。系统给决策者提供一个分析问题、构造模型和模拟决策过程及其效果的环境，能够在广度和深度上扩展决策者的视野。随着组织竞争的日趋激烈和组织战略决策的急迫需要，服务于组织战略规划层的决策支持系统（DSS）、战略信息系统（SIS）和竞争情报系统（CIS）应运而生。这类信息系统关系到组织的整体利益，代表着信息系统的发展方向。

1.3 物流信息系统

1.3.1 物流信息

1. 物流信息的概念

物流信息（Logistics Information）是反映物流各种活动内容中有关的知识、资料、图像、数据、文件的总称（见 GB/T 18354—2001 第 3.11）。物流信息是伴随着企业的物流活动的发生而产生的，企业如果希望对物流活动进行有效地控制就必须及时掌握准确的物流信息的情况。由于物流信息贯穿于物流活动的整个过程中，并通过其自身对整体物流活动进行有效地控制，因此，我们称物流信息为现代物流的中枢神经。

2. 物流信息的分类

物流信息通常可以按以下方法进行分类：

（1）按信息领域分类。

①物流系统内信息。它是伴随着物流活动而发生的信息，包括物料流转信息、物料作业层信息、物流控制层信息和物流管理层信息 4 个部分。

②物流系统外信息。它是在物流活动以外发生，但提供给物流活动使用的信息，包括供货人信息、顾客信息、订货合同信息、交通运输信息、市场信息、政策信息，还有来自企业内生产、财务等部门的与物流相关的信息。

（2）按信息的作用不同分类。

①计划信息。这指尚未实现的且已当做目标确认的一类信息，如物流量计划、仓库吞吐量计划、车皮计划等。只要尚未进入具体业务操作的，都可以归入计划信息之中。它的特点是带有相对稳定性，信息更新速度较慢。计划信息对物流活动有非常重要的战略指导意义。

②控制及作业信息。这是物流活动过程中发生的信息，带有很强的动态性，是掌握物流现实活动状况不可缺少的信息，如库存种类、库存量、在运量、运输工具状况、物价、运费、投资在建情况、港口发到情况等。它的特点是，动态性非常强，更新速度很快，信息的时效性很强。主要作用是用以控制和调整正在发生的物流活动和指导即将发生的物流活动，以实现对过程的控制和对业务活动的微调。

③统计信息。这是物流活动结束后，对整个物流活动一种终结性、归纳性的信息。这种信息是一种恒定不变的信息，有很强的资料性，例如，以前年度发生的物流量、物流种类、运输方式、运输工具等信息。它的特点是信息所反映的物流活动已经发生了，再也不能改变了。主要作用是用于正确掌握过去的物流活动及规律，以指导物流战略发展和制订计划。

④支持信息。这是指能对物流计划、业务、操作有影响或有关的文化、科技、产品、法律、教育、民俗等方面的信息，例如，物流技术革新、物流人才需求等。这些信息不仅对物流战略发展有价值，而且也对控制、操作能起到指导、启发的作用，可以从整体上提高物流水平。

（3）按信息的加工程度不同分类。

①原始信息。它指未加工的信息，是信息工作的基础，也是最有权威性的凭证性的信息，是加工信息的来源和保障。

②加工信息。它指对原始信息进行处理之后的信息。是原始信息的提炼、简化和综合，可大大缩小信息量，并将信息梳理成规律性的东西，便于使用。加工信息需要各种加工手段，如分类、汇编、汇总、精选、制档、制表、制音像资料、制文献资料、制数据库等，同时还要制成各种指导使用的资料。加工信息按加工程度的不同可以进一步分为一次信息、二次信息和三次信息等。

（4）按应用领域分类。

由于物流活动性质存在差异，所以物流各分系统、各不同功能要素领域的信息也有所不同。这样就可以划分为运输信息、仓储信息、装卸搬运信息等。这些信息对物流各个领域活动起具体指导作用，是物流管理细化所不可缺少的。

3. 物流信息的特点

（1）物流信息量大、分布广。信息的产生、加工和应用在时间、地点上不一致，在方式上也不相同。这就需要有性能较高的信息处理机构与功能强大的信息收集、传输和存储能力。

（2）物流信息具有很强的时效性。绝大多数物流信息动态性强，信息的价值衰减速度快，这对信息管理的及时性要求就比较高。

（3）物流信息种类多。不仅系统内部各个环节有不同种类的信息，而且由于物流系统与其他系统（如生产系统、供应系统等）密切相关，因而还必须收集这些物流系统外的有关信息。这就使物流信息的分类、研究、筛选等工作的难度增加。

（4）物流信息具有明确的衡量标准。为了保证物流信息的科学性，要求物流信息具有准确性、完整性、实用性、共享性、安全性以及低成本性。准确性是指物流信息能够正确地反映物流及其相关活动的实际，且便于用户理解和使用；完整性是指信息没有冗余或不确切的含义，数据完整、统一；实用性是指信息要满足用户的使用，便于专业和非专业人员的访问；共享性是指物流活动的各个作业组成部分必须能够充分地利用和共享收集到的信息；安全性要求信息在系统中必须安全地传送，随着信息技术的迅猛发展，出现多种信息安全措施，如防火墙技术、安全传输协议以及增强的用户验证系统等；低成本性则要求信息的收集、处理、存储必须考虑成本问题，只有在收益大于成本的前提下，才能开展相应的信息工作。

4. 物流信息的作用

（1）中枢神经作用。将物流信息比作中枢神经作用的原因，是因为信息流经收集、传递后，成为决策的依据，对整个物流活动起指挥、协调的作用。如果信息失误，则指挥活动就会失误，如果没有信息系统，整个物流系统就会瘫痪。物流信息系统，就像传递中枢神经信号的神经系统，高效的信息系统是物流系统正常运转的必要条件。

（2）支持保障作用。物流信息对整个物流系统起支持和保障作用。物流信息的支持与保障作用体现在以下4个方面：

①业务方面，物流信息可以在物流系统的各个层次上记录物流业务，如记录订货内容、安排存货任务、作业程序选择、定价、开票以及消费者查询等。

②控制方面，物流系统可以通过建立合理的指标体系来评价和控制物流活动，而物流信息则作为“变量”来与标准进行比较，从而考察和确定指标体系是否有效、物流活动是否正常。

③控制方面，物流信息可以以决策结论的形式出现，也可以以决策依据的形式出现，从而协助管理人员进行物流活动的评价、比较和分析，作出有效的物流决策。

④控制方面，主要是在物流信息的支持下，有助于开发和确定物流战略。

1.3.2 物流信息与物流系统的关系

1. 物流系统对物流信息的要求

物流信息是随企业的物流活动而同时发生的，是实现物流功能必不可少的条件。物流系统对信息的质量有很高的要求，主要表现在以下3个方面：

（1）信息充足。有效的物流系统需要充足的信息，提供的信息是否充足、是否能满足物流管理的需要至关重要。企业物流经理应了解信息系统，并懂得如何管理信息系统。而主管信息系统的管理者如果懂得商业管理、物流管理的需要，就能更好地开展工作，提供更有价值的信息。因此，这两方面的管理者应该扩大知识面，了解对方的工作情况，对对方的需要和能力水平作出迅速的反应。

（2）信息准确。信息必须准确，只有准确的信息才能为物流系统提供帮助。许多企业的可用信息非常少，并且模棱两可，导致物流决策不当，其原因主要是这些企业仍在使用过时的成本会计方法和管理控制系统，在当今竞争异常激烈的市场上，这些方法不能满足物流经理的决策需要。例如，许多物流经理投入大量的资金和设备来提高仓库、运输、库存控制的效率，大大降低这些领域的人力成本。物流经理进行决策的时候，并不考虑沉没成本，只要边际贡献大于零，方案就是可行的。但按照成本会计，成本中却包含了沉没成本，这样，会计提供的信息就不能很好地满足物流经理的决策需要。

（3）通信顺畅。管理需要及时准确的信息，就要求企业通信顺畅。通信的方式必须使人容易接收，否则就会产生误解，导致决策失误。人们常常有“选择性接收”的倾向，即事先进行预测，然后按照预测来理解接收的信息。信息的发出者应该清楚地知道接收者需要什么样的信息、最适合哪种通信方式及信息用途。

2. 物流信息对物流系统的作用

物流信息系统必须结合以下 6 条原理来满足管理信息的需要，并充分支持企业制订计划和运作。

（1）可得性。物流信息系统必须具有容易而始终如一的可得性，所需的信息包括订货和存货状况。一方面企业应能获得有关物流活动的重要信息，另一个方面是存储所需的信息，例如，订货信息的处理，无论是管理者的、消费者的，还是产品订货位置方面的信息。物流作业分散化的性质，要求信息具有存储能力，并且能从国内的任何地方得到更新。这样，信息的可得性就能减少在作业上和制订计划上的不确定性。

（2）精确性。物流信息必须精确地反映当前状况和定期活动，以衡量顾客订货和存货水平。精确性可以解释为物流信息系统的报告与实物计数或实际状况相比所达到的程度。例如，平稳的物流作业要求实际的存货与物流信息系统报告的存货相吻合的精确性最好在99%以上。当实际存货水平和系统之间存在较低的一致性时，就有必要采取缓冲存货或安全存货的方式来适应这种不确定性。正如信息可得性那样，增加信息的精确性，也就减少了不确定性，并减少了存货需要量。

（3）及时性。信息系统及时性指系统状态（如存货水平）及管理控制的及时性（如每天或每周的功能记录）。及时的管理控制是在还有时间采取正确的行动或使损失减少到最低限度的时候提供信息。概括地说，及时的信息减少了不确定性并识别了种种问题，于是减少了存货需要量，增加了决策的精确性。

另一个有关及时性的例子涉及产品从“在制品”进入“制成品”状态时存货量的更新。尽管实际存在连续的产品流，但是，信息系统的存货状况也许是按每小时、按每工班，或按每天进行更新的。显然，适时更新或立即更新更具及时性，但是，它们也会增加记账工作量。编制条码、扫描和EDI有助于及时而有效地记录。

(4) 以异常情况为基础。物流信息系统必须以异常情况为基础，突出问题和机会。物流作业通常与大量的顾客、产品、供应商和服务公司竞争。例如，必须定期检查每一个产品与选址组合的存货状况，以便于制订补充订货计划。另一个重复性活动是对非常突出补充订货状况的检查。在这两种情况中，典型的检查需要检查大量的产品或补充订货。通常这种检查过程需要注意两个问题，第一个问题涉及是否应该对产品或补充订货采取任何行动。如果第一个问题的答案是肯定的，那么，第二个问题就涉及应该采取哪一种行动。许多物流信息系统要求手工完成检查，尽管这类检查正越来越趋向自动化。仍然使用手工处理的依据是有许多决策在结构上是松散的，并且是需要经过用户的参与作出判断的。具有目前工艺水平的物流信息系统结合了决策规则去识别这些要求管理部门注意作出决策的“异常”情况。表1-2是以异常情况为基础的存货管理报告。该样本报告详细推荐了多个品目，该列表鉴别了存货水平、行动时间、建议日期及未来的行动方式。这类异常情况信息报告可以使计划人员利用时间来提炼建议，而不是浪费时间去识别那些需要作出决策的产品。

表1-2　　以异常情况为基础的存货管理报告

产品	时间	水平	行动	订货	日期
A	立即	—	—	不公开PO	—
B	立即	没有现货	发货	实盘PO100	过期
C	有限期内	没有现货	发货	计划MO100	6月29日~7月1日
D	立即	使用安全存货	发货	实盘MO200	过期
E	有限期内	—	—	系统订货200	6月8日
F	超出有限期内	没有现货	发货	实盘PO100	6月29日~7月5日
G	有限期内	没有现货	取消	计划PO150	10月1日
H	有限期内	没有现货	推迟	实盘MO100	10月1日~12月1日

注：PO：采购订货（Purchase Order，PO）；MO：制造订货（Manufacturing Order，MO）。

另一个例子是，物流信息系统应该突出的异常情况包括大量的订货或无存货的产品、延迟的装船或降低的作业生产率。概括地说，具有目前工艺水平的物流信息系统应该具有强烈的异常性导向，应该利用系统去识别需要管理部门，从而引起注意的决策。

(5) 灵活性。物流信息系统必须具有灵活性，以满足系统用户和顾客两方面的需求。信息系统必须具有能力提供能迎合特定顾客需要的数据。例如，有些顾客也许想将订货发货票跨越地理或部门界限进行汇总发票。一个灵活的物流信息系统必须有能力适应这两方面的要求。从内部来讲，信息系统要更有能力，在满足未来企业需要的同时不削弱在金融投资及规划的时间上的能力。

（6）适当形式化。物流报告和显示屏应该具有适当的形式，这意味着它们要用正确的结构和顺序包含正确的信息。例如，物流信息系统往往包含一个配送中心存货状态显示屏，每一个显示屏列出一个产品和配送中心。这种形式要求一个物流顾客服务代表在试图给存货定位以满足某个特定顾客的订货时，检查每一个配送中心存货状况。如果有5个配送中心，就需要检查和比较这5个计算机显示屏。适当的形式会提供单独一个显示屏，包括所有这5个配送中心的存货状况。这种组合显示屏使顾客代表更容易识别产品最佳来源。

又一个适当形式的例子是，显示屏或报告含有并有效地向决策者提供所有相关的信息。显示将过去信息和未来信息结合起来中包括了现有库存、最低库存、需求预测，以及在一个配送中心单独一个品目的计划入库数。这种结合了库存流量和存货水平的图形界面显示，当计划的现有库存有可能下跌到最低库存水平时，有助于计划人员把注意力集中在按每周制订存货计划和订货计划上。

1.3.3 物流管理与物流信息系统

信息是进行物流管理策划和控制的基础。现在，及时准确的信息对于物流的作用比历史上任何时候都重要。首先，市场份额的竞争就是顾客的竞争。要使顾客满意和愉快，必须以最好的、有效的行为为顾客提供服务。在物流业中，向顾客提供及时准确的订单状态、产品可得性、交货计划和发票成为全面顾客满意的重要组成部分。其次，信息能降低库存和人员需求，是提高竞争水平的重要因素。最后，信息在物流管理的资源分配和组织计划中发挥着重要作用。

1. 物流管理对信息的需求

在供应链物流过程中，信息流在从供应商到最终用户的不同成员之间交换、共享和流动，将采购、制造、产品分销和售后服务连接为一个整体。在物流过程中，各个战略经营单位之间均有信息交流，不过有的是直接的，有的是间接的而已。

物流管理对信息提出了更高的要求。按照重组物流一体化的观点，物流信息可以分为战略信息、经营信息和技术信息3个层次。其中，战略信息是为物流系统计划服务的，经营信息是提供经理进行营业分析用，技术信息提供物流控制用。市场营销支持、制造预测和财务会计等部门共同为实现物流管理目标服务。

要实现物流管理的目标必须有市场营销、制造预测和财务会计等信息的支持，这些信息来源于物流的主要流程，如顾客服务、库存控制管理、仓储保管等。上述信息是由最基本的物流活动产生的。值得强调指出的是，由战略信息、经营信息和技术信息依次向下的信息流，与由基层的操作活动信息、控制信息、分析信息和计划信息所组成的向上的信息流构成一个信息反馈回路，从而保证整个物流系统实现对物流管理目标的定位。

2. 物流信息系统对物流管理的作用

以典型的零售业物流管理系统为例，零售商需要应用整套信息系统以取得竞争优势，物流信息系统对物流管理的作用可归纳为以下3方面：

（1）缩短物流渠道。这意味着寻找减少周转时间和存货的办法。存货包括中间存货和最终存货两类，可以出现在供应链中的不同节点上。中间存货是指零部件、在产品、产成品的存货，当供应链出现问题引起需求波动时用做缓冲。这些存货增加了总供应链的长度，而零库存的原则要求顾客与供应商间的紧密配合，以减少对存货的依赖。

（2）增加渠道的透明度。渠道的透明度是指知道什么时候、什么地方、多少数量的货物以及在供应渠道中可以达到的目的地。传统上，这些信息是不清楚的，最多只是明白属于自己企业范围的部分信息，供给渠道中的“瓶颈”与过多的存货不易被发现。不良的渠道透明度会导致不良的供应链控制。为达到完美的供应链控制，掌握渠道的实时信息是必需的。

为达到这个目标，可以利用EDI，使供应链上下游企业轻松获得有关信息，以便更好地协调供应链。渠道的透明度只有能反映现实时，才能说是好的。因此，依靠应用信息技术的实时信息系统，如POS、条码和VAN通信网络，建立EDI的快速反应机制。渠道的透明度对于全球物流系统显得尤其重要。

（3）实现物流系统管理。当今，物流已被看成对主业具有很大影响的重要因素。这种转变是由于经济全球化趋势导致供应链的延长，企业不得不把物流系统整合起来管理，以连接市场的供需双方，系统中某一部分的决策会影响整个系统的运作。为满足系统管理物流目标，EDI再次使得用于协调物流管理系统的信息自由与准确地流动。物流供应链是由许多不同的组织构成，每个组织为获得自身的利益，不惜以增加供应链的长度为代价，EDI把这些组织联系成为合作者，并使渠道透明，因此，增加了协调渠道和取得最佳流动的能力。只有这样，物流管理系统才能被看成是一个系统。

1.3.4 物流信息系统的开发原则

为了保证信息系统工程建设的质量，建设一个高效、实用、符合业务及用户需求的信息系统，信息系统工程的业主单位、承建单位和监理单位应该在工程建设过程中始终坚持如下原则：

1. 需求满足性原则

任何信息系统工程都是以用户需求为基础的。只有充分明确用户需求，才能规划和设计信息系统的框架和概貌。因此，任何信息系统工程建设都应该坚持需求满足性原则，即不仅要满足系统功能需求和性能需求，而且要满足系统运行需求；不仅要满足系统目前的需求，而且要满足系统未来的需求。技术的最先进性不一定代表企业系统的最实用性，从企业的实用性与成本节约性原则出发，以满足企业的需求，同时又控制企业成本支出。

2. 标准化原则

为了确保不同厂家设备、不同应用以及不同协议连接的互操作性，信息系统所采用的技术、软硬件设备以及工程建设过程应该支持国际标准、国家标准或地方标准，以提高系统的开放性，保证用户可以根据未来的需要进行更为深入的应用开发。在企业信息系统开发时，为了避免标准化问题，一个系统最好采用相同厂家的产品，以求最大限度地维护方便度和满意度，也便于将来系统的升级。

3. 高质量原则

信息系统工程的质量具有两个方面的含义：一方面是待建信息系统的质量，即系统满足一定的性能要求、功能要求和使用习惯要求等；另一方面是指工程建设过程的质量，即工程建设过程是科学的、有效的。为了保证信息系统工程的质量，工程各方应该针对工程特性，建立一套有效的工程质量管理体系，并加以贯彻执行。信息系统的高质量原则体现在信息系统设计的先进性与实用性，制造的可靠性与稳定性等。

4. 可扩展性原则

信息技术具有发展速度快、设备更新快的特点；另外随着用户业务的发展，信息系统的升级和扩容将是不可避免的。因此，在信息系统建设过程中，我们充分考虑系统的可扩展性是必要的。网络设备的选择在档次上将考虑在未来几年的发展情况，在兼顾网络投资预算的前提下，适当选择档次较高、易于扩充的设备，避免将来升级和扩容中可能造成的投资浪费。

5. 易用性原则

良好的系统设计要求信息系统的安装、操作和维护具有方便、快捷、简单的特点。系统的易用性不仅能够加强信息系统人性化的特点，而且能够提高整个系统的运行效率。要做到信息系统的易用性，最好的办法是系统的最终用户（使用者）和信息系统开发人员共同来进行开发。开发的全过程就是最好的培训过程。

6. 性能价格比高的原则

在满足系统各项性能和功能要求的情况下，兼顾软硬件设备投资情况、人力资源的投入情况，尽可能节约信息系统的建设投资，使整个信息系统的性能价格比最高。

7. 安全性原则

在整个信息系统的设计和实现过程中，我们应该根据信息系统的使用特点、国家和地方的有关法律法规要求，对系统安全性进行重点考虑。针对数据安全性、网络安全性、系统使用安全性、系统管理安全性、系统物理环境的安全性和开发过程的安全性等各个方面，采取切实有效的技术措施和管理措施，保障信息系统的安全。

8. 进度可控原则

任何一个工程项目，进度控制都是一个非常重要的项目控制目标，工程各方都应该从工程管理措施、工程实施条件和人员等各个方面，采取有效的措施保证工程进度。

9. 文档完整性原则

信息系统的文档是保障信息系统正常运行和维护的重要基础。文档管理不仅要求承建单位切实记录工程建设过程，保证工程建设文档的完整，而且要求业主单位和监理单位认真做好各自的文档管理，以便保证系统建设的各项相关活动的可追溯性。

1.3.5 物流信息系统的发展趋势

通过对物流信息系统发展过程及其应用现状的再认识，我们不难看出，物流信息系统的发展存在以下两大趋势：

1. 物流信息系统的研究趋势

物流信息系统的研究趋势主要表现形式为形式化、自动化和社会化。

（1）形式化。近年来，由于吸收了人工智能中知识表达、数据库中数据描述以及程序设计语言3方面研究的新内容，对研究对象和研制过程加以抽象概括，从而形成了一套物流信息系统的形式化模型。特别是各种先进的软件开发方法的发明与应用，使得用这些方法设计出的软件越来越模块化，因而系统具有较强的可扩展性、可移植性和可重复使用性，克服了过去由于割裂系统分析设计与系统实施所造成的程序“沉淀”现象。可以预测，物流信息系统研究的形式化、抽象化和概念化趋势将不断向前发展。

（2）自动化。近年来出现的计算机辅助软件工程（CASE）就是这一趋势的最好代表。从1985年开始出现后，它经历了设计工具、分析工具和计划工具3个阶段。现在，我们可以利用CASE这一工具进行物流信息系统的开发工作，从系统分析、系统设计到程序生成与调试，甚至系统维护都可以由相应的软件自动完成，从而大大提高了开发效率和软件质量，且大大降低了研制开发费用。值得一提的是，CASE作为一种软件开发工具，其本身就是一个复杂的管理信息系统。

（3）社会化。现代生产社会化程度高度发展，使信息量急剧增加，信息处理速度要求加快。信息作为全社会的资源，如何进行有效地开发、管理和利用，出现了不少新问题和新特点，由此产生了信息资源管理（IRM）的概念，而该概念又扩充了管理信息系统的范围，使其不再局限于当前已经电子化的部分，并使系统开发的出发点和归宿都有了质的变化。因此，系统分析设计人员在设计系统的总体框架时，一定要从信息资源管理的观点出发，对信息资源的构成和控制加以重新考虑，进行全社会范围的协调，使之发挥社会综合效益。

2. 物流信息系统的实践及应用趋势

概括地说，物流信息系统在实际应用中向着高层次和普及性两个主要方向发展。具体地说，它主要体现为柔性化、敏捷化、个性化、集成化、发展化、智能化及开放化。

（1）柔性化。柔性化就是要求物流信息系统能够按照系统环境的变化而重新组合或设计，包括数据、系统、功能等多个层次。数据的柔性可以理解为数据的灵活整理和输出，可以满足多种需求而不需要系统进行多大的改变。系统柔性主要是指系统由于运行环境的变化（如子公司的增加与削减、市场的开拓等）而进行灵活的扩充和重组。功能柔性则是指可以根据环境和需求的变化而进行动态增减、组装。当前许多软件理论与技术均支持系统的柔性需求。

（2）敏捷化。物流信息系统除了具有柔性之外，很多情况下还需要具有敏捷性。即系统要根据环境的变化进行快速调整与重组。敏捷性由可重构（Reconfigurable）、可重用（Reusable）和可扩充（Scalable）共同构成。敏捷化是市场急剧变化的要求，是产品快速更新的要求，也是提高企业核心竞争力的要求。敏捷物流信息系统必须能够随着虚拟企业的建立而迅速成型，随着虚拟企业的变化而动态变化。

（3）个性化。物流信息系统的个性化需求是很典型的。现在市场上许多通用的软件产品，这些产品去除了个性的东西。但是不可否认的是，软件系统必须要和具体的应用环境相适应，包括企业或组织的结构、文化、员工的素质等方方面面。如北京富华通物流公司为东方信捷公司实施的富华恒通系统解决方案，也是结合了我国第三方物流的现状及东方信捷公司的具体情况而最终做出的适合该公司的物流信息系统。

（4）集成化。集成化就是要求物流信息系统能够和其他已有系统或模块进行无缝对接。这就要求系统有良好的设计规范和接口标准。设计规范包括数据规范、文档规范、代码规范、编码规范等。经过这些年的发展之后，物流信息系统正逐步走向集成化。原先开发的系统要集成，新开发的系统要从集成的角度去设计。

（5）发展化。物流作业要与大量的客户、产品、供应商和服务公司进行协作或竞争，要求物流信息系统应能有效识别异常情况。在物流系统中，需要定期检查存货情况、订货计划这两种情况。在许多物流信息系统中要求手工检查，尽管这类检查正越来越趋向自动化，但由于许多决策在结构上是松散的，并且需要人的因素参与判断和处理。但人工检查需花费大量时间。因此要求物流信息系统要结合决策规则去识别这些需要管理者注意并作出决策的异常情况，因此，计划人员和经理人员把他们的精力集中在最需要注意的情况、集中在判断分析上。物流系统应该具备智能识别异常情况功能，使得在物流管理中能够利用系统去识别需要管理部门引起注意的决策。

（6）智能化。随着人工智能等技术的发展为物流信息系统的发展提供了智能化的条件。物流信息系统逐步向完整支持一个组织机构中各个层次的管理活动发展，同时，企业的半结构化问题和非结构化问题的辅助决策需求不断增多。因此，运用运筹学、计量经济学、应用统计学、系统模拟、人工智能技术（AI），特别地运用知识库系统技术、模式识别和自然语言理解技术正成为物流信息系统的发展方向。其中，决策运行系统（DSS）和专家系统（ES）就是很好的代表，此类系统可以引入人的一些特质，提供智能化的决策方法。

（7）开放化。信息资源共享要求网络化的环境及开放式的系统，因此，管理信息系统必须保证在开放式的网络化环境中不被孤立，即系统既能利用别的系统的资源，且自己的资源又能被别的系统利用。其中，基于 Internet/Intranet 的电子数据交换（EDI）和电子邮件（E-mail）等，能进一步地扩大组织与外界的信息共享与交换，是目前的发展方向。

而在我国，由于技术和市场环境的不同，中国的企业在物流信息系统方面将走出一条独特的发展路线。未来几年，企业在物流信息系统的投资，将不再是以控制为中心，而是以创新的业务方案为中心，主要体现在 WMS 等提升运作效率的系统、CPFR 等提升供应链计划的系统以及企业间的信息协作系统 3 个方面。

（1）现在的物流信息系统基本上是面向基本流程控制的，如库存控制系统、简单的 GPS 系统、跟踪查询系统等。下一步，企业物流信息系统将更多地集中于解决物流运作的效率，而不仅仅是控制本身。尤其是以配送中心运作效率为核心的 WMS 将获得极大的普及。需求的驱动因素来源于两个方面：制造业、分销和零售业的物流改革过程中，小规模、静态、数量多的仓库很大程度上将被数量相对少、规模相对大、直接配送到客户的区域配送中心取代，为了支持高频率的订单运作和面向客户的配送，这些区域配送中心必须进入 WMS；为了确保增值服务能力，WMS 将成为第三方物流公司进入市场的基本配置。

（2）攻克库存难关：供应链调度系统。对于绝大多数国内企业来说，降低物流总成本和提升竞争力必须大幅度降低库存水平，显著提升库存周转速度。尤其是在最终产品的分销过程中，库存水平和周转速度对于企业的成败具有致命的影响，要过这一关，必须建立创新的、适用于中国物流运作环境和渠道环境的计划体系，因而必须建立支持这种体系的供应链调度系统，最终通过精准的销售预测、库存计划、补货计划等实现上述目标。绕开这样的计划体系变革，绕开这样的供应链调度系统，就不可能解决库存问题，因而，这样的系统必然获得发展。

（3）企业间协作：CPFR。在物流运作层上，企业间的协作可以大幅度降低运作成本和所需的时间；在物流计划层上，企业间的协作可以大幅度降低库存成本和降价成本。CPFR 作为一种供应链协作理念，近几年在国外得到普遍认同，其技术、实施方法论均进入了成熟应用阶段。通过 Internet，基于 XML 技术，CPFR 将在多种行业迅速得到普及应用。

2 物流信息系统的技术基础

内容提要：

现代物流的发展是以信息技术、通信技术和物流技术的应用为前提的。没有现代信息技术、通信技术和先进的物流技术的支撑，物流是难以得到发展的。现代信息技术尤其是基于网络的信息技术的飞速发展，一方面给物流技术增添了新的内容；另一方面，它给传统的以实物运作为主的物流技术提供了发展机遇，而且也使传统的物流技术面临着挑战，传统的物流技术只有与现代信息技术紧密地结合，才能得到发展，才能发挥更大的作用，现代物流也才能得到有效的发展。

本章主要阐述物流信息系统的数据采集与识别技术、数据传输与交换技术、物流动态跟踪技术和电子商务技术。

学习要点：

通过这一章内容的学习，我们要达到这样几个目标：

(1) 了解扫描技术、光学字符识别技术。

(2) 掌握条码技术、射频识别技术、电子数据交换技术和物流动态跟踪技术。

(3) 理解电子商务技术。

2.1 物流信息技术概述

信息技术以其技术优势和广阔的发展前景增强了企业竞争力，使传统的企业获得新生。现代信息技术是一股不可抗拒的力量，加速了企业经营方式和管理方式的变革，任何一个企业都无法避开这种变革。

2.1.1 信息技术

信息技术（Information Technology，IT）是指获取、传递、处理、再生和利用信息的技术。历史上看，每一次科技的重大进步都会为人类社会带来意义深远的剧变。信息技术是新经济风暴的起源，是新经济浪潮的动力，是新经济时代的标志。信息技术已经融入现代文明的方方面面，使人们的生产、生活发生了翻天覆地的变化。

信息技术更是新经济企业信息化的物质技术基础，其内容可以用“3A”、“3C”、

"3D"来表示。"3A"即工厂自动化（Factory Automation）、办公自动化（Office Automation）、家庭自动化（House Automation）；"3C"即通信（Communication）、计算机（Computer）、控制（Control）的结合；"3D"就是数字传输（Digital Transmission）、数字交换（Digital Switching）、数字处理（Digital Processing）三结合的数字通信。由此可见，数字化、自动化是信息技术最显著的特点。

2.1.2 物流信息技术

物流信息技术是指现代信息技术在物流各个作业环节中的应用，是物流现代化的重要标志。物流信息技术也是物流技术中发展最快的领域，从数据采集的条码系统，到办公自动化系统中的微型计算机、互联网、各种终端设备等硬件以及计算机软件都在日新月异地发展。同时，随着物流信息技术的不断发展，产生了一系列新的物流理念和物流经营方式，推进了物流的变革。

物流信息技术主要由通信、软件、面向行业的业务管理系统三大部分组成，包括基于各种通信方式基础上的移动通信手段、全球卫星定位（GPS）技术、地理信息（GIS）技术、计算机网络技术、自动化仓库管理技术、智能标签技术、条码技术、射频识别技术、电子数据交换技术等现代尖端科技。在这些尖端技术的支撑下，形成以移动通信、资源管理、监控调度管理、自动化仓储管理、业务管理、客户服务管理、财务处理等多种信息技术集成的一体化现代物流管理体系。

譬如，运用地理信息系统和卫星定位技术，用户可以随时"看到"自己的货物状态，包括运输货物车辆所在位置（如某座城市的某条道路上）、货物名称、数量、重量等，大大提高了监控的"透明度"。如果需要临时变更线路，也可以随时指挥调动，大大降低货物的空载率，做到资源的最佳配置。

物流信息技术通过切入企业的物流业务流程来实现对企业各生产要素进行合理组合与高效利用，降低经营成本，直接产生明显的经营效益。它有效地把各种零散数据变为商业智慧，赋予了企业新的生产要素——信息，大大提高了企业的业务预测和管理能力。通过"点、线、面"的一体式综合管理，实现了企业内部一体化和外部供应链的统一管理，有效地帮助企业提高服务质量，提升企业的整体效益。

具体地说，它能有效地为企业解决单点管理和网络化业务之间的矛盾，成本和客户服务质量之间的矛盾、有限的静态资源和动态市场之间的矛盾以及现在和未来预测之间的矛盾。

据国外统计，物流信息技术的应用，可为传统的运输企业带来以下实效：降低空载率15%～20%；提高对在途车辆的监控能力，有效保障货物安全；网上货运信息发布及网上下单可增加商业机会20%～30%；无时空限制的客户查询功能，有效满足客户对货物在途情况的跟踪监控，可提高业务量40%；提高了各种资源的合理综合利用率，可减少运营成本15%～30%。

对传统仓储企业带来的实效表现在：配载能力可提高20%～30%；库存和发货准确率可超过99%；数据输入误差减少，库存和短缺损耗减少；可降低劳动力成本约30%，提高生产力30%～40%，提高仓库空间利用率20%。

2.2 数据采集与识别技术

在物流信息系统中，常用的数据采集与识别技术包括条码技术、扫描技术、射频识别技术和光学字符识别技术，这节主要介绍这4种识别技术。

2.2.1 条码技术

条码是由美国的N. T. Woodland在1949年首先提出的。近年来，随着计算机应用的不断普及，条码的应用得到了很大的发展。条码可以标出商品的生产国、制造厂家、商品名称、生产日期、图书分类号、邮件起止地点、类别、日期等信息，因而在商品流通、图书管理、邮电管理、银行系统等许多领域都得到了广泛的应用。

条码是由一组规则排列的条、空及字符组成的，用以表示一定信息的代码，有时也称之为条码符号（详见条码国家标准GB/T 4122.1—1996中4.17部分）。条码是一组粗细不同，按照一定的规则安排间距的平行线条图形。常见的条码是由反射率相差很大的黑条（简称条）和白条（简称空）组成的。图2－1为条码符号的组成，图2－2为条码系统的工作原理。

图2－1　条码符号的组成

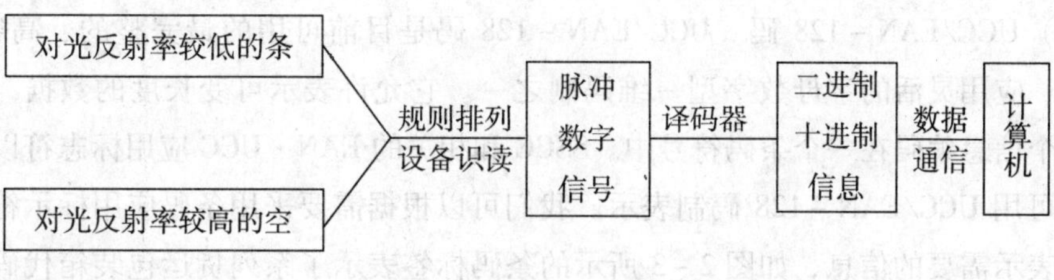

图2－2　条码系统的工作原理

条码系统是由条码符号设计、制作及扫描阅读组成的自动识别系统。它由光电扫描设备识读完成对条码数据的自动采集和光电信号的自动转换。进一步而言，它利用光学系统读取条码符号，由光电转换器将光信号转换为电信号，通过电路系统对电信号进行放大和整形，最后以二进制脉冲信号输出给译码器进行译码。

条码技术为我们提供了一种对物流中的物品进行标志和描述的方法，借助自动识别技术、POS 系统、EDI 等现代技术手段，企业可以随时了解有关产品在供应链上的位置，并及时作出反应。当今在欧美等发达国家兴起的 ECR、QR、自动连续补货（ACEP）等供应链管理策略，都离不开条码技术的应用。条码是实现 POS 系统、EDI、电子商务和供应链管理的技术基础，是物流管理现代化、提高企业管理水平和竞争能力的重要技术手段。

条码技术是实现自动化管理的有力武器，有利于进货、销售和仓储管理一体化；是实现 EDI、节约资源的基础；是及时沟通产、供、销的纽带和桥梁；是提高市场竞争力的工具；可以节省消费者的购物时间，扩大商品的销售额。

条码种类很多，多达40 余种，常见的也有20 多种码制。目前应用最为广泛的有交叉二五码、39 码、UPC 码、EAN 码、128 码等。近年来又出现了按矩阵方式或堆栈方式排列信息的二维条码。若从印制条码的材料、颜色分类，可分黑白条码、彩色条码、发光条码（荧光条码、磷光条码）和磁性条码等。

不论哪一种条码，在设计上都有一些共同点：①条码符号图形结构简单；②每个条码字符由一定的条符组成，占有一定的宽度和印制面积；③每种编码方案均有自己的字符集；④每种编码方案与对应的阅读装置的性能要求密切配合。

下面是一些常用的条码。

（1）EAN 码。EAN 码是国际物品编码协会制定的一种商品用条码，全球通用。EAN 码符号有标准版（EAN－13，GB/T 12904—1991）和缩短版（EAN－8）两种，我国的通用商品条码与其等效。我们日常购买的商品包装上所印的条码一般就是 EAN 码。

（2）UPC 码。UPC 码是美国统一代码委员会制定的一种商品用条码，主要用于美国和加拿大地区，我们在美国进口的商品上可以看到。

（3）39 码。39 码是一种可表示数字、字母等信息的条码，主要用于工业、图书及票证的自动化管理，目前使用极为广泛。

（4）UCC/EAN－128 码。UCC/EAN－128 码是目前可用的最完整的、高密度的、可靠的、应用灵活的字母数字型一维码制之一。它允许表示可变长度的数据，并且能将若干个信息编码在一个条码符号中。SSCC 和相关的 EAN · UCC 应用标志符以及属性数据都可用 UCC/EAN－128 码制表示。我们可以根据需要采用条码应用标示符的不同部分来表示需要的信息，如图 2－3 所示的条码标签表示了系列货运包装箱代码、保质期、批号等信息。

（5）二维条码。一维条码所携带的信息量有限，如商品上的条码仅能容纳 13 位（EAN－13 码）阿拉伯数字，更多的信息只能依赖商品数据库的支持，离开了预先建立

图 2-3　条码标签

的数据库，这种条码就没有意义了，因此在一定程度上也限制了条码的应用范围。基于这个原因，在 20 世纪 90 年代发明了二维条码。二维条码除了具有一维条码的优点外，同时还有信息量大、可靠性高，保密、防伪性强等优点。

目前二维条码主要有 PDF417 码、Code49 码、Code 16K 码、Data Matrix 码、MaxiCode 码等，主要分为堆积式（或层排式）和棋盘式（或矩阵式）两大类。如图 2-4 所示。

（a）堆积式二维条码　　　　（b）矩阵式二维条码

图 2-4　二维条码系统的种类

二维条码作为一种新的信息存储和传递技术，从诞生之时就受到了国际社会的广泛关注。经过几年的努力，现已应用在国防、公共安全、交通运输、医疗保健、工业、商业、金融、海关及政府管理等多个领域。

二维条码依靠其庞大的信息携带量，能够把过去使用一维条码时存储于后台数据库中的信息包含在条码中，可以直接通过阅读条码得到相应的信息，并且二维条码还有错误修正技术及防伪功能，增加了数据的安全性。

二维条码可把照片、指纹编制于其中，可有效地解决证件的可机读和防伪问题。因此，可广泛应用于护照、身份证、行车证、军人证、健康证、保险卡等。

美国亚利桑纳州等10多个州的驾驶证、美国军人证、军人医疗证等在几年前就已采用了PDF417技术。将证件上的个人信息及照片编在二维条码中，不但可以实现身份证的自动识读，而且可以有效防止伪冒证件事件发生。菲律宾、埃及、巴林等许多国家也已在身份证或驾驶证上采用了二维条码，我国香港特区护照上也采用了二维条码技术。

另外在海关报关单、长途货运单、税务报表、保险登记表上也都有使用二维条码技术来解决数据输入及防止伪造、删改表格的例子。

在我国部分地区注册会计师证和汽车销售及售后服务等方面，二维条码也得到了初步的应用。

2.2.2 扫描技术

自动识别技术的另一个关键组件是扫描处理，这是条码系统的“眼睛”。扫描仪从视觉上收集条码数据，并把它们转换成可用的信息。有两种类型的扫描仪：手执的和定位的，每一种类型都能使用接触和非接触技术。手执扫描仪既可以是激光枪（非接触式的），也可以是激光棒（接触式的）。定位扫描仪既可以是自动扫描仪（非接触式的），也可以是卡式阅读器（接触式的）。接触技术需要用阅读装置实际接触条码，这样可以减少扫描技术错误，但降低了灵活性。激光枪技术是当前最流行的，速度超过激光棒。

扫描技术在物流方面主要有两大应用。第一种应用是零售商店的销售点（Point of Sale，POS）。除了在现金收存机上给顾客打印收据外，还为商店层次提供精确的存货控制。销售点可以精确地跟踪每一个库存单位（Stock Keeping Unit，SKU）出售数，有助于补充订货，因为实际的单位销售数能够迅速地传输到供应商处。实际销售跟踪可以减少不确定性，并可去除缓冲存货。除了提供精确的再供给和营销调查数据外，销售点还能向所有的渠道内成员提供更及时的具有战略意义的数据。

扫描技术的第二种应用是针对物料搬运和跟踪的。通过扫描枪的使用，物料搬运人员能够跟踪产品的搬运、存储地点、装卸和入库，虽然这种信息能够用手工跟踪，却要耗费大量的时间，并且容易出错。在物流应用中更广泛地使用扫描仪，将会提高生产率，减少差错。例如，Walgreens报告，扫描技术使商店补充订货自动化，并提高了营销能力，减少了8%的总存货量。

应用扫描技术有以下几点好处：

(1) 托运人。改进订货准备和处理；排除航运差错；减少劳动时间；改进记录保存；减少实际存货时间。

(2) 承运人。运费账单信息完整；顾客能存取实时信息；改进顾客装运活动的记录；可跟踪装运活动；简化集装箱处理；监督车辆内的不相容产品；减少信息传输时间。

(3) 仓储。改进订货准备、处理和装船；提供精确的存货控制；顾客能存取实时信息；考虑安全存取信息；减少劳动成本；入库精确。

(4) 批发商、零售商。单位存货精确；销售点价格精确；减少实际存货时间；增加系统灵活性。

2.2.3 射频识别技术

射频识别技术（Radio Frequency Identification，RFID）的基本原理是电磁理论。射频系统的优点是不局限于视线，识别距离比光学系统远，射频识别卡具有读写能力，可携带大量数据，难以伪造，且有智能。RFID 适用于物料跟踪、运载工具和货架识别等要求非接触数据采集和交换的场合，由于 RFID 标签具有可读写能力，对于需要频繁改变数据内容的场合尤为适用。

美国和北大西洋公约组织（NATO）在波斯尼亚的“联合作战行动”中，不但建成了战争中投入战场最复杂的通信网，还完善了识别跟踪用物资的新型后勤系统。该系统途中运输部分的功能就是靠贴在集装箱和设备上的射频识别标签实现的。RF 接收转发装置通常安装在运输线的一些检查点上（如门框上、桥墩旁等），以及仓库、车站、码头、机场等关键点。接收装置收到 RF 标签信息后，连通接收地的位置信息，上传至通信卫星，再由通信卫星传送给运输调度中心，送入中心数据库中。

我国 RFID 的应用也已经开始，我国铁路系统使用 RFID 记录货车车厢编号的试点已运行了一段时间。一些物流公司也将 RFID 用于物流管理中。

下面举例说明射频识别技术的几个实际应用。

1. 高速公路自动收费与城区交通管理

高速公路自动收费系统是 RFID 技术最成功的应用之一。目前中国的高速公路发展非常快，地区经济发展的先决条件就是有便利的交通条件，而高速公路收费却存在一些问题，一是交通堵塞，收费站口许多车辆要停车排队，成为交通“瓶颈”问题；二是少数不法的收费员贪污路费，使国家损失了相当的财政收入。RFID 技术在高速公路自动收费上的应用能充分体现它的非接触识别的优势，杜绝上述问题。如从 2010 年开始，浙江一些高速公路的收费站使用不停车收费系统（Electornic Toll Collection，ETC）收费。

对于高速公路收费系统，由于车辆的大小形状不同，需要大约4米的读写距离和很快的读写速度，系统的频率应在900MHz和2500MHz之间，系统设计时，射频卡可装在汽车挡风玻璃后面，阅读器天线架设在道路的上方，将多车道的收费口分为自动收费口和人工收费口两个部分，在距收费口约50～100米处，当车辆经过天线时，车上的射频卡被头顶上的天线接收到，由此判别车辆是否带有有效的射频卡，读写器指示灯指示车辆进入不同车道，进入自动收费口的车辆，养路费款被自动从用户账户上扣除，且用指示灯及蜂鸣器告诉司机收费是否完成，不用停车就可通过。挡车器将拦下恶意闯入的车辆。人工收费口仍维持现有的操作方式。

在城市交通方面，交通的状况日趋拥挤，解决交通问题不能只依赖于修路，加强交通的指挥、控制、疏导，提高道路的利用率，通过深挖现有交通潜能也是非常重要的。而基于RFID技术的实时交通督导和最佳路线电子地图将很快成为现实。用RFID技术实时跟踪车辆，通过交通控制中心的网络在各个路段向司机报告交通状况，指挥车辆绕开堵塞路段，并用电子地图实时显示交通状况，能够使得交通流向均匀，大大提高道路利用率。还可用于车辆特权控制，在信号灯处给警车、应急车辆、公共汽车等行驶特权；自动查处违章车辆，记录违章情况。另外，公共汽车站实时跟踪指示公共汽车到站时间及自动显示乘客信息，给乘客带来很大的方便。因此通过应用RFID技术能使交通的指挥自动化、法制化，有助于改善交通状况。

2. 人员识别与物资跟踪

将来的门禁保安系统均可应用射频卡，一卡可以多用，比如作工作证、出入证、停车卡等，目的都是识别人员身份，实现安全管理、自动收费或上下班打卡，提高工作效率。只要人员佩戴了封装成ID卡大小的射频卡，进出口有一台读写器，人员出入时会自动识别身份，非法闯入则会报警。安全级别要求高的地方，还可以结合其他的识别方式，将指纹、掌纹或颜面特征存入射频卡。

我们还可以用射频卡保护和跟踪财产。将射频卡贴在重要物资如计算机、传真机、文件、复印机或其他实验室用品上，以自动跟踪管理这些有价值的财产，可以跟踪一个物品从某一建筑处离开，或是用报警的方式限制物品离开某地。结合GPS系统利用射频卡，还可以对货柜车、货舱等进行有效跟踪。

3. 生产线自动化控制

在生产流水线应用RFID技术可实现自动控制和监视，提高生产率，改进生产方式，节约生产成本。

如汽车装配流水线。德国宝马汽车公司在装配流水线上应用射频卡可以尽可能大量地生产用户定制的汽车。宝马汽车的生产是基于用户提出的要求式样而生产的，用户可以从上万种内部和外部选项中选定自己所需车的颜色、引擎型号还有轮胎式样等要求，如果没有一个高度组织的、复杂的控制系统是很难完成这样复杂的任务的。宝马公司就在其装配流水线上配有 RFID 系统，他们使用可重复使用的射频卡，该射频卡上可带有详细的汽车所需的所有要求，在每个工作点处都有读写器，这样可以保证汽车在各个流水线位置处能毫不出错地完成装配任务。

Motorola、SGS Thomson 等集成电路制造商在竞争激烈的半导体工业中采用了加入了 RFID 技术的自动识别工序控制系统。半导体生产对于超净的特殊需要，使得 RFID 应用在此非常理想，而其他自动识别系统，如条码在如此苛刻的化学条件和超净要求下就不适用。在一个超净车间里，通常能有 800 位点，晶片容器要从一处位点移动到下一位点，有时晶片会因进入错误的堆而造成损失，射频识别系统能够核查晶片堆、设备、工序和操作人员，如果其中任何一项的身份不对，设备将不能开始工作，同时向操作人员显示指示。

4. 仓储管理

将 RFID 系统与条码系统结合，可用于智能仓库货物管理，有效解决仓库与货物流动有关的信息管理，不但可增加一天内处理货物的件数，还监看着这些货物的一切流动信息。一般而言，射频卡贴在货物要通过的仓库大门边上，读写器天线放在叉车上，每个货物都贴有条码，所有条码信息都被存储在仓库的中心计算机里，该货物的有关信息都能在计算机里查到。当货物被装走运往别地时，由另一读写器识别并告知计算中心它被放在哪个拖车上。这样管理中心可以实时地了解到已经生产了多少产品和发送了多少产品，并可自动识别货物，确定货物的位置。

5. 电子门票

2008 年北京奥运会不仅是全球体育界的盛事，同时也开创了“全球奥运史上第一张电子门票（RFID）”。北京奥运会门票不但设计精美，而且蕴藏的科技含量，远远超出了历届奥运会门票，每一枚都具有极高的纪念和收藏价值。不仅如此，RFID 门票在整个奥运会期间，还创造了无一假票的优秀范例，为中国和世界体育事业作出了极大的贡献。

据统计，在 2010 年上海世博会期间，从 5 月 1 日开幕截至 9 月 8 日累计参观人数达 4960 万人，而最终 RFID 门票的使用量将超过 7000 万张。不仅使我国 RFID 门票的应用规模上升到一个新台阶，其规模在世界上也是绝无仅有。更引人注目的是，在如此国际性的大型公共活动中，如此大规模采用 RFID 门票，也预示着 RFID 门票将获得更加广阔的天地，呈现出更加灿烂的前景。此应用将覆盖大型赛事、展会、演出，旅游景点门票，交通运输车票等多种领域和行业，这一趋势不仅对中国以至世界 RFID 门票的发展产生巨大和深远的影响，而且将会带来相关科技产业的进步和新的机遇。

2.2.4 光学字符识别技术

在物流领域应用比较广泛的光学字符识别技术（Optical Character Recognition,

OCR)，已有 30 多年历史，近几年又出现了图像字符识别（Magnetic Image Character Recognition，MICR）和智能字符识别（Intelligent Character Recognition，ICR），实际上这三种自动识别技术的基本原理大致相同。

OCR 的 3 个重要的应用领域，即办公室自动化中的文本输入、邮件自动处理与自动获取文本过程相关的其他要求。这些领域包括：零售价格识读，订单数据输入，单证、支票和文件识读，微电路及小件产品上状态特征识读等。由于在识别手迹特征方面的进展，目前正探索在手迹分析及鉴定签名方面的应用。

近年来，随着 OCR 技术的日趋成熟，这一技术以其高速、准确、低成本的特点，广泛应用于文件资料的自动输入等诸多方面，同时也在银行储蓄业务的事后自动监督系统中得到应用。

银行储蓄业务每天都会产生大量的票据凭证，长期以来，对票据的管理工作因管理手段落后而一直困扰着银行界，储蓄自动事后监督系统可以很好地解决这一问题。储蓄自动事后监督系统是集银行档案原件录入、光盘存储、自动管理、智能检索、事后监督于一体的计算机辅助管理、账务监督系统。其主要的处理流程是：柜员在打印票据凭证的同时在票据空白处打印条码，条码包含交易码、账号、金额等记账信息，将凭证集中整理，然后扫描录入，先在后台进行条码识别，自动建立票据凭证索引，接着在后台进行 OCR 识别，直接从凭证影像中提取账号、金额等重要数据，生成待监督文件，为事后监督子系统提供监督数据，然后后台处理和事后监督子系统连接，共同完成自动的事后监督。

OCR 技术用于银行储蓄自动监督业务，能实现票据凭证的高效录入、账务的自动核对，提高整个储蓄自动事后监督的工作效率和智能化水平，同时也降低了银行的运营成本。

2.3 数据传输与交换技术

在物流信息系统中，常用的数据传输与交换技术包括电子订货技术、销售时点技术和电子数据交换技术，这节主要介绍这三种数据传输与交换技术。

2.3.1 电子订货技术

电子订货系统（Electronic Ordering System，EOS）是指企业间利用通信网络（VAN 或互联网）和终端设备以在线联结（On-line）方式进行订货作业和订货信息交换的系统。EOS 按应用范围可分为各企业内的 EOS（如连锁店经营中各个连锁分店与总部之间建立的 EOS 系统），零售商与批发商之间的 EOS 系统以及零售商、批发商和生产商之间的 EOS 系统。

1. EOS系统的作用

EOS系统能及时准确地交换订货信息，它在企业物流管理中的作用如下：

（1）对于传统的订货方式，如上门订货、邮寄订货、电话、传真订货等，EOS系统可以缩短从接到订单到发出订货的时间，缩短订货商品的交货期，减少商品订单的出错率，节省人工费。

（2）有利于减少企业库存水平，提高企业的库存管理效率，同时也能防止商品特别是畅销商品缺货现象的出现。

（3）对于生产厂家和批发商来说，通过分析零售商的商品订货信息，能准确判断畅销商品和滞销商品，有利于企业调整商品生产和销售计划。

（4）有利于提高企业物流信息系统的效率，使各个业务信息子系统之间的数据交换更加便利和迅速，丰富企业的经营信息。

2. EOS系统的应用

在商业化迅速发展的今天，EOS系统也越来越显示出它的重要性。同时，随着科学技术不断发展和EOS系统的日益普及，EOS的标准化和网络化已经成了当今EOS系统的发展趋势。

要实施EOS系统，必须做一系列的标准化准备工作。以日本EOS的发展为例，从20世纪70年代起即开始了包括对代码、传递、通信及网络传输的标准化研究，如商品的统一代码，企业的统一代码，传递的标准格式，通信程序的标准格式以及网络资料交换的标准格式等。

在日本，许多中小零售商、批发商在各地设立了地区性的VAN网络，即成立区域性的VAN营运公司和地区性的咨询处理公司，为本地区的零售业服务，支持本地区的EOS系统的运行。

在贸易流通中，常常是按商品的性质划分行业的，如食品、医药品、玩具、衣料等，因此形成了各个不同的行业。1975年，日本各行业为了流通现代化的目标，分别制定了自己的标准，形成专业VAN。目前已提供服务的有食品、日用杂品、医药品等专业。

利用地区网，专业网的EOS系统工作形式如图2－5所示。

EOS系统在日本应用已相当普及，目前已有日用杂品、家庭用品、水果、医药品、玩具、眼镜钟表、成衣等专业网络的用户，可通过自己商店内标准的POS终端机向网内的批发商订货，订货的依据就是统一的通用商品条码，这个商品条码可以直接从商品通过条码扫描而获得，既快又准。

由于EOS系统给贸易伙伴带来了巨大的经济效益和社会效益，专业化的网络和地区网络在逐步扩大和完善，交换的信息内容和服务项目都在不断增加，EOS系统正趋于系统化、社会化、标准化、国际化。

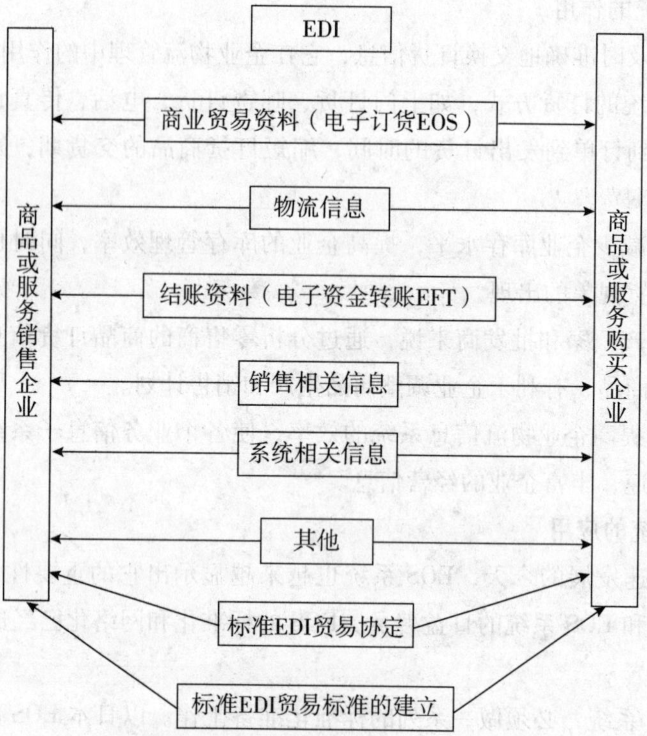

图 2－5　EOS 系统的应用

由此可知，计算机、网络通信是支持 EOS 系统的硬件基础，而商品的统一标志、企业代码的统一等是支持 EOS 系统的软件基础。没有物品的统一标志，就没有信息交换资源共享的统一语言，电子订货系统（EOS）、电子数据交换（EDI）就无法实现。

3. EOS 系统的结构

EOS 系统并非是单个的零售商与单个的批发商组成的系统，而是许多零售商和许多批发商组成的大系统的整体运作方式。EOS 系统结构如图 2－6 所示。

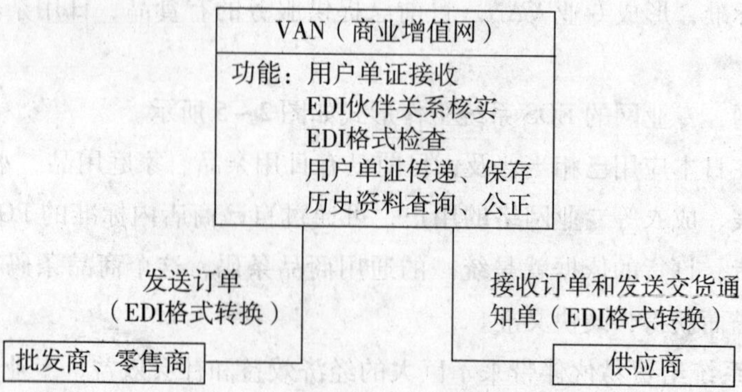

图 2－6　EOS 系统结构

从图中可看出，EOS 系统中的批发商、零售商、供应商以及商业增值网络中心在商流中的角色和作用为：

（1）批发商、零售商中的作用。采购人员根据 MIS 系统提供的功能，收集并汇总各机构的要货的商品名称、要货数量，根据供应商的可供商品货源、供货价格、交货期限、供应商的信誉等资料，向指定的供应商下达采购指令。采购指令按照商业增值网络中心的标准格式进行填写，经商业增值网络中心提供的 EDI 格式转换系统而成为标准的 EDI 单证，经由通信界面将订货资料发送至商业增值网络中心，然后等供应商发回有关信息。

（2）商业增值网络中心的作用。不参与交易双方的交易活动，只提供用户连接界面，每当接收到用户发来的 EDI 单证时，自动进行 EOS 交易伙伴关系的核查，只有互有伙伴关系的才能进行交易，否则视为无效交易。确定有效的交易还必须进行 EDI 单证格式检查，只有交易双方均认可的单证格式，才能进行单证传递，并对每笔交易进行长期保存，供用户今后查询或在交易双方发生贸易纠纷时，可以根据商业增值网络中心所储存的单证内容作为司法证据。

（3）供应商的作用。将商业增值网络中心传来的 EDI 单证，通过商业增值网络中心提供的界面和 EDI 格式转换系统，转换成为一张标准的商业订单。根据订单内容和供应商的 MIS 系统提供的相关信息，供应商可及时安排出货，并将出货信息通过 EDI 传递给相应的批发商和零售商，从而完成一次基本的发货作业。

当然，交易双方交换的信息不仅仅是订单和交货通知，还包括订单更改、订单回复、变价通知、提单、对账通知、发票、退换货等许多信息。

VAN（商业增值网络中心）是公共的信息中心，它是通过通信网络让不同机构的计算机或各种终端相连，促进信息的收发，更加便利的一种共同的信息中心。实际上，在这个流通网络中，VAN 也发挥了莫大的功能。VAN 不单单负责信息的转换工作，也可以与国内外其他地域 VAN 相联并交换信息，从而扩大了客户资料交换的范围。

4. EOS 系统的流程

EOS 系统的基本流程如图 2－7 所示。

（1）在零售商的终端利用条码阅读器获取准备采购的商品条码，并在终端机上输入订货材料；利用电话线通过调制解调器传到批发商的计算机中。

（2）批发商开出提货传票，并根据传票，同时开出拣货单，实施拣货，然后依据送货传票进行商品发货。

（3）送货传票上的资料便成为零售商的应付账款资料及批发商的应收账款资料。

（4）并接到应收账款系统中去。

（5）零售商对送到的货物进行检验后，便可以陈列和销售了。

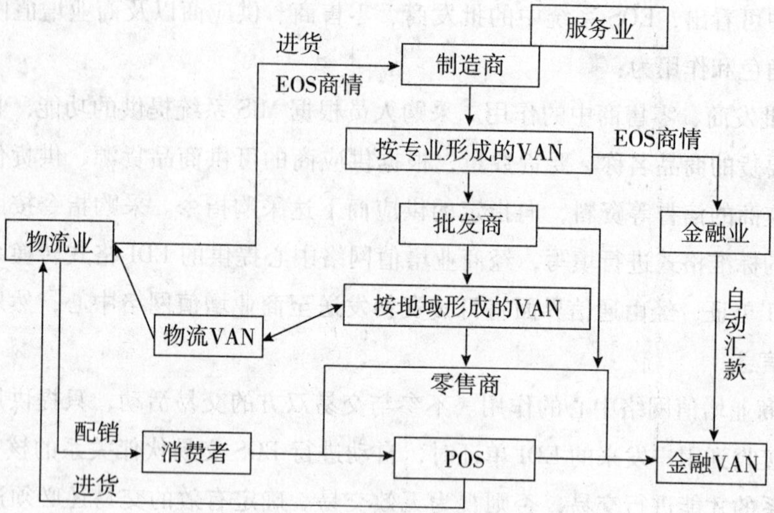

图 2-7　EOS 系统的工作形式

2.3.2　销售时点技术

1. 销售时点技术的基本概念

销售时点技术（Point of Sales，POS）包含前台 POS 系统和后台 MIS 系统两大基本部分。它最早应用于零售业，以后逐渐扩展至金融、旅馆等服务性行业，利用 POS 信息的范围也从企业内部扩展到整个供应链。现代 POS 系统已不仅仅局限于电子收款技术，而是要考虑将计算机网络、电子数据交换技术、条码技术、电子监控技术、电子收款技术、电子信息处理技术、远程通信、电子广告、自动仓储配送技术、自动售货、备货技术等一系列科技手段融为一体，从而形成一个综合性的信息资源管理系统。同时，它必须符合和服从商场管理模式，按照对商品流通管理及资金管理的各种规定进行设计和运行。

前台 POS 系统是指通过自动读取设备（如收银机），在销售商品时直接读取商品销售信息（如商品名、单价、销售数量、销售时间、销售店铺、购买顾客等），实现前台销售业务的自动化，对商品交易进行实时服务和管理，并通过通信网络和计算机系统传送至后台，通过后台管理信息系统（MIS）的计算、分析与汇总等掌握商品销售的各项信息，为企业管理者分析经营成果、制定经营方针提供依据，以提高经营效率。

后台 MIS 系统负责整个商场进、销、调、存系统的管理以及财务管理、库存管理、考勤管理等。它可根据商品进货信息对厂商进行管理，又可根据前台 POS 提供的销售数据，控制进货数量，合理周转资金，还可分析统计各种销售报表，快速准确地计算成本与毛利，并可对售货员、收款员业绩进行考核，是职工分配工资、奖金的客观依据。因此，商场现代化管理系统中前台 POS 与后台 MIS 是密切相关的，两者缺一不可。

2. POS系统的主要功能

POS系统一般采用C/S结构，前台系统和后台系统具有不同的系统功能，具体说明如下：

前台系统包括独立或联网运行、停电保持、暂停付款及恢复付款、收款员密码保护、选择删除功能，采用数字商品编码，每台收款机的商品种类不受限制，可使用零售、折扣、变价、退物、现金、支票、信用卡、会员卡、储值卡、积分卡、赠送等销售方式，多货币兑换率自动处理，可使用条码、磁卡阅读器等辅助输入设备，自动计算钱柜中各币种的金额，可打印收款员报表（本班次）及收款员损益报表等。

后台MIS系统具有进、销、调、存管理功能，包括档案管理、进货调拨、应付款项、储值卡、会员卡管理、批发管理、库存、盘点管理，以及零销商品分析、畅销分析、成本毛利、分类统计查询、综合分析等。

3. POS系统的效益分析

我们可以从系统效益和系统作业流程层面进行商业POS系统效益分析。

（1）POS系统效益分析。POS的系统效益可以用表2－1来表示。

表2－1 POS系统效益

效　益	内　容	说　明
提高服务品质	缩短结账时间	解决高峰时刻顾客等候时间
	减少收银结账错误	减少因人为错误所引起的误会
	提供多样化的销售形态	接受非现金购物服务
	改变商家形象	提供顾客现代化购物环境
降低成本	畅通物流	利用POS系统，提高商品效益
	人员效率提升	缩短时间，有效利用人力资源
	精确行政账务管理	防范作业人员舞弊，使现金管理合理化
增加效益	提高销售量	利用POS系统的客户分析功能，调整适当商品结构，增加销售业绩
	提升采购效率	精确掌握单品库，适时适量采购策略
	最佳商品计划	精确统计分析单品销售量，掌握畅、滞销商品
	有效运用陈列空间	使商品陈列位置合理化
	掌握营业目标	通过POS系统，达成营业目标
	资金灵活调度	营业资料的收集迅速属实，数据可靠
	增加商场竞争能力	分析消费趋势，以调整销售策略及经营方针

（2）POS对作业流程面的影响。POS系统简化了工作流程，提高了工作效率。如表2－2所示。

表2－2　POS系统对作业流程面的影响

	导入POS系统前	改进方式
前台收银作业	商品庞大且繁杂，无法掌握人工入账，耗费时间且错误率高，而收银员培训成本高，现金不易掌握	利用条码分类管理，用扫描器输入，可降低收银作业错误，节省人工，且当人员流动时，培训容易，而智能型收款机与后台系统联机，可随时查询，掌握销售状况
销售管理	1. 凭直觉或经验，判断商品销售高峰、低谷时段，价格带，及畅、滞销品 2. 变价、促销、特价有赖人工处理 3. 不易达成顾客购买倾向	前台销售数据传至后台系统，产生各类报表，透过计算机交叉分析，更精确掌握销售实况
库存管理	难以掌握现有库存量及金额，采购人员依直觉进货，主观进货，造成存货积压而没有觉察	可从计算机对进货情况一目了然，并可设定安全库存以达成自动采购效益，同时对于盘点或耗损也可纳入计算机记录，追踪查询呆滞品
上游商品情报	商品、供货商等各项信息由采购人员掌握，易产生弊端，供货商品稽核不易	纳入后台管理，可随时查询送货时效、付款条件、供应品等

实际上，商业POS系统的应用给应用企业带来了信息面、管理面和企业内部稽核面上的效益。可以用表2－3来表示。

表2－3　商业POS系统的综合效益评价

	效益指标	说　明
信息面	购买动向分析 消费客户层分析 畅、滞销品分析	针对POS系统所收集数据进行分析，可以获悉消费者的购买动机、目标客户层、畅销品及滞销品等重要信息
管理面	商品的配置 陈列的管理 特卖、促销、变价管理 盘点及进货管理	根据POS系统所收集的各项数据，可作为商品陈列的参考，并可进行商品比率、结构调整，也可作为单品库存与订货的参考
内部稽核面	合理化作业 防止舞弊 简化收银作业、减少人工输入	通过POS系统作业，推动商店作业合理化，建立制度，并简化收银作业，防止员工舞弊，避免因人为的疏忽而产生的弊端

2.3.3 电子数据交换技术

电子数据交换技术（Electronic Data Interchange，EDI）是指通过电子方式，采用标准化的格式，利用计算机网络进行结构化数据的传输和交换，俗称“无纸化贸易”。创建 EDI 的思想可以追溯到第二次世界大战后期德国柏林战场的供给线。当时的美国运输部长 E. A. Guill-bert 发现在后勤供应中有大量的纸面工作要做，他主张用电报通信。为了使过程简化，他就建议将其中的表格和处理过程标准化。后来，Guill-bert 创立并领导了运输数据协调委员会（TDCC）。TDCC 的目标之一就是要进一步发展在后勤供给线中的工作方法。20 世纪 70 年代后期，TDCC 制订了公司之间的计算机数据交换的标准格式，即 EDI 的雏形。早期的 EDI 主要用在装运单据和其他货运方面的文件，以后 TDCC 发展成了 EDI 协会。

1. EDI 的分类

根据 EDI 的功能，可以分成以下 4 类：

（1）贸易数据交换系统。最知名的 EDI 系统就是最简单的订货信息系统了，又被称为贸易数据交换系统（Trade Data Interchange，TDI），它用电子数据交换来传输订单、发货单和各类通知等。

（2）电子资金转账系统。电子资金转账系统（Electronic Funds Transfer，EFT）也是一种比较常见的 EDI，就是指在银行和其他组织之间进行电子费用汇兑。EFT 已经使用多年，但它仍在不断地改进，其中最大的改进就是和订货系统联系起来，形成一个自动化水平更高的系统。

（3）交互式应答的 EDI。这一类常见的 EDI 就是交互式应答系统（Interactive Query Response，IQR）。它可以使用在旅行社和航空公司，作为机票预订系统。这种 EDI 在应用时要询问到达某一目的地的航班，要求显示航班的时间、票价或其他问题，然后根据旅客的要求确定所要的航班，打印机票等。

（4）自动传输的 EDI。带有图形资料自动传输的 EDI，最常用的是计算机辅助设计图形的自动传输。比如，设计公司完成一个厂房的平面设计图，将它传输给厂房的主人，请主人提出修改意见。一旦该设计被批准，系统将自动输出订单，购买建筑和装修材料、家具和其他物品。收到这些建筑和装修材料、家具和其他物品后，自动开出发货票等。

2. EDI 的构成要素

EDI 系统的构成要素包括数据标准化、EDI 软件和硬件、通信网络。

（1）数据标准化。EDI 标准是由企业、地区代表经过讨论制定的电子数据交换共同标准，统一的 EDI 标准可以使各个组织和企业之间不同的文件格式，通过共同的标准，达到彼此之间进行文件交换的目的。显然，标准的不统一将直接影响 EDI 的发展。

早期的EDI标准使用的大多数是用户的行业标准，标准之间不能进行跨行业的EDI互联，严重影响了EDI的效率，阻碍了全球EDI的发展。在美国就存在汽车工业的AIAG标准，零售业的UCS标准，货栈和冷冻食品储存业的WINS标准等。在日本有连锁店协会的JCQ行业标准，全国银行协会的AENGIN标准和电子工业协会的EIAT标准等。

为了促进EDI的发展，世界各国都在不遗余力地促进EDI标准的国际化，以求最大限度地发挥EDI的作用。

目前在EDI的标准上，国际上最为流行的就是联合国欧洲经济委员会（UN/ECE）下属的第四工作组（WP4）在1986年制定的《用于行政管理、商业和运输的电子数据交换标准》（*Electronic Data Interchange For Administration*，*Commerce and Transport*，EDI/FACT）。目前EDI/FACT已成为全球通用的EDI标准。

（2）EDI软件和硬件。EDI软件具有将用户数据库系统中的信息翻译成EDI的标准格式，以提供数据传输交换的能力。由于EDI标准具有足够的灵活性，可以适应不同行业的众多需求。然而，每个业务公司有其常年经营所形成的固定信息格式，因此，当需要发送EDI电文时，必须通过某种方法从公司的专有数据库中提取信息，并把它翻译成EDI的标准格式，然后才能进行传输。这就需要EDI相关翻译软件的帮助。转换软件可以帮助用户将原有计算机系统的文件信息，转换成翻译软件能够理解的平面文件（FLAT FILE），或是将从翻译软件接收到的平面文件，转换成原计算机系统中的文件。

翻译软件是两种格式文件的转换中心。它将平面文件翻译成EDI的标准格式，或将接收到的EDI标准格式翻译成平面文件。通信软件是将经过翻译软件翻译后的EDI标准格式的文件外层加上通信信封（Envelope），再传送到EDI系统交换中心的邮箱（Mailbox）中，或由EDI交换中心将接收到的EDI格式文件从信箱中取出。所有这些功能实现都需要通过EDI的增值网络。

EDI所需的硬件设备是计算机、调制解调器、网卡、电话线和专线等。目前使用的计算机，无论是PC、工作站、小型机、主机等，均可使用。由于使用EDI来进行电子数据交换，其信息在通信网络上传输，就需要一个设备进行信号的调制和解调。在EDI的实际使用中，一般最常用的就是通过电话线路传输数据信息；如果对传输时效及资料传输量有较高要求时，便可以考虑租用专线进行数据传输。以提高传输的稳定性和快捷性。

（3）通信网络。目前EDI的通信网络大多是借助于范围广泛的因特网，也有为实现某些具体任务而单独建设的专用网，具体采用哪种方式要看通信双方将要从事的工作来确定。从EDI的长远发展考虑，在因特网上实现EDI具有较强的生命力和更为广阔的发展空间。

3. EDI 的通信方式

EDI 通信主要采用增值网（Value Added Network，VAN）方式，VAN 又称之为在线系统（On-line System），是指通过利用（一般是租用）通信公司的通信线路连接分布在不同地点的计算机终端形成的信息传输交换网路。该网络向利用者提供服务，如计算机之间的联网、数据交换服务、通信线路阻塞时的迂回中继等。VAN 是实现 EDI 功能的外部设备，目前被广泛应用的销售时点数据（POS）、电子订货系统（EOS）都是 VAN 应用的具体形式。应用于 POS 系统的 VAN 除了传递销售时点数据之外，还能通过对销售时点数据加工计算得每个商品的利润，商品周转率，区分畅销商品和滞销商品。VAN 的附加价值表现在它能够提供以上服务。VAN 按使用目的分为业务共同利用型网络（即企业间数据交换网络）、通用数据通信网络和数据库服务网络。按应用范围分为大企业主导的 VAN、行业 VAN 和地区 VAN。

4. 物流 EDI

所谓物流 EDI 是指货主、承运业主以及其他相关的单位之间，通过 EDI 系统进行物流数据交换，并以此为基础实施物流作业活动的方法。物流 EDI 参与单位有货主（如生产厂家、贸易商、批发商、零售商等）、承运业主（如独立的物流承运企业等）、实际运送货物的交通运输企业（铁路企业、水运企业、航空企业、公路运输企业等）、协助单位（政府有关部门、金融企业等）和其他的物流相关单位（如仓库业者、专业报送业者等）。物流 EDI 的框架结构如图 2－8 所示。

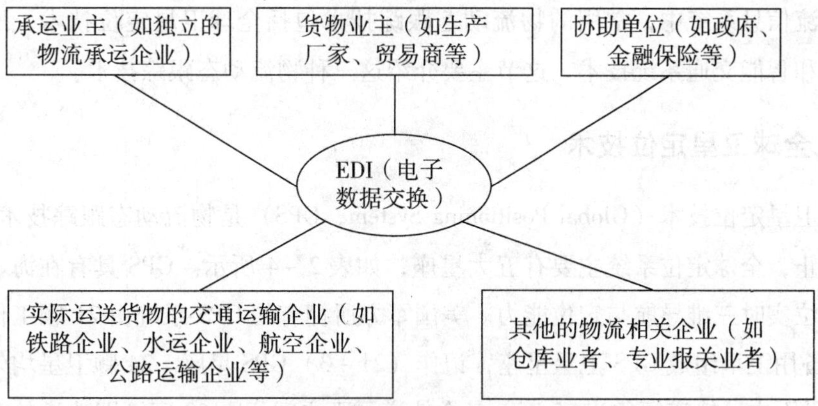

图 2－8 物流 EDI 的框架结构

下面是一个由发送货物业主、物流运输业主和接收货物业主组成的物流模型。这个物流模型的动作步骤如下：

（1）发送货物业主（如生产厂家）在接到订货后制订货物运送计划，并把运送货物的清单及运送时间安排等信息通过 EDI 发送给物流运输业主和接收货物业主（如零售商），以便物流运输业主预先制订车辆调配计划和接收货物业主制订货物接收计划。

（2）发送货物业主依据顾客订货的要求和货物运送计划下达发货指令、分拣配货、打印出物流条码的货物标签并贴在货物包装箱上，同时把运送货物品种、数量、包装等信息通过 EDI 发送给物流运输业主和接收货物业主，并依据请示下达车辆调配指令。

（3）物流运输业主在向发货货物业主取运货物时，利用车载扫描读数仪读取货物标签的物流条码，并与先前收到的货物运输数据进行核对，确认运送货物。

（4）物流运输业主在物流中心对货物进行整理、集装，做成送货清单并通过 EDI 向收货业主发送发货信息。在货物运送的同时进行货物跟踪管理，并在货物交给收货业主之后，通过 EDI 向发货物业主发送完成运送业务信息和运费请示信息。

（5）收货业主在货物到达时，利用扫描读数仪读取货物标签的物流条码，并与先前收到的货物运输数据进行核对确认，开出收货发票，货物入库。同时通过 EDI 向物流运输业主和发送货物业主发送收货确认信息。

物流 EDI 的优点在于供应链组成各方基于标准化的信息格式和处理方法通过 EDI 共同分享信息、提高流通效率、降低物流成本。例如，对零售商来说，应用 EDI 系统可以大大降低进货作业的出错率，节省进货商品检验的时间和成本，能迅速核对订货与到货的数据，易于发现差错。

2.4 物流动态跟踪技术

在物流信息系统中，常用的物流动态跟踪技术包括全球卫星定位技术、地理信息系统技术和智能交通系统技术，这节主要介绍这三种物流动态跟踪技术。

2.4.1 全球卫星定位技术

全球卫星定位技术（Global Positioning System，GPS）是物流动态跟踪技术的核心。到目前为止，全球定位系统主要有五大星座，如表 2－4 所示。GPS 具有在海、陆、空进行全方位实时三维导航与定位能力。美国军方所拥有的 GPS 系统由 21 颗工作卫星和 3 颗在轨备用卫星组成 GPS 卫星星座，记作（21＋3）GPS 星座。24 颗卫星均匀分布在 6 个轨道平面内，轨道倾角为 55 度，各个轨道平面之间相距 60 度，即轨道的升交点赤经各相差 60 度。每个轨道平面内各颗卫星之间的升交角距相差 90 度，任一轨道平面上的卫星比西边相邻轨道平面上的相应卫星超前 30 度。这种结构与设备配置使 GPS 具有全球性、实时性、全天候、连续、快速、高精度的功能特点，可提供全球范围从地面到 9000 公里高空之间任一载体的高精度的三维位置、三维速度和精确的时间信息。安装在车辆上的车载单元只要能收到来自 3 颗卫星的定位信号，就可定出该辆车的经、纬度位置和时间信息。

表2-4 全球定位系统的五大星座

英文简称	GPS	GLONASS	INMARSATE	GALILEO	NORTHERN STARS
英文全称	Global Positioning System	Global Navigation Satellite System	International Maritime Satellite		
中文名称	全球定位系统	全球卫星导航系统	国际海事卫星	伽利略	北斗
卫星数量(个)	21+3	21+3	3+1	27+3	2
轨道高度(公里)	20180	19130	35000	24000	N/A
拥有者	美国军方 美国宇航局	俄罗斯军方 俄罗斯航天局	国际海事组织	欧洲航天局 中国	中国

GPS 在物流领域可以应用于汽车自动定位、跟踪调度以及铁路运输等方面的管理以及用于军事物流。

首先，在汽车自动定位、跟踪调度方面的应用。利用 GPS 的计算机管理信息系统，可以通过 GPS 和计算机网络实时收集公路汽车所运货物的动态信息，可实现汽车、货物追踪管理，并及时地进行汽车的调度管理。据丰田汽车公司的统计和预测，日本公司在利用全球卫星定位系统开发车载导航系统，使日本车载导航系统的市场在 1995—2000 年将平均每年增长 35% 以上，全世界在车辆导航上的投资将平均每年增长 60.8%，因此，车辆导航将成为未来全球卫星定位系统应用的主要领域之一。我国已有数十家公司在开发和销售车载导航系统。

其次，在铁路运输方面的管理。利用 GPS 的计算机管理信息系统，可以通过 GPS 和计算机网络实时收集全路列车、机车、车辆、集装箱及所运货物的动态信息，可实现列车及货物的追踪管理。只要知道货车的车种、车型和车号，就可以立即从近 10 万公里的铁路网上流动着的几十万辆货车中找到该货车，还能得知这辆货车现在何处运行或停在何处，以及所有的车载货物发货信息。铁路部门运用这项技术可大大提高其路网及其运营的透明度，为货主提供更高质量的服务。

最后，用于军事物流。全球卫星定位系统首先是因为军事目的而建立的，在军事物流中应用相当普遍，如后勤装备的保障等方面。通过 GPS 技术及系统，可以准确地掌握和了解各地驻军的数量和要求，无论在战时还是在平时都能及时地进行准确的后勤补给。

2.4.2 地理信息系统技术

地理信息系统技术（Geography Information System，GIS）是 20 世纪 60 年代开始迅速发展起来的地理学研究新成果，是多种学科交叉的产物，它以地理空间数据为基础，采用地理模型分析方法，适时地提供多种空间的和动态的地理信息，是一种为地理研究和地理决策服务的计算机系统。其基本功能是将表格型数据（无论它来自数据库、电子表格文件或直接在程序中输入）转换为地理图形显示，然后对显示结果浏览、操作和分析。其显示范围可以从洲际地图到非常详细的街区地图，显示对象包括人口、销售情况、运输线路以及其他内容。

GIS 技术主要应用于物流分析，是指利用 GIS 强大的地理数据功能来完善物流分析技术。目前一些国外公司已经开发出利用 GIS 为物流分析提供专门分析的工具软件。

完整的 GIS 物流分析软件集成了车辆路线模型、网络物流模型、分配集合模型和设施定位模型等。具体表现如下：

第一，车辆路线模型。主要用于解决一个起始点、多个终点的货物运输中，如何降低物流作业费用并保证服务质量的问题。包括决定使用多少辆车以及每辆车的路线等。

第二，网络物流模型。主要用于解决最有效地分配货物路径问题，也就是物流网点布局问题。如将货物从 N 个仓库运往 M 个商店，每个商店都有固定的需求量，因此，需要确定由哪个仓库提货送给哪个商店，所耗的运输代价最小。

第三，分配集合模型。是根据各个要素的相似点把同一层上的所有或部分要素分为几个组，主要用以解决和确定服务范围、销售市场范围等问题。如某一公司要设立 X 个分销点，要求这些分销点要覆盖某一地区，而且要使每个分销点的顾客数目大致相等。

第四，设施定位模型。主要用于确定一个或多个物流设施的位置。在物流系统中，物流中心、仓库和运输线共同组成了物流网络，物流中心和仓库处于网络的节点上，节点决定着线路，如何根据供求的实际需要并结合经济效益等原则，在既定区域内设立多少个物流中心和仓库，每个物流中心和仓库的位置、规模以及物流中心和仓库之间的物流关系等，运用此模型均能很容易地得到解决。

2.4.3 智能交通系统技术

智能交通系统（Intelligent Transport System，ITS）是指利用先进的信息通信技术，形成人—车—路三位一体的系统，从而大大提高道路交通的安全性、运输效率、行车的舒适性以及有利于环境保护的道路交通系统。ITS 是由以下子系统组成的。

（1）先进的交通管理系统（Advanced Transportation Management System，ATMS）。即交通控制指挥中心，该系统包括了城市道路信号实时控制、高速公路交通监控、交通事故治理、交通疏导等公路交通管理的各种功能，以及用来研究和评价交通控制系统运行功能与效果的三维交通模拟系统。管理系统能实时、准确、全面地掌握公路网的交通运行情况，进行及时调度与事故处理。

（2）先进的驾驶员信息系统（Advanced Driver Information System，ADIS）。ITS 系

统向用户提供道路通行情况及天气情况等有关交通信息，提供电子地图及 GPS 服务，帮助出行者优选路线、安排行程，提供行车限速显示信息，提示方位及道路诱导信息，使汽车绕开交通特别拥挤的区域。

向出行者提供气候、道路等行车环境信息，在能见度低或急转弯处向驾驶员发出警告；提供汽车半自动或全自动驾驶功能，这是电子导航系统所具备的功能。

在 ITS 的应用中，汽车电子导航系统走在前列，通过汽车电子导航系统可以获得电子地图、地理信息等帮助。电子导航系统可提供鸟瞰画面、横断画面、地图画面等多种查看方式，并借助 GPS 系统帮助驾驶人员迅速到达目的地。

（3）先进的公共交通系统（Advance Public Transportation System，APTS）。公共交通信息系统是面向公共交通使用者的交通信息系统，通过安装在公共服务区的信息查询装置、车辆自动定位设备或电子信息牌提供实时信息，包括公共交通拥挤程度、公交车辆到站时空信息、换乘信息以及停车状况等，公共交通信息的提供有助于公共交通使用者出行、换乘和出发时间的选择，可以提高使用者的便利程度，利用先进的信息和通信技术，动态实时采集公交车辆的行驶状态信息、公交车辆营运信息以及联系道路系统和换乘系统的交通状态信息等公共交通信息，加以处理后提供给用户，能最大限度确保公交车辆的准时性。在公交沿途的各停靠站上提供到站时间表，并同时提供行驶中车辆的动态信息（如现在所处的位置，到达本站所需要的时间等），将极大地提高公共交通系统的吸引力，大大方便了公众的出行。

（4）营运车辆调度管理系统（Commercial Vehicle Operation Management，CVOM）。建立客货运调度和管理中心，通过计算机和通信设备对所属车辆进行调度，对线路上的车辆实行监控，还设有旅客自动问询系统及计算机售票系统。还包括运输场站利用、电子数据交换（EDI）及车辆自动定位技术掌握客流、物流的配载、流向及换乘等实时信息，使客货运流向合理，减少空载，充分提高运输效率。

（5）先进的车辆控制管理系统（Advanced Vehicle Control System，AVCS）。该系统建立一整套传感器、信号灯及信息显示系统，根据交通干线结构、操作程序、安全法规而形成对事件的反应知识库，为系统操作员对发生某特定事件作出反应的控制策略与建议，提供十分便捷明晰的人机界面，用最简单的操作完成对事件的正确反应。

例如，可根据发生的事件及时关闭某些路段，对驶入隧道的车辆提出限速信息，提供警示信号，并能在交通状况变化时自动地改变这些信号设置。这就可能需要在几分钟内对成百上千个带连锁关系的信号灯、信号牌进行切换，而不允许有任何的差错。

此外，目前交通管理信息还通过路边或龙门架上的可变信息牌向驾车人提供包括交通事故造成的道路阻塞的街道或公路地段名称，车主据此作出相应的反应与对策。

（6）电子收费系统（Electronic Toll Collection，ETC）。电子收费系统在 ITS 中具有特殊的地位，特别是高速公路及桥梁（包括贯穿城市的大型桥梁）收费系统更显示其重要性。常规的人工收费加计算机管理模式使停车收费时间较长，账目管理有漏洞，所以对全自动、不停车的收费系统的需求自然就提到了议事日程上。建立这样的系统能大大提高车辆通行能力。高速公路的交通堵塞35%发生在收费站处，采用ETC将大大提高公路的营运效率，节约乘客的时间。

2.5 电子商务技术

2.5.1 电子商务概述

1. 电子商务的概念

电子商务（Electronic Commerce，EC）是指对整个贸易活动实现电子化。从涵盖范围方面可以定义为：交易各方以电子交易方式而不是通过当面交换或直接面谈方式进行的任何形式的商业交易；从技术方面可以定义为：电子商务是一种多技术的集合体，包括交换数据（如电子数据交换、电子邮件）、获得数据（共享数据库、电子公告牌）以及自动捕获数据（条码）等。

电子商务涵盖的业务包括：信息交换、售前及售后服务（提供产品和服务的细节、产品使用技术指南、回答顾客意见）、销售、电子支付（使用电子资金转账、信用卡、电子支票、电子现金）、组建虚拟企业（组建一个物理上不存在的企业，集中一批独立的中、小公司的权限，提供比任何一个单独公司更多的产品和服务）。

2. 电子商务的分类

电子商务可根据以下内容进行分类：

（1）按电子商务参加主体划分。

①B2C（Business to Consumer）。指企业对消费者，也称商家对个人或商业机构对消费者。

②B2B（Business to Business）。指企业对企业，也称商家对商家或商业机构对商业机构。

③B2G（Business to Government）。指企业对政府机构。

④C2G（Consumer to Government）。指消费者对政府机构。

（2）按电子商务交易对象划分。

①有形商品交易电子商务。有形商品指的是占有三维空间的实体类商品，这类商品的交易过程中所包含的信息流和资金流可以完全实现网上传输，卖方通过网络发布商品广告、供货信息及咨询信息，买方通过网络选择欲购商品并向卖方发送订单，买卖双方在网上签订购货合同后又可以在网上完成货款支付。但交易的有形商品就必须由卖方通过某种运输方式送达买方指定地点。可以看到电子商务已经破除了商家对各

种商品批量购进集中存储、坐店销售的方式，商品需要直接送到消费者手中。这种商品交割方式的变化，说明网上购物使传统的物流配送向消费者端延伸。因此，有形商品电子商务还必须解决好货物配送的问题。有形商品交易电子商务由于三流（信息流、资金流、物流）不能完全在网上传输，可称非完全电子商务。

②无形商品交易电子商务。无形商品指包括软件、电影、音乐、电子读物、信息服务等可以数字化的商品，无形商品网上交易与有形商品网上交易的区别在于前者可以通过网络将商品直接送到购买者手中。也就是说无形商品电子商务完全可以在网络上实现，因而这类电子商务属完全电子商务。

2.5.2 电子商务系统的组成

完整的电子商务系统是在 Internet 信息系统的基础上，由参与交易的信息化企业、信息化组织和使用 Internet 的消费者主体，提供实物配送服务和支付结算服务的机构以及提供网上商务服务的电子商务服务商组成，如图 2－9 所示。由上述几个部分组成的基础电子商务系统，将受到一些市场环境的影响，这些市场环境包括经济环境、法律环境、政策环境、技术环境等。

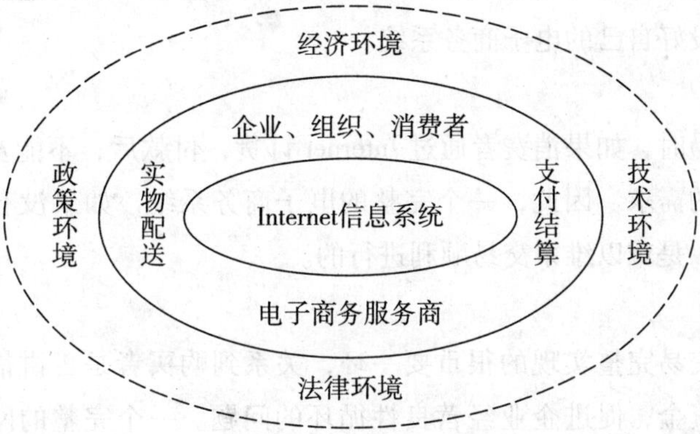

图 2－9 电子商务系统组成

1. Internet 信息系统

电子商务系统的基础是 Internet 信息系统。它是进行交易的平台，交易中所涉及的信息流、物流和资金流都与其紧密相关。Internet 信息系统是指企业、组织和电子商务服务商，在 Internet 的基础上开发设计的信息系统，它可以成为企业、组织和消费者之间跨越时空进行信息交换的平台。在信息系统的安全和控制措施保证下，通过基于 Internet 的支付系统进行网上支付，通过基于 Internet 物流信息系统控制物流的顺利进行，最终保证企业、组织和个人消费者之间网上交易的实现。因此，Internet 信息系统的主要作用是提供一种开放的、安全的和可控制的信息交换平台，它是电子商务系统的核心和基石。

2. 电子商务服务商

Internet 作为一个蕴藏巨大商机的平台，需要有一大批专业化分工者进行相互协作，为企业、组织和消费者在 Internet 上进行交易提供支持。电子商务服务商便是起着这种作用。根据服务层次和内容的不同，可以将电子商务服务商分为两大类：一类为电子商务系统提供系统支持服务，它主要为企业、组织和消费者在网上交易提供技术支持和物资；另一类直接提供电子商务中介服务，它为企业、组织和消费者之间的交易提供沟通渠道和商务活动服务。

3. 企业、组织和消费者

企业、组织和消费者是 Internet 上市场交易的主体，是进行网上交易的核心。由于 Internet 本身的特点及加入 Internet 的网民的增长趋势，使得 Internet 电子商务市场成为非常具有吸引力的新兴市场，一般说来，组织和消费者上网比较简单，因为他们主要是使用电子商务服务商提供的 Internet 服务参与交易。企业上网则是非常重要而且是很复杂的。这是因为，一方面企业作为市场交易一方，只有上网才可能参与网上交易；另一方面企业作为交易主体，必须为其他参与交易方提供服务和支持，如提供产品信息查询服务、商品配送服务、支付结算服务，因此，企业开展网上交易，必须进行系统规划，才能建设好自己的电子商务系统。

4. 物流系统

进行网上交易时，如果消费者通过 Internet 订货，付款后，不能及时送货上门，便不能满足消费者的需求。因此，一个完整的电子商务系统，如果没有高效的实物配送物流系统的支撑，是难以维系交易顺利进行的。

5. 支付系统

支付是网上交易完整实现的很重要一环，关系到购买者是否讲信用按时支付，卖者能否按时回收资金，促进企业经营良性循环的问题。一个完整的网上交易，它的支付应是在网上进行的。

2.5.3 电子商务支付系统

电子商务支付系统是电子商务系统的重要组成部分，是指消费者、商家和金融机构之间使用安全电子手段交换商品或服务，即把新型支付手段［包括电子现金（E-cash）、信用卡（Credit Card）、借记卡（Debit Card）、智能卡等］的支付信息通过网络安全传送到银行或相应的处理机构，来实现电子支付。

目前，电子商务支付系统主要由以下 6 个部分组成，其模型如图 2－10 所示。

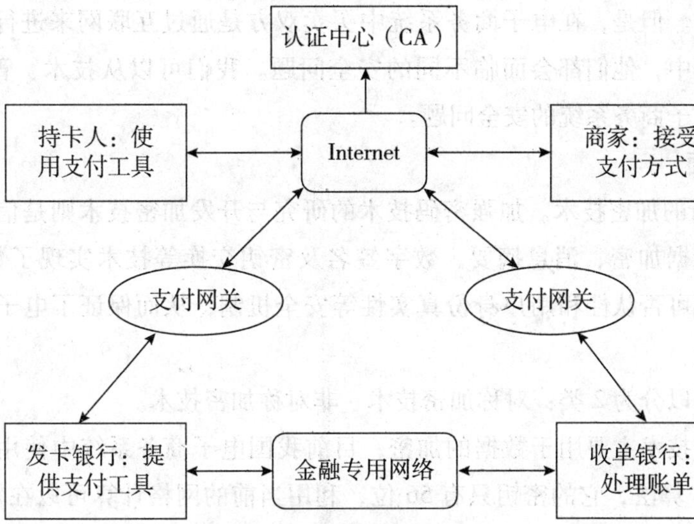

图 2-10　电子商务支付系统模型

(1) 持卡人：指由发卡银行所发行的支付卡的授权持有者。

(2) 商家：指出售商品或服务的个人或机构。商家必须与收单银行建立业务联系，以接受支付卡这种付款方式。

(3) 发卡银行：指向持卡人提供支付卡的金融机构。

(4) 收单银行：指与商家建立业务联系的金融机构。

(5) 支付网关：实现对支付信息从 Internet 到银行内部网络的转换，并对商家和持卡人进行认证。

(6) 认证中心（CA）：在基于 SET 协议的电子商务体系中起着重要作用。可以为持卡人、商家和支付网关签发 x.509V3 数字证书，让持卡人、商家和支付网关通过数字证书进行认证，CA 同时要对证书进行管理。

电子商务支付系统可从以下 3 个方面来进行分类：

(1) 根据在线交易金额划分：大额支付系统、脱机小额支付系统、联机小额支付系统和电子货币。

(2) 根据在线传输数据的种类（加密、分发类型）划分：使用"受信任的第三方"——First Virtual。传统银行转账结算的扩充——Cyber Cash，各种数字现金、电子货币。

(3) 根据支付手段划分：电子信用卡支付、Smart Card 支付、电子现金支付、电子支票支付等。具体如电子汇款（EFT）、电子划款等。

2.5.4　电子商务系统安全

在传统交易过程中，买卖双方是面对面的，因此很容易保证交易过程的安全性和建立起信任关系。但是，在电子商务系统中买卖双方是通过互联网来进行联系的，因此，在交易过程中，他们都会面临不同的安全问题。我们可以从技术、管理、法律3个方面来应对电子商务系统的安全问题。

1. 技术方面

（1）使用新的加密技术。加强密码技术的研究与开发加密技术则是信息交换安全的基础，通过数据加密、消息摘要、数字签名及密钥交换等技术实现了数据机密性、数据完整性、不可否认性和用户身份真实性等安全机制，从而保证了电子商务系统中信息交换的安全。

密码技术可以分为2类：对称加密技术、非对称加密技术。

①对称加密技术主要用于数据的加密，目前我国电子商务系统中使用的对称加密技术主要是DES算法，它的密钥只有56位，利用当前的网格计算可以在短期内破解，因此必须在我国电子商务中推广更好的SDES或ASE算法。

②非对称加密技术主要用于数据加密、数字签名、密钥交换等方面，电子商务系统安全中的许多技术都是建立在非对称加密技术的基础之上的，目前我国电子商务系统中使用的非对称加密技术主要是RSA算法，它的缺点是密钥比较长，造成运算复杂，很难在智能卡和移动设备上使用，目前在国外已经开始使用更好的ECC（椭圆曲线公钥加密）算法来代替RSA算法，在我国电子商务系统中也应使用ECC加密技术，以提高电子商务的安全性。

（2）使用入侵检测和高可靠的容侵技术。目前大家十分重视网络病毒的防护，一般网络客户都安装了杀毒软件，但是大家对网络攻击不够重视，特别是企业。据统计，在电子商务系统中由网络入侵造成的经济损失要远远超出因病毒而造成的经济损失。入侵检测通过对网络用户的行为信息进行采集、分析和过滤，及时准确地向系统的管理者发出警报，它是目前维护网络安全的重要技术之一。高可靠的容侵是通过将机密信息按照某种算法分拆成若干个组成部分，只获取机密信息的一个组成部分或几个是不能还原成有意义的内容，如此将每一个部分保存在不同的堡垒主机中，采取这样一种工作方式将保证即使系统中的部分主机被入侵者控制也不会泄密。随着黑客技术的发展和我国黑客群体的增加，网络入侵（攻击）越来越多，由此造成的经济损失和影响也越来越大，因此为了保证电子商务系统的正常运作，必须使用入侵检测技术和高可靠的容侵技术，这是提高我国电子商务系统安全的重要途径之一。

2. 管理方面

（1）加强人员管理。实践证明，绝大部分安全与保密问题是由内部人员造成的。而且我国的高新技术产业有一个特点，就是人员流动非常频繁，公司内员工的流动频度非常高，所以尤其需要注意加强人员管理。对关键岗位人员的录用一定要加强人事审查，录用后要明确岗位和责任范围，签订保密协定，定期进行培训，尽量保持关键岗位员工的相对稳定。

（2）加强交易密码管理。目前网络攻击的最终目的是通过各种途径非法获得交易密码，然后通过此密码合法进入系统进行非法操作。因此我们应积极采取各种措施，避免交易密码被非法盗取。

3. 法律方面

在电子商务系统中，传统交易下所产生的纠纷及风险并没有随着高科技的发展而消失，相反网络的虚拟性、流动性、隐匿性对交易安全及消费者权益保护提出了更多的挑战，因此，制定相应的法律法规来约束互联网用户的行为是电子商务系统的基础。我国政府十分重视电子商务系统的法律法规的制定，目前制定的有关法律法规有《中华人民共和国计算机信息系统安全保护条例》、《中华人民共和国计算机信息网络国际互联网管理暂行规定》、《中华人民共和国计算机信息网络国际互联网络安全保护管理办法》、《电子签名法》等，它们直接约束了计算机安全和电子商务系统的安全。这些法律法规在电子商务系统中发挥着重大的作用，但是这些已经制定的法律法规在实际操作过程中还有很多不够完善的地方，如交易过程中商家提供虚假信息、侵害消费者的隐私、纠纷问题等都没得到很好的解决，还需要建立健全相应的法律法规，设立专门机构对电子商务系统进行有效的管理。

第2篇

方　法　篇

3 物流信息系统的开发方法

内容提要：

物流信息系统的开发是一个较为复杂的系统工程，它涉及计算机处理技术、系统理论、组织结构、管理功能、管理认识、认识规律以及工程化方法等方面的问题。尽管系统开发方法有很多种，但至今尚未形成一套完整的、能为所有系统开发人员所接受的理论以及由这种理论所支持的工具和方法。

本章主要介绍物流信息系统的开发策略、开发方法及开发方式。

学习要点：

通过这一章内容的学习，我们要达到这样几个目标：

(1) 掌握物流信息系统的3种开发方法。

(2) 理解物流信息系统的开发方式。

(3) 了解物流信息系统的开发策略。

3.1 物流信息系统开发概述

信息系统的开发是一项庞大的系统工程，系统开发不仅与计算机技术密切相关，而且还涉及使用系统的企业组织和管理现状。在这些复杂的环境中开发系统必须要选择合适的系统开发方法。管理信息系统的开发方法从20世纪五六十年代开始发展到今天，已经出现了许多新的信息系统开发方法，每一种方法都有自己的特点和适用环境。

3.1.1 信息系统发展的阶段

把计算机应用到一个单位（企业、部门）的管理中去，一般要经历从初级到成熟的成长过程。美国专家理查德·诺兰（Richard L. Nolan）在20世纪80年代初总结美国一些企业计算机应用的发展规律，提出了在一个地区、一个行业乃至一个国家计算机应用发展的客观道路及规律，即所谓的“诺兰模型”。

诺兰模型是6个阶段模型，它指出企业计算机应用发展过程有6个阶段：初装、蔓延、控制、集成、数据管理和成熟，如图3－1所示。

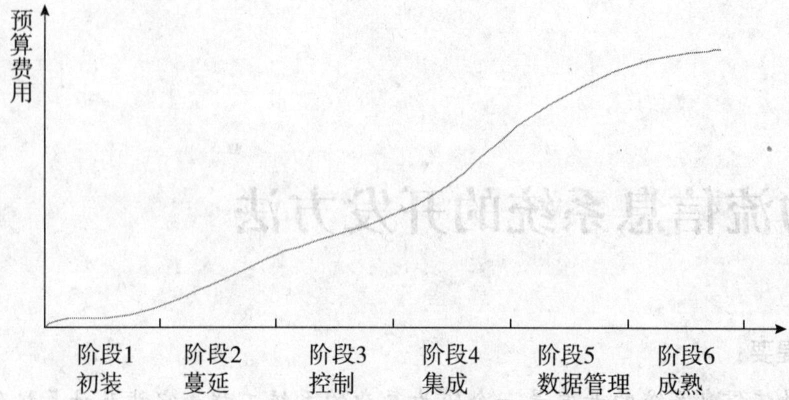

图 3－1　诺兰模型

1. 诺兰模型的 6 阶段

（1）初装阶段。初装阶段指单位（企业、部门）购置第一台计算机并初步开发管理应用程序。该阶段，计算机的作用被初步认识到，个别人具有了初步使用计算机的能力。一般情况下，“初装”阶段发生在单位的财务部门。

（2）蔓延阶段。随着计算机应用初见成效，信息系统（管理应用程序）从少数部门扩散到多数部门，并开发了大量的应用程序，使单位的事务处理效率有了提高，这便是所谓的“蔓延”阶段。显然，在该阶段中，数据处理能力发展得最为迅速但同时出现了许多有待解决的问题，如数据冗余性、不一致性、难以共享等。可见，此阶段只有一部分计算机的应用收到了实际的效益。

（3）控制阶段。管理部门了解到计算机数量超出控制，计算机预算每年以 30% ~ 40% 或更高的比例增长，而投资的回收却不理想。同时随着应用经验逐渐丰富，应用项目不断积累，客观上也要求加强组织协调，于是就出现了由企业领导和职能部门负责人参加的领导小组，对整个企业的系统建设进行统筹规划，特别是利用数据库技术解决数据共享问题。这时，严格的控制阶段便代替了蔓延阶段。诺兰认为，第三阶段将是实现从以计算机管理为主到以数据管理为主转换的关键，一般发展较慢。

（4）集成阶段。所谓集成，就是在控制的基础上，对子系统中的硬件进行重新连接，建立集中式的数据库及能够充分利用和管理各种信息的系统。由于重新装备大量设备，此阶段预算费用又一次迅速增长。

（5）数据管理阶段。诺兰认为，“集成”之后，会进入“数据管理”阶段。但 20 世纪 80 年代时，美国尚处在第四阶段，因此，诺兰没能对该阶段进行详细的描述。

（6）成熟阶段。一般认为，“成熟”的信息系统可以满足单位中各管理层次（高层、中层、基层）的要求，从而真正实现信息资源的管理。

2. 诺兰模型的 6 种增长要素

诺兰模型还指明了信息系统发展过程中的 6 种增长要素，分别是：

（1）计算机硬软资源：从早期的磁带向最新的分布式计算机发展。

（2）应用方式：从批处理方式到联机方式。

（3）计划控制：从短期的、随机的计划到长期的、战略的计划。

（4）MIS 在组织中的地位：从附属于别的部门发展为独立的部门。

（5）领导模式：一开始技术领导是主要的，随着用户和上层管理人员越来越了解 MIS，上层管理部门开始与 MIS 部门一起决定发展战略。

（6）用户意识：从作业管理级的用户发展到中、上层管理级。

诺兰的阶段模型总结了发达国家信息系统发展的经验和规律。一般认为模型中的各阶段都是不能跳越的。因此，无论在确定开发管理信息系统的策略，或者在制订管理信息系统规划的时候，都应首先明确本单位当前处于哪一生长阶段，进而根据该阶段特征来指导信息系统的建设。

3.1.2　物流信息系统的开发策略

物流信息系统的开发策略有“自下而上”、“自上而下”和“自上而下规划，自下而上实现”3 种。

1.“自下而上”的开发策略

“自下而上”的开发策略是从现行系统的业务状况出发，先实现一个个具体的功能，逐步地由低级到高级建立信息系统。因为任何一个信息系统的基本功能是数据处理，所以“自下而上”方法首先从研制各项数据处理应用开始，然后根据需要逐步增加有关管理控制方面的功能。一些组织在初装和蔓延阶段，各种条件（设备、资金、人力）尚不完备，常常采用这种开发策略。

优点：可以避免大规模系统可能出现运行不协调的危险；

缺点：不能像想象的那样完全周密，由于缺乏从整个系统出发考虑问题，随着系统的进展，往往要作许多重大修改，甚至重新规划、设计。

2.“自上而下”的开发策略

“自上而下”的开发策略强调从整体上协调和规划，由全面到局部，由长远到近期，从探索合理的信息流出发来设计信息系统。由于这种开发策略要求很强的逻辑性，因而难度较大，但这是一种更重要的策略，是信息系统的发展走向集成和成熟的要求。

优点：具有系统性和整体性，虽然一个系统由多个子系统构成，但它们又是一个不可分割的整体；

缺点：难度较大。

3.“自上而下规划，自下而上实现”的开发策略

通常，“自下而上”的策略用于小型系统的设计，适用于对开发工作缺乏经验的情况。在实践中，对于大型系统往往把这两种方法结合起来使用，即先自上而下地作好信息系统的战略规划，然后再自下而上地逐步实现各系统的应用开发。这是建设信息系统的正确策略，物流信息系统的建设也不例外。

3.1.3 开发物流信息系统的准备工作

当用户提出新系统要求之后，首先必须着手进行新系统研制的准备工作，准备工作包括以下3个方面：

1. 管理基础准备

首先必须对基础管理工作进行整顿，逐步做到管理工作程序化、管理业务标准化、数据完整代码化、报表文件统一化。

2. 组织准备

建立有用户领导参加的新系统研制小组，在领导小组下设置几个专业组，如由业务人员和系统研制人员组成的系统分析与设计小组、由程序员组成的程序设计小组、由硬件人员组成的硬件小组等。

3. 技术准备

首先是技术人才的准备，主要有系统分析员、程序员、硬件人员、操作员等，对用户单位的业务人员也要进行培训，介绍系统分析和设计的一般概念，学习有关计算机知识，使业务人员不仅在研制过程中给予积极配合，在新系统转换运行时，也能胜任新系统的需要，较快地掌握新系统的使用方法。

3.1.4 信息系统开发方法概述

信息系统从产生到现在已经发展了许多方法，其中生命周期法（Life Cycle Approach）、原型法（Prototyping Approach）和面向对象的开发方法（Object-Oriented Developing Approach）在信息系统开发实践中产生了重要的影响。

生命周期法是诞生于20世纪70年代的主流方法，是结构化方法的基础。它给出严格的过程定义并且改善了开发过程，严谨的文档依然是过程改善和软件质量管理的重要基础。生命周期法的基本思想是“自上而下，逐步求精”，即严格划分系统开发的各个阶段，从全局出发全面规划，然后自上而下一步步实现。生命周期法的局限在于周期过程长、方法细腻苛刻和用户参与程度不高而不能满足需求变化，加大了系统风险。

产生于20世纪80年代的原型法则一开始不进行全局分析，而是抓住一个原型，经设计实现后，再不断扩充，使之成为全局的系统。原型法符合实践、认识、再实践、再认识的认识规律，但过程定义不够清晰，文档不够完善，需求定义不够规范，不利于过程改善。原型法的改进方向在于完善过程标准，规范需求定义，明确应用范围。

面向对象的方法从20世纪90年代开始获得广泛的应用，它包括面向对象的系统分析（OOA）、面向对象的系统设计（OOD）和面向对象的程序设计（OOP）。面向对象的方法具有自然的模型化能力，它支持建立可重用、可维护、可共享的代码且将这些代码组织存放在程序设计环境的类库中。随着类库中的类不断积累，以后的程序设计过程会变得越来越简单，从而提高开发效率。面向对象的方法更重要的是思维方式的改变，类的继承性提高了系统可维护性，拓展系统生命周期，构件化使软件生产走向工厂化。

上述的这些开发方法既有区别，又有联系，可以组合使用。具体选择哪种或哪几种方法的组合，应根据系统规模来确定。一般来说，较小的系统可采用原型法或面向对象的方法或两者结合；较大的系统以生命周期法为主，结合原型法和面向对象的方法，尤其是在系统实现阶段可以采用面向对象的程序设计方法，现在的主流开发工具都支持OOP。可以预期，相互补充、相互促进的系统开发方法将是今后若干年信息系统或软件工程中所使用的主要方法。

3.2 物流信息系统的开发方法

3.2.1 生命周期法

任何事物都有产生、发展、成熟、消亡的过程，物流信息系统也不例外。在使用过程中随着内外部环境的变化以及信息需求的改变，信息系统需要进行不断地维护、修改和完善，当系统不再适应用户需求时，就要被淘汰，就要由新系统代替老系统，这种周期循环称为信息系统的生命周期。运用生命周期的概念进行系统开发的方法称为生命周期法。

1. 生命周期法的特点

生命周期法将软件工程和系统工程的理论和方法引入信息系统的研制开发中，将信息系统的整个生存期视为一个生命周期，同时又将整个生存期严格划分为若干阶段，并明确每一阶段的任务、原则、方法、工具和形成的文档资料，分阶段、分步骤地进行信息系统的开发。

生命周期法是系统开发的常用方法。这是因为它具有以下特点：

（1）采用系统的观点与系统工程的方法，自上而下进行系统分析与系统设计，并自下而上进行系统实施。

（2）开发过程阶段清楚，任务明确，文档齐全，并要求有标准化的分析报告、流程图、说明文本等阶段性文档资料及书面记录，使得整个开发过程便于管理和控制。

（3）生命周期法适用于大型的信息系统以及应用软件的开发。

（4）生命周期法中最常见的分析技术是结构化的分析与设计方法（Structured System Analysis & Structured System Design，SSA&SSD）。这种方法易于系统的实施，便于系统维护。

2. 生命周期法的阶段和任务

生命周期法的主要思想是将开发过程视为一个生命周期，也就是几个相互连接的阶段，每个阶段有每个阶段明确的任务，要产生相应的文档，上一个阶段的文档就是下一阶段工作的依据。当系统开发出来了以后，并不意味着整个系统生命周期的结束，而是意味着根据组织的需要对系统的修改和重建的开始。

生命周期法将整个开发过程分为以下5个基本阶段：系统规划、系统分析、系统设计、系统实施和系统运行维护。生命周期法各个阶段完成的主要任务和主要文档如表3-1所示。

表3-1　生命周期法的主要阶段及各阶段的主要任务和文档

序号	阶段	主要任务	主要文档
1	系统规划	项目的提出	项目申请书 可行性分析报告
		现行系统的初步调查	
		编写可行性分析报告	
		制订开发计划	
2	系统分析	现行系统的详细调查	系统分析报告
		分析用户环境、需求、流程	
		确定系统目标与功能	
		确定系统逻辑模型	
3	系统设计	建立新系统的物理模型	系统设计说明书
		总体设计（模块结构设计）	
		详细设计（代码设计、输入输出设计、数据库设计等）	
4	系统实施	程序设计与调试	源程序清单 调试测试说明书 用户操作手册
		系统硬、软件的配置	
		系统的试运行	
		人员及岗位培训	
		新旧系统转换	
5	系统运行与维护	建立规章制度	系统维护记录 系统评价报告
		系统硬、软件的维护	
		系统评价	

（1）系统规划阶段。根据用户的系统开发请求，初步调查，明确问题，然后进行可行性研究。如果不满意，则要反馈修正这一过程；如果不可行，则取消项目；如果可行并满意，则进入下一阶段工作。

（2）系统分析阶段。系统分析阶段的任务是：分析业务流程；分析数据与数据流程；分析功能与数据之间的关系；最后提出新系统逻辑方案。若方案不可行则停止项目；若方案不满意，则修改这个过程；若可行并满意，则进入下一阶段的工作。

（3）系统设计阶段。系统设计阶段的任务是：总体结构设计；代码设计；数据库、文件设计；输入/输出设计；模块结构与功能设计。与此同时根据总体设计的要求购置与安装设备，最终给出设计方案，若不满意，则反馈修改这个过程；如可行，则进入下一阶段工作。

（4）系统实施阶段。系统实施阶段的任务是：同时进行编程（由程序员执行）、人员培训（由系统分析设计人员培训业务人员和操作员）以及数据准备（由业务人员完成），然后投入试运行。如果有问题，则修改程序；如果满意，则进入下一阶段工作。

（5）系统运行维护阶段。系统运行维护阶段的任务是：同时进行系统的日常运行管理、评价、监理审计 3 部分工作。然后分析运行结果，如果运行结果良好，则送管理部门，指导生产经营活动；如果有问题，则要对系统进行修改、维护或者是局部调整；如果出现了不可调整的大问题（这种情况一般是系统运行若干年之后，系统运行的环境已经发生了根本的变化时才可能出现），则用户将会进一步提出开发新系统的要求，这标志着老系统生命的结束，新系统的诞生。

生命周期法的工作流程如图 3－2 所示。

虽然生命周期法的理论比较完善，在系统开发中得到普遍应用，但也存在一些不足之处。

3. 生命周期法的优缺点

生命周期法有以下优点：

（1）强调面向用户的原则。这使得系统开发人员与用户联系密切、交流信息及时，有利于及时发现并解决问题、提高系统开发的质量。

（2）强调开发过程的整体性和全局性。

（3）运用结构化的分析与设计方法。

（4）严格按阶段、按顺序进行。强调一步一步地严格地进行系统分析和设计，每一步工作都及时地总结，发现问题及时地反馈和纠正。

（5）文档标准、规范。

生命周期法有以下缺点：

（1）用户进入系统开发的深度不够，系统需求难以准确确定，由于专业及知识背景不一样，影响了用户和系统分析人员之间的正常交流并形成障碍。在系统开发初始

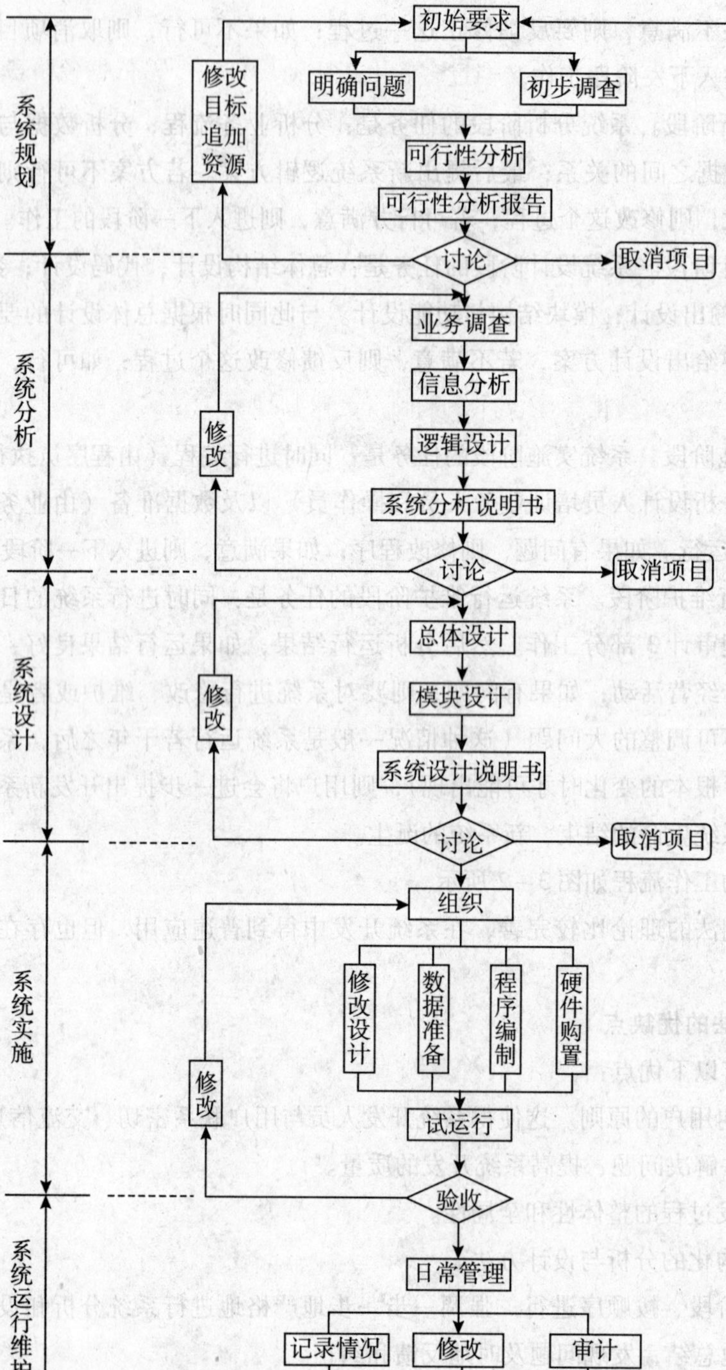

图 3－2　生命周期法的工作流程

阶段，用户往往不能确切地描绘现行信息系统的现状和未来的目标，分析人员在理解上也会有错误和偏差，造成系统需求定义的困难。

(2) 生命周期法开发周期长、文档过多。由于生命周期法严格依据各阶段的目标和任务进行开发，使得开发周期拖长。各阶段文档资料较多，而且容量较大，用户难以真正理解这些文档。

(3) 各阶段文档的审批工作困难。必须由用户认可审批的各阶段文档，由于许多文档不是用户所能真正理解和评审的，结果导致文档不能及时审批或形式上已审批通过，但问题依然存在。

4. 生命周期法的发展趋势

在生命周期法结合结构化程序设计的基础上，人们提出了结构化系统分析与设计（Structured Analysis and Design Technologies，SADT）的管理信息系统开发方法。SADT方法的基本思想是：系统的思想、系统工程的方法，用户至上的原则，结构化、模块化，自顶向下地进行信息系统的分析和设计。

SADT 方法特别强调以下几点：

(1) 建立面向用户的观点。

(2) 严格区分工作阶段。认真做好各个阶段的工作，在每个阶段的目标和任务没有完成前，不急于进入下一阶段，但并不排除某项业务的发生变更或修改。

(3) 结构化、模块化、自顶向下。按照系统的观点，将各项具体的业务或组织放到整体中加以考虑，首先确保全局的正确，然后再层层深入和处理局部问题，这样使问题初步简化，并便于分工与协作。

(4) 充分预料可能发生的变化。

①环境变化：包括企业环境变化（组织结构变化、企业归并或重组）、主管部门要求的变化（文件、报表、统计内容）。

②内部变化：包括内部组织结构、管理体制、管理方法、工艺设备、工艺流程等。

(5) 文档的标准化。每个阶段、每个步骤都有完整和详细的文档，文档的建立要采用相应的标准。

3.2.2 原型法

生命周期法是基于两个最基本的假定：一是系统的目标反映了用户的需求；二是系统开发的环境，包括系统内部的关系都不发生变化。然而，对于规模较大或结构较复杂的系统来说，在系统开发前期，用户往往对未来的目标仅仅有一个比较模糊的想法。由于专业知识的限制，系统开发人员对某些设计的具体应用领域的功能需求也不甚清楚。虽然可以通过详细的系统分析和定义得到一份较好的系统分析说明书，却很难将整个信息系统描述完整，且与实际环境完全相符，也很难推断出信息系统的运行效果。因此，在实际系统中，用户需求的多变性和环境的不确定性，动摇了生命周期法的基本前提，成为传统的结构化系统开发方法的重大障碍，原型法正是针对上述问题进行变通而产生的一种新的系统开发方法。

1. 原型法的基本思想

在建筑学和机械设计学中，“原型”指的是其结构、大小和功能都与某个物体相类似的模拟物体的原始模型。在信息系统开发中，“原型”是指该系统早期可运行的一个版本，反映系统的部分重要功能和特征，其主要内容包括系统的程序模块、数据文件、用户界面、主要输出信息及与其他系统的接口。

原型法（Prototyping）是利用原型辅助开发系统的方法，其基本思想是：在获得用户基本需求的基础上，投入少量人力和物力，尽快建立一个原始模型，使用户可及早运行和看到模型的概貌和使用效果，并提出改进方案，开发人员进一步修改完善，如此循环迭代，直到形成一个用户满意的模型为止。

原型法的思想体现出以下特点：

（1）原型法并不要求系统开发之初完全掌握系统的所有需求。事实上，由于各种因素的影响，系统的所有需求不可能在开发之初就可以预先确定，用户只有在看到一个具体的系统时，才能对自己的需求有完整准确的把握，同时也才可能发现系统当前存在的问题和缺陷。

（2）构造原型必须依赖快速的原型构造工具。只有在工具的支持下才可能迅速建立系统原型，并方便地进行修改、扩充、变换和完善。

（3）原型的反复修改是必然的和不可避免的。必须根据用户的要求，随时反映到系统中去，从而完善系统的结构和功能，使系统提供的信息真正满足管理和决策的需要。

2. 原型法的开发过程

原型法是随着用户和开发人员对系统认识和理解的逐步加深，而不断对系统进行修改和完善的过程，整个开发过程可以分成以下几个步骤：

（1）确定用户的基本需求。根据用户基本需求，对系统给出初步定义。用户的基本需求是指对系统各种功能的要求，对数据结构、菜单和屏幕界面、报表内容和格式等要求。这些要求虽然是概略的，但是最基本的，易于描述和定义。

（2）开发初始原型。根据用户初步需求，开发出一个可以应用的系统，它应满足上述的由用户提出的基本要求。

（3）试用和评价原型。在试用中用户能亲自参加和面对一个实在的模型，能较为直观和明确地进一步提出需求，提出修改意见。

（4）修改和完善原型。根据修改意见进行修改，以得到新的系统原型，然后再进行试用和评价，这样经过有限次的循环往复，逐步提高和完善，直到形成一个用户满意的系统。原型法的步骤如图 3－3 所示。

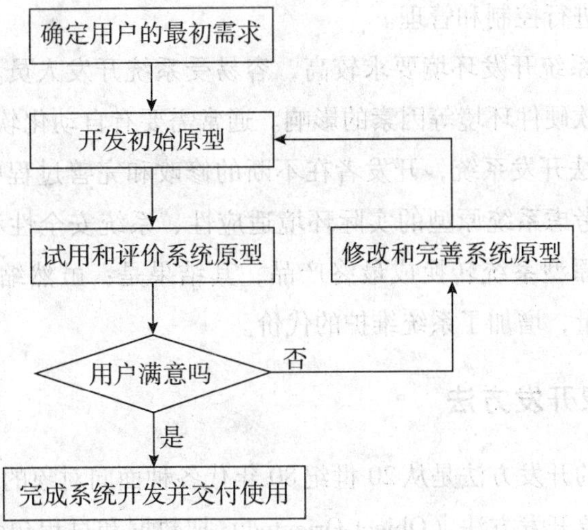

图 3－3 原型法的开发步骤

3. 原型法的适用范围

作为一种具体的开发方法，原型法不是万能的，而是有一定的适用范围和局限性的。主要表现在以下几个方面：

(1) 对于一个大型的系统，如果不经过系统分析来进行整体性划分，想要直接用原型来一个一个地模拟是很困难的。

(2) 对于大量运算的、逻辑性较强的程序模块，原型方法很难构造出模型来供人们评价，因为这类问题不是三言两语可以说清楚的。

(3) 对于一个批处理系统，大部分是内部处理过程，用原型方法有一定的困难。

4. 原型法的优缺点

与生命周期法相比，原型法具有以下优点：

(1) 原型法将模拟的手段引入系统分析的初期，沟通了人们的思想，缩短了系统分析员与用户之间的距离，有利于对问题的分析和认识。

(2) 系统开发效益高。系统开发的周期短、速度快、费用低，能获得较高的综合开发效益。

(3) 系统适用性强。由于原型法是以用户为中心的，系统的开发符合用户的实际需要，所以系统开发的成功率较高，容易被用户接受。

(4) 系统可维护性较高。由于用户参与了系统开发的全过程，对系统的功能容易接受和理解，使得系统的移交工作比较顺利，而且有利于系统的运行、管理与维护。

(5) 系统的可扩展性较强。由于原型法开始并不考虑许多细节问题，系统是在原型应用中不断修改、完善的，所以系统具有较强的可扩展性，功能的增减都比较灵活方便。

原型法的缺点表现在以下方面：

(1) 原型法不如生命周期法成熟，在系统开发时缺乏统一的规划和开发标准，难以对系统开发过程进行控制和管理。

（2）原型法对系统开发环境要求较高，容易受系统开发人员和用户的素质、系统开发工具的运用、软硬件环境等因素的影响。通常需要有自动化软件开发工具的支持。

（3）利用原型法开发系统，开发者在不断的修改和完善过程中，有可能偏离原型目标，在没有充分考虑系统原型的实际环境适应性、系统安全性和可靠性的情况下进行联机使用，并将原型系统转换成最终产品，其结果是：虽然缩短了系统开发时间，但影响了系统的质量，增加了系统维护的代价。

3.2.3 面向对象开发方法

面向对象系统的开发方法是从20世纪80年代各种面向对象的程序设计方法逐步发展而来的，面向对象开发方法（Object-Oriented）把数据和过程包装成为对象，以对象为基础对系统进行分析与设计，为认识事物提供了一种全新的思路和办法，是一种综合性的开发方法。

客观世界是由各种各样的对象组成的，每种对象都有各自的内部状态和运动规律，不同对象之间的相互作用和联系就构成了各种不同的系统。

1. 面向对象方法的相关概念

（1）对象。对象是客观世界中的任何事物或人们头脑中的各种概念在计算机程序世界中的抽象表示，是面向对象程序设计的基本元素。对象还可做如下定义：对象是一个封闭体，它由一组数据和施加于这些数据上的一组操作构成，它包含标志、数据、操作和接口。

（2）类。类是面向对象的基本概念之一，对象的集合就是类（包括表示对象状态的属性集和表示对象行为的方法集）。类的定义如下：类是所有相似对象的状态变量和行为构成的模板，包含标志、继承、数据结构、操作和接口。

类有明显的层次结构，如图3-4所示。相对上层是超类，相对下层是子类。一个类可以派生多个子类，父类层有的数据可被多次重用，子类亦可扩展自身的属性和方法。子类在继承超类的私有数据结构及操作的同时，可以拥有自己的私有数据结构及操作。如果子类有一个超类，则称为单继承性；如果一个子类具有多个超类，则称为多继承性。

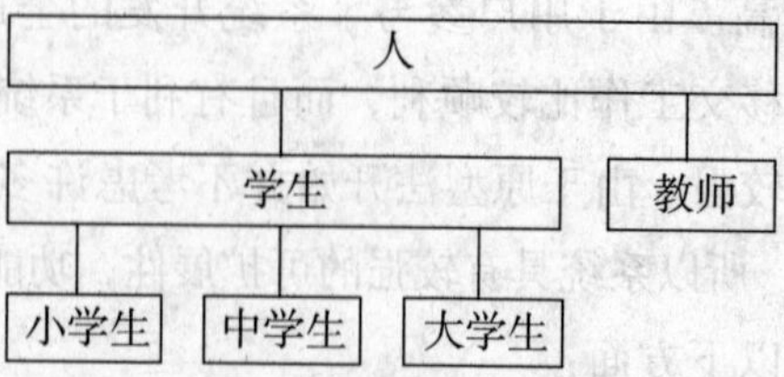

图3-4 类的层次

（3）消息。面向对象世界是通过对象间相互合作来推动的。对象间这种相互合作需要一个机构协助进行，这样的机制称为“消息传递”。消息传递过程中，由发送消息的对象（Sender）将消息传递至接受消息的对象（Receiver），引发接受消息的对象的一系列操作。所传递的消息实质上是接受对象所具有的操作或方法的名称，也包括相应参数，系统可以简单地看做一个彼此通过传递消息而相互作用的对象集合。

（4）继承性。由于对象之间是有一定联系的，每个对象在整体结构中都有自身的位置，不同位置的对象在属性关系上的共同性构成了对象之间的联系，在面向对象方法中被称为继承性，即子模块继承了父模块的属性。

（5）封装性。面向对象方法中，对象是被严格模块化的、一个个独立存在的实体。对一个对象来说，从外部可以了解它的功能，但其内部细节是“隐蔽”的，它不受外界干扰。所以对象之间的相互依赖性很小，可以独立地被其他各个系统所选用，这就是所谓的封装性。封装了的对象满足软件工程的一切要求，而且可以直接被面向对象的程序设计语言所接受。

（6）多态性。对象的多态性特征表现在各对象之间相互操作、消息传递等方面。对象的多态性使不同的对象能够作相同的操作，对不同的对象发送相同的消息。所以，对象的多态性增强了软件的灵活性、重用性和可理解性。

2. 面向对象方法的基本思想

以对象为主体开发信息系统的方法就是面向对象方法。面向对象方法的基本思想是：对问题空间进行自然分割以便更接近人类思维的方式；建立问题域模型，以便对客观实体进行结构模拟和行为模拟，从而使设计的软件尽可能直接地描述现实世界，构造模块化、可重用、可维护性好的软件，且能控制软件的复杂性和降低开发费用。在面向对象的方法中，对象作为描述信息实体的统一概念，把数据和对数据的操作融为一体，通过方法、消息、类、继承、封装和实例化等机制构造软件系统，且为软件重用提供强有力的支持。

面向对象方法的特征主要包括：

（1）任何客观事物都是由客观事物中的多个被抽象出的对象组成，对象通过某种组合，形成一定的结构，构成复杂的事物。

（2）对象由属性和方法组成。属性是对对象信息特征的反映，如特点、值、状态等，方法是用来定义改变属性状态的各种操作。

（3）对象之间的联系主要是通过传递消息来实现，传递消息的方式是通过消息模式和方法所定义的操作过程来完成。

（4）可按其属性将对象进行归类。类有一定的结构，类上可以有超类，类下可以有子类，超类、类和子类构成了对象或类之间的层次结构，它们之间的关系是靠继承维系的。

3. 面向对象方法的开发过程

面向对象方法开发的工作过程主要包括以下 4 个阶段：

（1）系统调查和需求分析。系统调查和需求分析就是对系统面临的具体管理问题以及用户对系统开发的需求进行调查研究，明确系统目标和功能。

（2）问题分析和求解。问题分析和求解是识别出对象及其行为、结构、属性、方法等。这个阶段通常被称为面向对象分析（Object-Oriented Analysis，OOA）。

（3）归纳。归纳是对第一阶段分析的结果作进一步地抽象、归类，以范式的形式将它们确定下来。这个阶段通常被称为面向对象设计（Object-Oriented Design，OOD）。

（4）程序实现。程序实现是用面向对象的程序设计语言取代第三阶段整理出的范式，使之成为应用程序软件，这个阶段通常被称为面向对象的编程（Object-Oriented Programming，OOP）。

4. 面向对象方法的优缺点

（1）面向对象方法的优点。面向对象方法以对象为基础，利用特定的软件工具直接完成从对象客体的描述到软件结构之间的转换。面向对象方法的应用解决了传统结构化开发方法中客观世界描述工具与软件结构的不一致性问题，缩短了开发周期，解决了从分析和设计到软件模块结构之间多次转换映射的繁杂过程。

（2）面向对象方法的缺点。面向对象方法需要一定的软件基础支持才可以应用，它是一种自底向上开发系统的方法，对大型的信息系统开发会造成系统结构不合理、各部分关系失调等问题。

3.2.4 计算机辅助软件工程

计算机辅助软件工程（Computer Aided Software Engineering，CASE）是在 20 世纪 80 年代后期提出并发展起来的。确切地说，CASE 方法并不是一种信息系统开发方法，但这并不影响 CASE 方法在信息系统开发中的重要地位。CASE 方法的重要性主要表现在其对信息系统的开发方法和开发过程的支持作用上。

1. 计算机辅助软件工程的基本思想

CASE 方法解决系统开发问题的基本思想是：结合系统开发的各种具体方法，在完成对目标系统的规划和详细调查后，如果系统开发过程的每一步都相对独立且彼此形成对应的关系，则整个系统开发就可以应用专门的软件开发工具和集成开发环境（CASE 工具、CASE 系统、CASE 工具箱、CASE 工作台等）来实现。

系统开发过程中的对应关系，与所采用的具体系统开发方法有关。大致包括：结构化方法中的业务流程分析，数据流程分析，功能模块设计，程序实现，业务功能一览表，数据分析，指标体系，数据/过程分析，数据分布和数据库设计，数据库系统等；面向对象的开发方法中的问题抽象，同性、结构和方法定义，对象分类，确定范式，程序实现等。

在实际开发过程中，上述对应关系不一定完全一一对应，利用CASE方法开发的结果之间可能无法实现平滑的衔接，仍然需要开发人员根据实际进行修改补充等。因此，CASE方法具有以下特点：

（1）实际开发一个系统时，必须根据所采用的开发方法，结合CASE工具和环境进行。

（2）作为一种辅助性的开发方法，CASE可以为系统开发过程中的具体工作，如各类图表、程序及文档的生成，提供快速自动化的工具和途径。

（3）CASE环境的使用，改变了系统开发中的思维方式、工作流程和实现途径，与其他系统开发方法存在很大差别，因而称为一种方法论。

2. CASE工具介绍

CASE不是一个工具或几个工具，而是由覆盖信息系统开发过程各个阶段的一组工具集组成的，它们完成软件工程各个阶段的开发任务，并能自动利用前一阶段（或工具）产生的结果，来保证最终产品的质量。CASE还包括一个系统信息中心库，它使得彼此孤立的工具开始有了信息交换的环境支持。CASE工具与系统开发阶段相对应，当前CASE主要有以下一些工具：

（1）在需求分析阶段，CASE工具包括：带分析功能的结构化图形工具箱，如DFD图形工具、实体关系图（E-R图）等。面向对象模型化工具和分析工具、原型化工具、共享信息资源中心库等。

（2）程序设计与实现阶段，CASE工具包括：Jackson程序结构图、N-S图、PAD图等结构化图形工具；源代码生成工具；源代码分析工具；测试数据生成工具；测试覆盖率分析工具；异常结果查错工具等。

（3）在测试阶段，CASE工具包括：测试环境模拟工具、集成测试支持工具等。

（4）在维护阶段，CASE工具包括：现存系统评价工具、分析和重新设计工具、移植工具、重新结构化工具和逆向软件工程工具等。

3. CASE工具的分类

CASE领域发展很快，出现了各种各样的CASE工具。如何对CASE工具进行分类呢？有必要确定一个分类模式来评估和比较不同的工具。分类既有助于人们在一个统一的概念基础上来理解CASE工具，也有助于向CASE工具潜在的用户解释这一领域。

表3-2列出了许多不同类型的CASE工具，并给出了每类工具的CASE系统实例。

表 3－2 CASE 工具的功能分类

工具类型	实　例
管理工具	PERT 工具、评估工具
编辑工具	正文编辑器、图形编辑器、字处理器
配置管理工具	版本管理系统、改变管理系统
原型工具	高级语言、用户界面生成器
方法支持工具	设计编辑器、数据字典、代码生成器
语言处理工具	编译器 翻译器
程序分析工具	交叉引用生成器、静态分析器、动态分析器
测试工具	测试数据生成器、文件比较器
调试工具	交互式调试系统
文档工具	页面布局程序、图像编辑器
再工程工具	交叉引用系统、程序再构造系统

4. CASE 工具的特点

CASE 方法的特点主要有：

（1）解决了从客观对象到软件系统的映射问题，支持系统开发全过程。

（2）提高了软件质量和软件重用性。

（3）系统开发具有较高的自动化水平，缩短了系统开发周期。

（4）简化了软件开发的管理和维护。

（5）自动生成开发过程中的标准化、规范化的统一格式文档，减少了随意性，提高了文档的质量。

（6）自动化的工具使开发者从繁杂的分析设计图表和程序编写工作中解脱出来。

5. 集成化软件工程环境简介

集成化软件工程环境（Integrated Software Engineering Environment，ISEE）是在CASE 方法的基础上对软件工程思想更高层次的应用和体现。所谓的集成化软件工程环境就是以软件工程的理论、方法和规范为依据，对支持软件开发的计算机系统软件、工具箱、信息库、网络管理等开发资源进行有效的管理和集成，建立一个高效可靠、自然和谐和智能化的软件开发过程。集成化软件工程环境能够在全面保证软件质量的基础上，最大限度地挖掘软件的生产能力，实现软件工程的工业化和自动化。总体而言，ISEE 主要具备以下特征：

（1）集成性。ISEE 在支持软件工程的基本思想和技术规范的同时，将系统开发的各个阶段集成起来，形成一个有效的整体，同时它还具有统一友好的用户界面和高度透明的用户操作。

（2）数据管理。ISEE 提供了各种数据模型、数据库模式和职能的数据管理系统。能够存储和管理大量而复杂的数据信息，同时保证各种工具、用户界面和数据间的无缝集成。

（3）通用性。与 CASE 工具不同，ISEE 工具能够适应各种不同的开发方法，可以开发各种类型的软件系统并具有较强的可移植性。

（4）灵活性。ISEE 能够及时追踪软件技术的发展，不断扩充新的开发工具，同时还可以根据用户需求时系统加以剪裁。ISEE 具有很好的灵活性，且性能价格比也比较合适。

可以说，ISEE 是对 CASE 方法的新发展，它代表了 CASE 工具发展的新趋势。目前，ISEE 的出现已经普遍引起了国内外的关注，各国均在纷纷投入大量的技术力量和投资成本对其加以研究。ISEE 的发展必将对软件工业带来很大的影响，从而进一步冲击和影响管理信息系统的开发过程和开发方法。

研究和实践表明最优秀的信息系统开发策略是运用面向对象分析、面向对象设计和面向对象程序设计进行系统开发。但在系统开发时，可以采取一些混合策略，即将生命周期法、面向对象方法甚至第四代计算机语言结合起来的方法进行信息系统的开发。物流信息系统的开发通常采用面向对象分析、面向对象设计加 4GL 的形式，结合 CASE 工具的使用这样一种混合的开发模式。

3.3 物流信息系统的开发方式

物流信息系统的开发方式主要有自行开发、资源外包、购买应用软件与二次开发和快速应用开发等。每种开发方式各有特点，对企业来说各有利弊，每个企业只能通过慎重的分析，确定对本企业发展最有利的开发方式。

3.3.1 自行开发

自行开发是指完全靠企业内部的力量或者借助少量的外界专业技术人员的帮助，开发信息系统。

1. 自行开发的优点

（1）信息需求明确，信息分析中不会产生误解。

（2）自己参与开发的系统易于接受。

（3）多采用原型法开发，建立一个实验系统，边使用边修改，易满足变化的需要。

（4）系统的用户对系统的建立和维护负一定的责任，提高了专业技术人员的效率。

2. 自行开发的缺点

（1）系统缺乏整体的评审和分析，开发不规范。

（2）往往容易缺乏适当的控制，系统标准和质量不易保证。

（3）数据冗余，没有统一的管理标准。

（4）用户能建立自己私用的信息系统，可能对组织或其他成员隐藏一些信息。

3.3.2 资源外包

资源外包是指将企业中计算机中心的运作，通信网络或应用开发的控制权交给信息系统开发商的方式。

1. 资源外包的优点

（1）信息系统开发商是信息技术和信息服务的专家，靠专业化和规模经营，信息系统开发费用低。

（2）高服务质量。

（3）通过签约，减少成本的不稳定性。

（4）外部开发商有技术能力对信息系统进行调整，适应企业的业务量的增长和运作流程的变迁。

（5）根据开发协议，企业可以按实际得到的服务付钱，不必支付固定的维修成本。

（6）节省企业的高价值的人才。

2. 资源外包的缺点

（1）完全外包可能失去对信息系统功能的控制。

（2）信息资源和商业秘密由外界运作，容易泄露。

（3）对系统开发商容易产生依赖，开发商的财务、经营等问题会对企业产生影响。

3. 何时采用资源外包策略

（1）开发信息系统能提高企业竞争力，机会难得，但是时间紧迫。

（2）对企业生存不是至关重要的业务。

（3）企业现行的信息系统能力不足、效率低和技术落后，借助外部资源进行系统提升和企业技术人员的技术提升。

3.3.3 购买应用软件与二次开发

软件开发商有已经编制好的应用程序。例如，仓储管理、财务管理、运输管理等子系统，由于许多企业有共同的信息需求和操作标准。软件开发商做了大量的研究工作，编制的软件通用性较强。如果有合适的软件可以购买，就不必自己编写程序。从而减少系统设计、测试、安装、维护的工作量。

1. 购买软件开发的优点

成本低、周期短。软件程序以及设计说明书、数据库结构和处理逻辑等文档由开发商提供，节省了设计成本。开发商软件上市之前，经过充分的测试，软件的功能有保证。开发一般会提供软件的安装、调试，可按用户要求修改，提供对系统的长期维护、版本升级等支持。

2. 购买软件开发的缺点

现成软件的功能单一，一般适用于企业的某一部门，实际中需要和其他功能的软件配套在一起，组成企业的信息系统。为适合本企业的实际应用，购买多功能、技术完善的软件，其二次开发的困难不可低估。

购买软件前要对软件进行认真的调查和评估。评估标准包括：功能；灵活性；操作难度；软、硬件资源、数据库和文件特征；系统维护和文档资料；开发商的信誉、开发费用等。

3.3.4 快速应用开发

快速应用开发方法（Rapid Application Development，RAD）指的是应用信息技术工具和信息技术方法快速开发信息系统。该方法的本质是尽快地开发出可以使用的原型系统，因此也称为快速原型开发方法。

RAD 方法采用源代码自动生成器，方便用户参与并且减少了书面文档。RAD 方法开发系统一般不超过6个月。因此，系统能很快进入应用阶段。广为流传的软件 Powerbuilder 是 Sybase Powersoft 公司提供的强有力的 RAD 开发方法的软件工具，该工具被广泛应用于军队和公司的计算机网络中。美国邮政服务公司将微软的 VB 作为最基本的 RAD 开发工具，另外，VB 还应用于美国的空军的应用项目中。在 RAD 方法中，包含了4个不同的基本阶段，即设计阶段、系统构造阶段、实施阶段和分析原型系统阶段。除此4个基本的循环阶段之外，还包括准备阶段和调查阶段、问题分析阶段和运行维护阶段。RAD 方法的示意如图 3 -5 所示。

在图 3 -5 中，首先定义将要开发的信息系统项目，提出相应的问题、目标和方向；然后进入准备和调查阶段，提出该信息系统项目的范围、约束等章程；接下来进入问题分析阶段，提出业务需求描述，最后进入快速原型开发方法的循环阶段。

该循环阶段包括设计阶段、系统构造阶段、实施阶段和分析原型系统阶段。在各循环阶段，借助于相应的软件工具快速开发出一个可以使用的工作模型。虽然这种工作模型只能完成用户需要的最主要功能，但是这种工作模型可以提供给用户使用。在此循环阶段中，最主要的内容是鼓励用户使用工作原型，然后挖掘用户需求并进一步提出修改的意见。系统开发人员根据用户的需求和原型系统存在的问题，对工作原型系统不断进行修改和增强。该循环过程反复进行，直到原型系统满足了用户的需求为止。这时，得到的原型系统就是候选的功能系统。

1. RAD 方法的优点

（1）对于适合该方法的项目，RAD 方法可以更快地开发出应用系统产品。

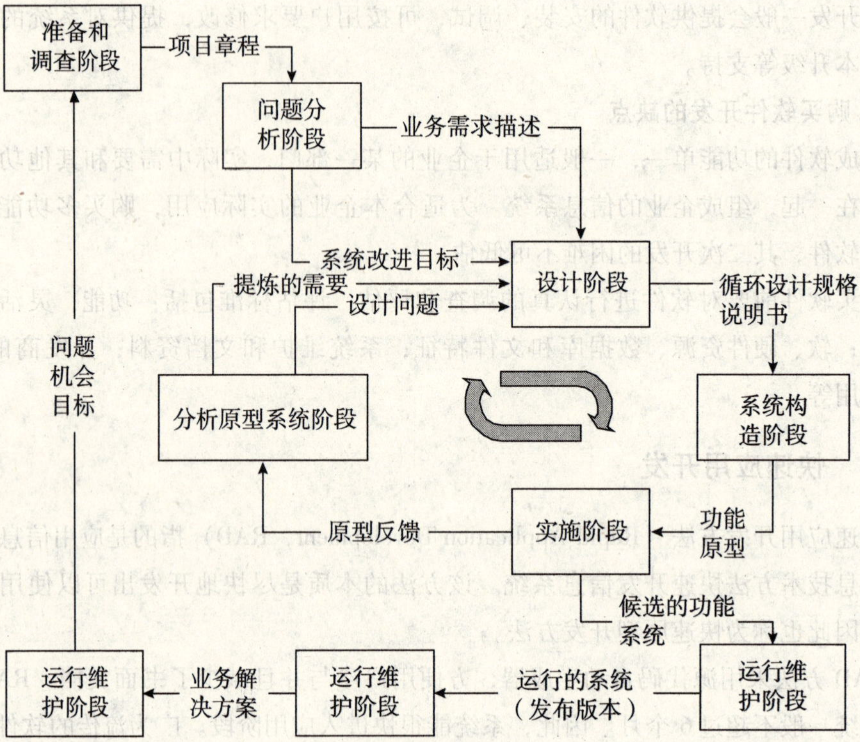

图 3－5　RAD 方法示意

（2）在开发项目的过程中，自动产生文档。

（3）在用户、股东和信息系统技术人员组成的开发组中，相互沟通充分。

2. RAD 方法的缺点

（1）和传统的生命周期方法相比，开发人员的劳动强度大，容易累垮。

（2）要求用户和系统分析人员懂得使用系统开发工具和 RAD 技术。

（3）RAD 需要用户和股东花费大量的时间。

4 物流信息系统规划

内容提要：

物流信息系统规划是建立物流信息系统的第一阶段，是系统开发的基础准备和总体部署阶段。通过对企业的初步调查和客观分析，以整个系统为研究对象，概要审查系统的目标与需求，估计系统实现后的效果，确定系统的总目标和主要功能，即从总体上把握系统的目标和功能框架，继而分析论证总体方案的可行性，为后继的开发工作打好基础。因此，物流信息系统的规划在整个物流系统的开发过程中具有举足轻重的地位，必须引起高度重视。

本章主要介绍了物流信息系统规划的作用、规划的内容、规划步骤、规划方法以及企业流程重组。

学习要点：

通过这一章内容的学习，我们要达到这样几个目标：

（1）掌握物流信息系统的规划内容和规划方法。

（2）理解物流信息系统规划的步骤、理解企业流程重组。

（3）了解物流信息系统规划的作用。

4.1 物流信息系统规划的作用

物流信息系统规划是系统长远发展的计划，明确了物流信息系统在较长时期内关于发展方向、发展目标等方面的内容，其作用主要体现在以下4个方面：

1. 物流信息系统规划是系统开发的前提条件

物流信息系统的开发是一项极其复杂的系统工程。在系统规划时，应考虑到物流企业的管理体制、管理环境和各种资源配置等问题。可以说，系统规划是系统建设的先期工程，是前提条件。

2. 物流信息系统规划是系统开发的规范准则

系统规划明确了系统开发的任务、方法、步骤、系统开发人员和系统管理人员共同遵守的准则以及系统开发过程的管理和控制手段等，这些都是指导系统开发的规范性文件。

3. 物流信息系统规划是系统开发成功的保证

系统规划使得系统开发严格按照计划有序地进行，从而使得资源得到合理的配置和使用；也可以对系统开发过程中出现的各种偏差进行微观调控、及时修改，并不断改进、完善计划，有效避免由于系统开发中的失误造成损失，甚至失败的结果。

4. 物流信息系统规划是系统验收的评价标准

系统规划中确定的系统目标、功能、特点等，是对系统建成运行后进行验收评价的标准。符合规划标准的系统开发是成功的，否则就是失败的。

4.2 物流信息系统规划的内容

物流信息系统规划的内容涵盖广泛，是根据物流企业的总体规划到各职能部门的规划层层递进的。

物流信息系统规划的内容包含以下几点：

1. 物流信息系统的目标、约束与结构

系统规划应该根据组织的战略目标、组织的业务流程改革与创新需求，以及组织的内外约束条件，来确定系统的总目标、发展战略规划以及系统的总体结构类型及子系统的构成。其中信息系统的总目标为信息系统的发展方向提供准则，而发展战略规划提出对完成工作的衡量标准。

2. 对组织当前情况的分析评价

对目前组织业务流程与现有信息系统的功能、应用环境和应用现状，当前人员状况、经费情况、满足现实要求的情况等多方面进行分析评价。同时了解当前的能力状况，制定改革业务流程，建设信息系统的政策、目标和战略。

3. 对影响计划的信息技术发展的预测

信息系统战略规划无疑是受当前和未来信息技术发展的影响。因此，计算机及其各项技术的影响应得到必要的重视并在战略规划中有所反映。另外，对信息网络、数据库、软件的可用性、方法论的变化、周围环境的变化，以及它们对信息系统产生的影响也在所考虑的因素之中。

4. 发展规划的阶段性安排

确定规划的每个阶段有关项目的实施计划的安排原则和具体的安排情况。主要包括硬件设备的采购时间表、应用项目的开发时间表、软件维护与转换工作时间表、人力资源的需求计划以及人员培训时间安排、资金需求等。

物流信息系统规划不是一成不变，事实上各种因素的变化都可能随时影响整个规划的适应性，因此物流信息系统规划总要不断地作修改以适应变化的需要。

4.3 物流信息系统规划的步骤

物流信息系统规划一般包括以下步骤，如图 4－1 所示。

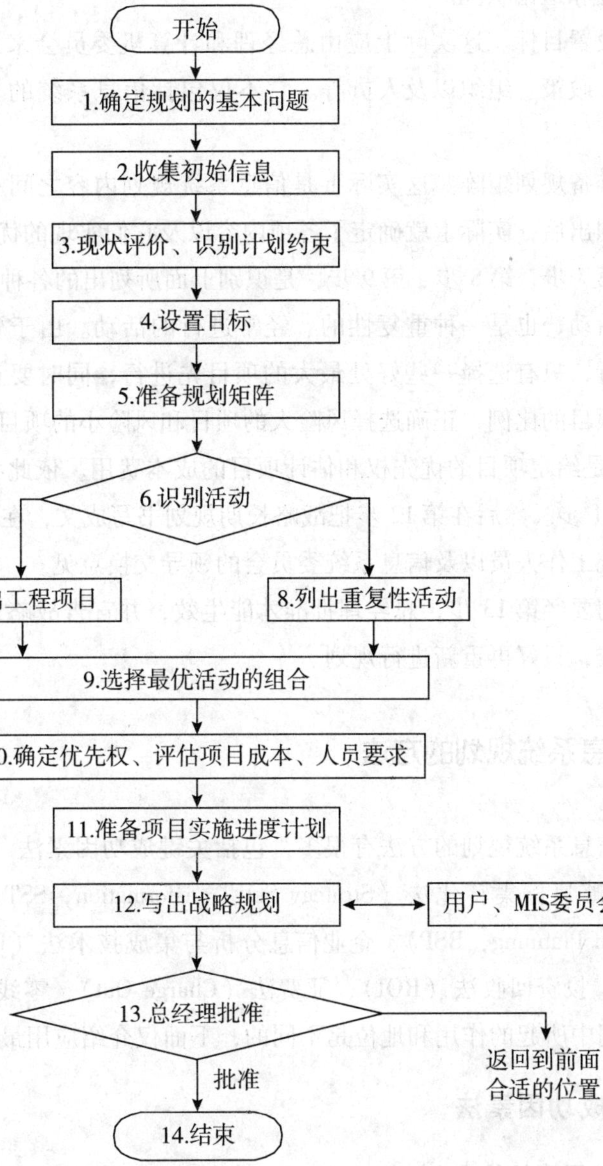

图 4－1　物流信息系统规划步骤

第 1 步，规划基本问题的确定。应包括规划的年限、规划的方法。确定集中式还是分散式的规划，是进取还是保守的规划。

第 2 步，收集初始信息。包括从各级干部、卖主相似的企业、本企业内部各种信息系统委员会、各种文件以及书籍和杂志中收集信息。

第 3 步，现存状态的评价和识别计划约束。包括目标、系统开发方法、计划活动、现存硬件和它的质量、信息部门人员、运行和控制、资金、安全措施、人员经验、手续和标准、中期和长期优先序、外部和内部关系、现存的设备、现存软件及其质量，以及企业的思想和道德状况。

第 4 步，设置目标。这实际上应由总经理和计算机委员会来设置，它应包括服务的质量和范围、政策、组织以及人员等。它不仅包括信息系统的目标，而且应有整个企业的目标。

第 5 步，准备规划矩阵。这实际上是信息系统规划内容之间相互关系所组成的矩阵，这些矩阵列出后，实际上就确定了各项内容以及它们实现的优先次序。

第 6 步、第 7 步、第 8 步、第 9 步，是识别上面所列出的各种活动。是一次性的工程项目性质的活动，也是一种重复性的、经常进行的活动。由于资源有限，不可能所有项目同时进行，只有选择一些好处最大的项目先进行，同时要正确选择工程类项目和日常重复类项目的比例，正确选择风险大的项目和风险小的项目的比例。

第 10 步，是给定项目的优先权和估计项目的成本费用。依此我们可编制项目的实施进度计划第 11 步。然后在第 12 步把战略长期规划书写成文，在此过程中还要不断与用户、信息系统工作人员以及信息系统委员会的领导交换意见。

写出的规划要经第 13 步，总经理批准才能生效，并宣告战略规划任务的完成，如果总经理没批准，只好再重新进行规划。

4.4 物流信息系统规划的方法

用于物流信息系统规划的方法有很多，包括关键成功因素法（Critical Success Factors，CSF）、战略目标集转化法（Strategy Set Transformation，SST）、企业系统规划法（Business System Planning，BSP）、企业信息分析与集成技术法（BIAIT）、产出、方法分析（E/MA）、投资回收法（ROI）、征费法（Charge Out）、零线预算法、阶石法等。这些方法在规划中所起的作用和地位是不同的，下面仅介绍应用最多的几种方法。

4.4.1 关键成功因素法

1. 关键成功因素法的定义

关键成功因素指的是对系统规划的成功起关键作用的因素。关键成功因素法就是通过分析找出使企业成功的关键因素，再围绕这些关键因素来确定系统的需求进行规划。

不同的行业和企业有各自不同的关键成功因素。关键成功因素在组织目标和完成目标所需的信息之间起着一种引导和中间桥梁的作用。通过对关键成功因素的识别，可以找出所需的关键信息。物流企业内的各级管理人员应该对关键成功因素给予特别的关注。对每个关键成功因素的运行情况要进行反复的度量，并向上级管理部门汇报。各层级别的关键成功因素的实施效果都会影响上层级别的实施，最终影响供应链的实施效果。

2. 关键成功因素法的步骤

关键成功因素法主要包括以下 4 个步骤：

（1）了解物流企业目标。要切实了解物流企业和物流信息系统建设的目标。

（2）识别关键成功因素。不同行业的关键成功因素差异很大，确定关键成功因素，首先要分析影响整体目标的各种因素，再分析影响这些因素的子因素，层层递进。

（3）识别性能指标和标准。针对已识别的关键成功因素，确定各因素的评价标准和指标。

（4）定义数据字典。是指识别测量性能的数据。

关键成功因素法的步骤如图 4－2 所示。

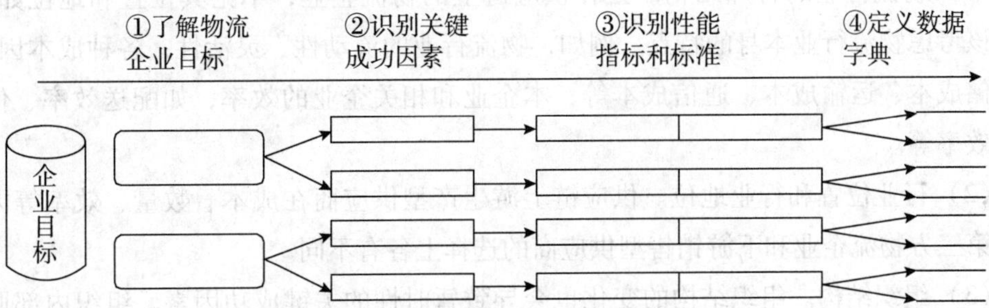

图 4－2 关键成功因素法

关键成功因素法源自企业目标，通过了解物流企业目标、识别关键成功因素、识别性能指标和标准，最终定义数据字典。关键成功因素就是要识别联系于系统目标的主要数据类及其关系，通常采用树枝因果图来识别和分析这些关键因素。例如，某企业有一个目标，是提高产品竞争力，可以用树枝图画出影响它的各种因素，以及影响这些因素的子因素，如图 4－3 所示。

如何评价这些因素中哪些因素是关键成功因素，不同的企业是不同的。对于一个习惯于高层人员个人决策的企业，主要由高层人员个人在此图中选择。对于习惯于群体决策的企业，可以用德尔斐法或其他方法把不同人设想的关键因素综合起来。关键成功因素法在高层应用，一般效果比较好。

3. 关键成功因素的来源

对于物流企业来说，关键成功因素可以归纳为两大类：一类是与物流行业相关的关键成功因素；另一类是与本企业相关的关键成功因素。此外，环境因素也对关键成

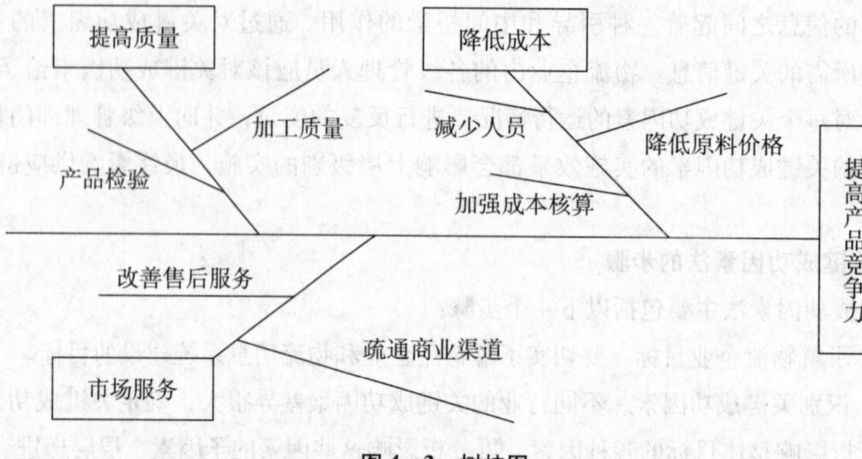

图 4-3　树枝图

功因素产生影响。而每个企业由于其在供应链上所处位置和地位的不同，导致管理者对关键成功因素的划分和认同不尽相同。一般来说，关键成功因素的来源有以下 4 个方面：

（1）物流行业的特殊结构。处在供应链上的物流企业，不论其位置和地位如何，都应该考虑物流行业本身的特点。例如，物流行业的流动性、灵活性；各种成本因素，如仓储成本、运输成本、通信成本等；本企业和相关企业的效率，如配送效率、信息传递效率等。

（2）行业位置和行业地位。供应链上游生产型供应商在成本、数量、效率等因素上与第三方物流企业和下游销售型供应商的选择上各有不同。

（3）组织结构。组织结构的变化也会导致暂时性的关键成功因素。组织内部职能部门间的合并，调整和拆分会在某个时期对组织的经营活动产生影响，当这种变化呈现稳定的趋势时，关键成功因素也已发生变化。

（4）环境因素。随着外部经济环境和政策的变化，如世界经济形势的变化、国内经济形势的变化以及国家产业政策的调整等，企业的关键成功因素也会随之发生变化。

4. 关键成功因素法的规划报告

关键成功因素法的规划报告包括以下内容：

（1）标明关键成功因素规划报告的信息来源和所整理的资料。

（2）构造信息系统的总体结构，产生数据结构和数据类型。

（3）根据设计好的数据结构，设计数据库总体结构，明确数据库的维护方式。

（4）对关键成功因素法分析中确定的系统开发内容，确定信息系统开发的优先次序。

（5）按照优先次序对信息系统模块进行详细设计和开发。

（6）制订开发计划。

4.4.2 战略目标集转化法

战略目标集转化法是 1978 年由 William King 提出的一种确定管理信息系统战略目标的方法。该方法把整个组织的战略目标看成是一个“信息集合”，该集合由组织的使命、目标、战略和其他影响战略的因素（如管理的复杂性、改革习惯以及重要的环境约束）等组成。战略目标集转化法过程就是把组织的战略目标转化为信息系统战略目标的过程。战略目标集转化法过程如图 4－4 所示。

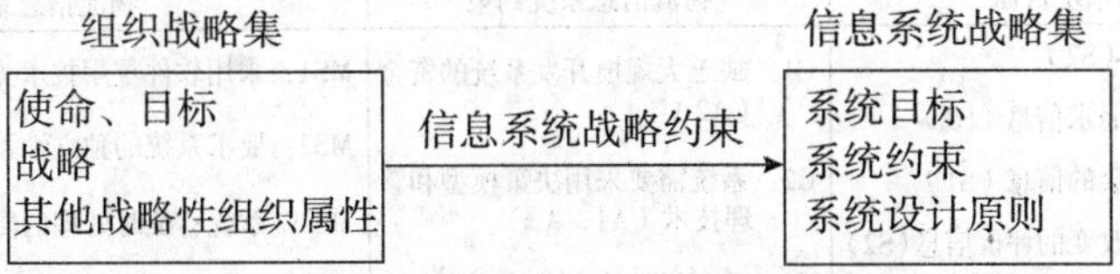

图 4－4　战略目标集转化法

战略目标集转化法的实施步骤如下：

第 1 步是识别组织的战略集，先考查一下该组织是否有成文的战略式长期计划，如果没有，就要去构造这种战略集合。可以采用以下步骤：

（1）描绘出组织各类人员结构，如卖主、经理、雇员、供应商、顾客、贷款人、政府代理人、地区社团及竞争者等。

（2）识别每类人员的目标。

（3）对于每类人员识别其使命及战略。

第 2 步是将组织战略集转化成信息系统战略，信息系统战略应包括系统目标、约束以及设计原则等。这个转化的过程包括对应组织战略集的每个元素识别对应的信息系统战略约束，然后提出整个信息系统的结构。最后，选出一个方案给总经理。下面是一个企业目标转化的例子，如图 4－5 所示。

由图 4－5 可以看出这里目标是由不同群体引出的。战略目标 1（MO1）的形成是为了支持企业发展战略 2（S2）；战略目标 7（MO7）是为了改善企业管理权力高度分散的企业属性 4（A4）而形成的。对企业属性 2（A2）的分析，可以得到信息系统约束 1（C1）；对信息系统目标 2（MO2），3（MO3），4（MO4）的分析可以得到约束 4（C4）。以此类推，可以列出信息系统的目标、约束和开发战略。

4.4.3 企业系统规划法

企业系统规划法（Business System Planning，BSP）是为指导企业信息系统开发而建立的一种结构化方法。它是由 IBM 公司于 20 世纪 70 年代提出的，与 CSF 法一样，也是自上而下识别系统目标、识别企业过程、识别数据类，然后自下而上设计系统，

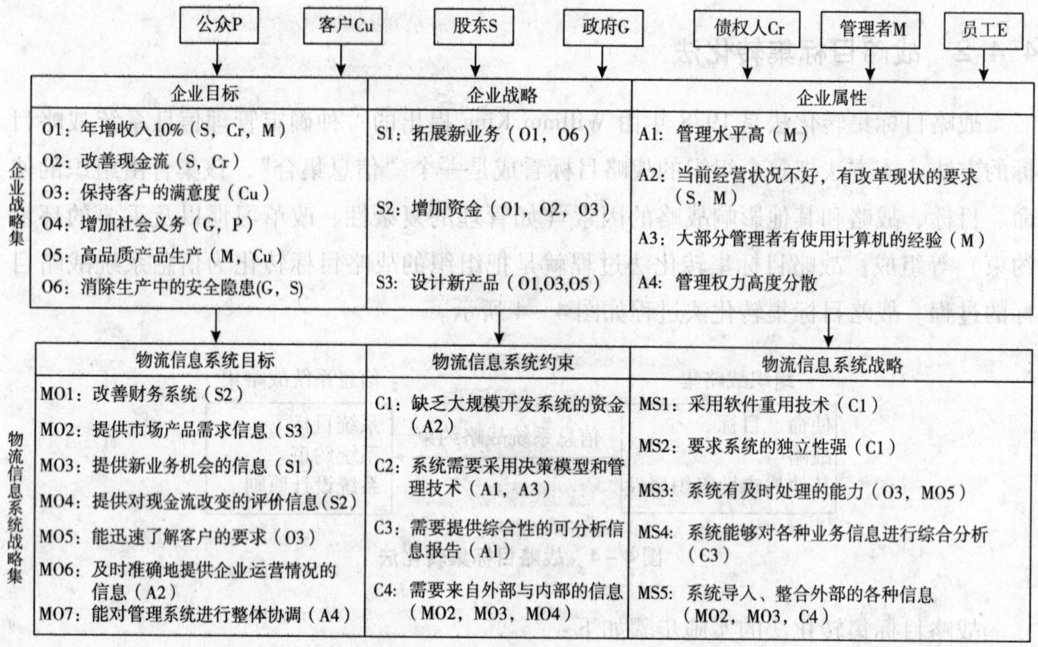

图 4－5　战略目标集转化法

以支持系统目标的实现。

企业过程是企业的一组基本逻辑活动和决策区域，它依赖于企业的产品和服务，但独立于企业的机构。这样，对企业系统的规划是从企业过程入手，而不是企业的组织体系和具体管理职能。一般来说，只要企业的产品或服务不发生变化，企业过程就基本不会改变。

1. 企业系统规划法的基本出发点

（1）一个信息系统必须支持企业的目标。

（2）一个信息系统的战略应当表达并满足企业中各个管理层次的信息需求。

（3）一个信息系统应该向整个企业提供一致的信息。

（4）一个信息系统应在企业管理体制和组织机构发生变化时，保持一定的稳定性和工作能力。

（5）一个信息系统的战略规划应由总体信息系统中的子系统开始实现。

BSP 法从企业目标入手，逐步将企业目标转化为信息系统的目标和结构。它摆脱了信息系统对原组织结构的依从性，从企业最基本的活动过程出发，进行数据分析，分析决策所需数据，然后自下而上设计系统，以支持系统目标的实现。

企业系统规划法的过程如图 4－6 所示。

2. 企业系统规划法的步骤

企业系统规划法是基于用信息支持企业运行的思想，首先是自上而下的识别系统目标、识别企业的过程、识别数据类，然后再自下而上的设计系统目标，最后把企业的目标转化为信息系统战略的全过程。这个过程可以归纳为图 4 –7 所示的 4 个阶段。

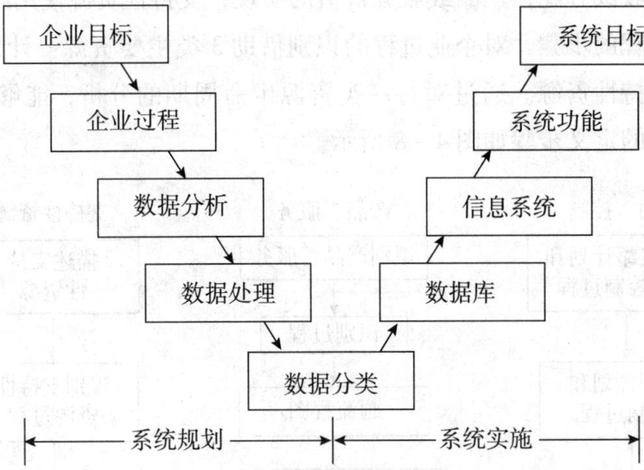

图 4 –6　企业系统规划法的过程

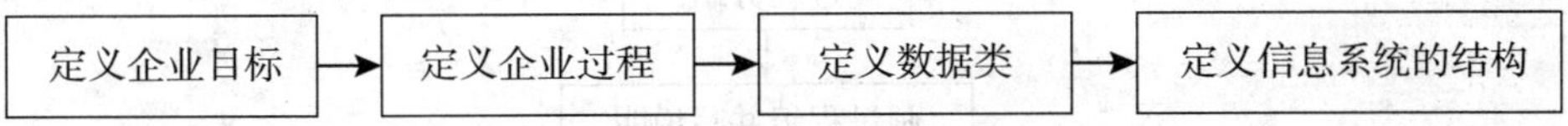

图 4 –7　企业系统规划法的步骤

（1）定义企业目标。定义企业目标的任务是识别企业的战略，主要工作是对当前组织的功能、应用环境和现状进行评价，从而识别组织的目标和战略。该阶段的根本目的是保证管理信息系统的战略与整个组织的战略和目标协调一致。

（2）定义企业过程。企业过程是企业管理工作中一组逻辑上相关的决策和活动，它们服务于企业的资源管理工作。定义企业过程就是对这些决策和活动进行识别和确定。通过定义企业过程，可以更深入地了解企业目标的完成过程，并为数据类的定义和信息系统的结构定义提供基础和依据。

①定义企业过程的依据。一般来说，一个组织或部门活动和决策往往与某类资源的属性有关，并形成对其他资源的支配，这种资源被称为“关键资源”。关键资源一般具有垂直穿越各管理层次和平行穿越各职能部门的特点。在企业中，产品、服务往往用来定义关键资源。

利用关键资源识别企业过程，往往是通过关键资源及其支持性资源的四个生命周期阶段来实现的。这 4 个阶段是：

第 1 阶段：需求、计划、度量和控制。即决定需要多少产品和资源，获取它们的计划及确定计划要求、度量和控制。

第 2 阶段：获取和实现。开发产品或服务，或获取开发过程中所需资源。

第 3 阶段：经营管理。组织、加工、修改或维护有关支持性资源，对产品或服务进行存储或服务。

第 4 阶段：回收或分配，产品或服务价值的实现，支持性资源使用结束。

②定义企业过程的步骤。对企业过程的识别借助 3 类主要资源：计划和控制资源、产品服务资源和支持性资源。通过对每一类资源生命周期的分析，能够得出相应的企业过程。企业过程的定义步骤如图 4－8 所示。

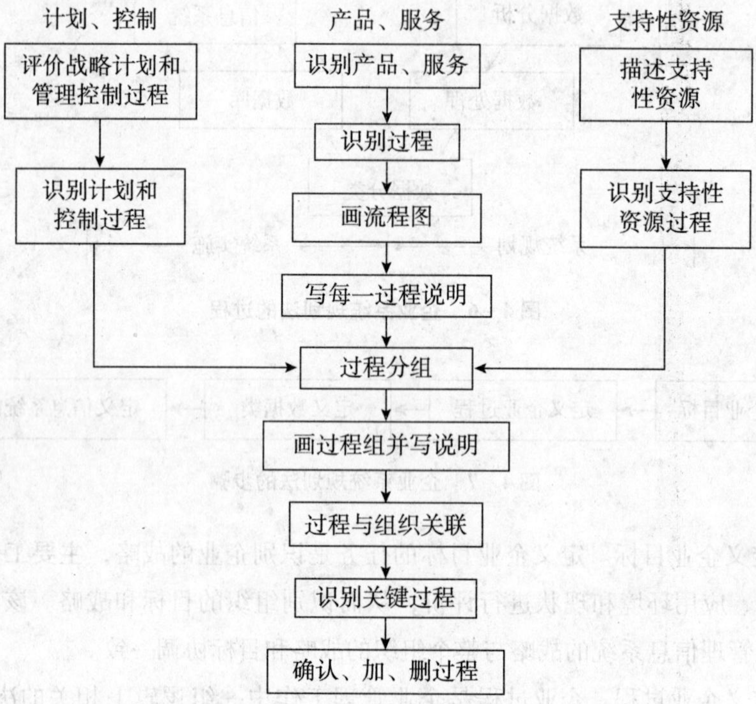

图 4－8　定义企业过程的步骤

第 1 步，计划、控制过程的识别。

在企业管理过程中，计划是制定各种任务、目标、策略和控制等，并用以指导具体的活动，以达到计划所规定的目的。计划和控制过程以所收集的有关计划、关键成功因素和相应的度量标准等信息，识别相应的企业过程。表 4－1 为一个所识别的计划和控制过程的例子。

表 4－1　计划和控制过程

战略规划	管理控制	战略规划	管理控制
经济预测	市场/产品预测	放弃/追求分析	运行计划
组织计划	工作资金计划	预测管理	预算
政策开发	职工素质计划	目标开发	测量与评价

第 2 步，产品、服务过程的识别。

产品服务过程的首要工作是识别企业的产品、服务，然后识别与之相关的过程。一般是按照产品服务生命周期，从需求阶段开始分析。开始阶段可多定义一些过程，然后再对它们进行必要的组合，同时调整层次上的不一致性。表 4－2 为某企业的产品和服务过程的例子。

表 4－2　某企业的产品、服务过程

需　求	获　取	经　营	回　收
市场计划	设计开发	库存控制	销　售
市场研究	产品说明	接　受	订货服务
预　测	工程记录	质量控制	运　输
定　价	生产调度	包装存储	运输管理
材料需求	生产运行		
能力计划	购　买		

第 3 步，支持性资源过程的识别。

在企业系统规划法中，支持性资源是企业实现其目标的消耗品和使用物。基本的支持性资源有材料、资金、设备和人员 4 种类型。此外，还有一些如市场、厂商及文字材料等辅助性资源。

与产品、服务过程的识别相同，支持性资源过程的识别也是从其 4 个生命周期入手，按阶段进行过程识别。表 4－3 是一个支持性资源的过程识别的例子。

表 4－3　支持性资源过程

资　源	生命周期			
	需　求	获　取	经　营	回　收
资　金	财务计划 成本控制	资金获得 接　收	银行业务 财务会计	会议支付
人　事	人事计划 工资管理	招　聘 调　动	报酬福利 职业发展	解聘退休
材　料	生产需求	采　购 接　收	库存控制	订货控制 运　输
设　备	设备计划	设备购买	设备维护	设备报损

第 4 步，过程归并和分析。

过程归并和分析工作主要是对已经从计划控制、产品、服务和支持性资源中识别的过程进行组合，以消除在层次上的不一致性，归并有共性的过程。

第5步，识别企业的关键过程。

识别关键过程的目的是确定需对哪些部门做更详细的研究。战略规划和管理控制往往包含关键过程。企业过程定义是企业系统规划法的首要工作，是以后各项工作的基础。

（3）定义数据类。定义数据类是对企业过程所产生、控制和使用的与企业过程逻辑相关的数据集合进行分析。其目的在于明确各个企业过程产生和使用什么数据，各个企业过程之间当前和潜在的数据共享，从而帮助制定数据政策。

①识别数据类。可将数据分为存档类、事务类、计划类和统计类4种。

存档类数据用于记录资源的状况，支持经营管理活动，一般仅和一个资源直接相关；事务类数据反映由于分配和获取活动所引起的存档类数据的变化；计划类数据是规划未来活动的数据，主要包括战略计划、预测、预算模型及操作日程等；统计类数据是对以上各类数据的统计和综合，它用于对企业进行度量和控制。

数据类的初步识别可通过构造企业资源、数据类矩阵完成。表4-4为一个企业资源、数据类矩阵示例。构造的过程可针对每一种企业资源找到其相应的数据类，当所有的数据类被识别出来后，根据层次性和一致性对它们进行综合和分解，最后得出数量适当的数据类。

表4-4　资源、数据类矩阵

企业资源 数据类	产　品	顾　客	设　备	材　料	……	资　金	人　事
存　档	产品 成品 零件	客　户	设备 机器负荷 工艺规程	材料费用 付款单		财政 会计 分类	雇员 工资 技能
事　务	订　货	运　输		采购 订货		收款 付款	
计　划	产品 计划	销售区域 市场计划	设备计划 能力计划	材料需求 生产安排表		预　算	人员 计划
统计综合	产品 需求	销售历史	工作进程 设备利用率	外部需求		财政 统计	生产率 赢利 记录

②数据、信息转换。利用表4-4给出的数据，分析各个过程使用或产生了什么数据类，数据类的确定需按产品、服务生命周期顺序对每个使用数据的过程构造一系列

的输入—处理—输出数据类图，每个输入和输出都是特定的数据类，要识别输入和输出的信息实体，确定数据类的一种替换方法是选定一些企业过程做样本来制作输入—过程—输出图，如图 4 -9 所示。

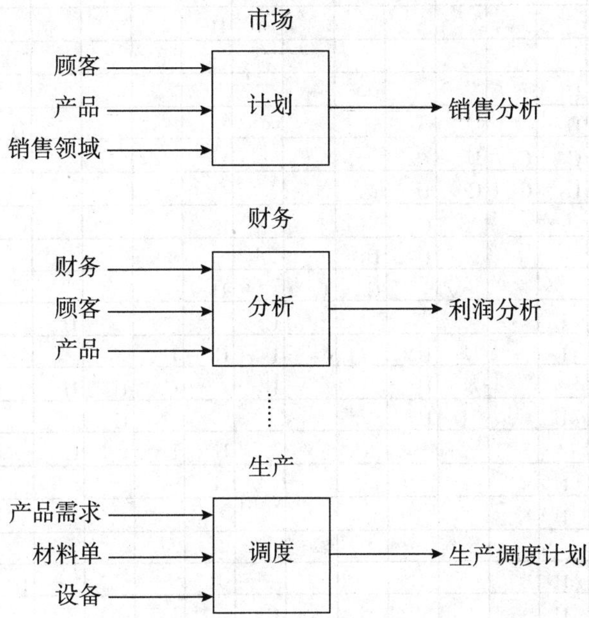

图 4 -9　数据、信息转化图例

数据类的定义是对已经识别出的数据类的具体结构、内容及有关属性作详细的说明。数据类的定义是对数据类识别过程的总结和检验，同时也是建立系统总体结构的基础。定义的方法一般采用文字描述，也可采用其他的形式化描述方法。

③过程关联。所谓过程关联就是建立数据类与数据使用过程的关系。它是在所识别和定义的数据类的基础上，将数据和它的生成、使用过程相联系。图 4 -10 为一个过程数据矩阵（U/C）的例子。

过程数据矩阵又称为 U/C（Use/Create）矩阵，它是将数据类和相应的企业过程安排在一个矩阵中，用字母 C 和 U 表示哪个过程产生该数据，哪个过程使用该数据。在矩阵中，首先按关键资源的生命周期顺序排列过程，即计划和控制过程、涉及产品和服务的过程、支持性资源过程；其次根据过程中产生数据的顺序将数据类排在另一维上，即计划过程产生的数据、其他过程产生的数据；最后在适当的行列交叉处填上 C 或 U。

（4）定义信息系统的结构。信息系统的总体结构定义是企业系统规划法的最后一项工作。该工作的主要目的是划分出信息系统的子系统，通过子系统的划分，表达出所分析过程之间的联系，以及数据对过程的支持。

过程＼数据类	计划	财务	产品	零件数据	材料单	供应商	原料库存	成品库存	设备	过程工作	机器负荷	代购材料	日常工作	顾客	销售区域	订货	成本	雇员
企业计划	C	U	U						U					U			U	U
组织分析	U																	
评价控制	U	U																
财务计划	C	U								U								U
资本获取		C																
研　究			U												U			
预　测	U		U											U	U			
设计开发			C	C	U									U				
产品维护			U	C	C	U												
采　购						C												
接　收						U	U											
库存控制							C	C		U								
工序设计			U						C				U					
调　度			U			U			U	C	U					U		
能力计划						U			U		C	U	U					
材料需求			U		U	U						C				U		
运　行										U	U	U	C					
区域管理			U													U		
销　售			U												C	U		
贸易管理															U	U		
订货服务			U											U		C		
运　输			U						U							U		
会　计		U				U											U	U
成本计划						U											C	
预算会计	U	U															U	U
人事计划		U																C
招聘发展																		U

图4－10　一个物流系统过程数据矩阵（U/C）的例子

①确定主系统。确定主系统的目的是划分出系统总体结构的基本框架。具体做法是以过程数据矩阵为依据，从矩阵的左上角开始，通过调整某些行和列，尽量将字母C排列在从左上角到右下角的对角线上。需要说明的是，在原始的过程数据矩阵中，由于过程和数据是按相关资源的生命周期顺序排列的，所以大部分字母C基本上已经位于对角线上。经过这样处理后，得到了字母C的适当排列，从而将企业过程和数据依据其管理的资源而划分成若干组，用方框将这些组区分开来，如图4－11所示。这些方框代表逻辑子系统的组合以及对特定数据类的产生和维护责任。

②表示数据流向。落在系统方框以外的字母U表示对数据流的应用，用箭头表示数据从一个方框流向另外一个方框，得到相应的数据流向图，如图4－11所示。得到数据流向图后，就可以去掉字母C和U重新安排坐标轴，并给每个方框命名，最后，得到了一个完整的用如图4－12所示的总体结构图表示的信息系统的总体结构。

过程＼数据类	计划	财务	产品	零件数据	材料单	供应商	原料库存	成品库存	设备	过程工作	机器负荷	代购材料	日常工作	顾客	销售区域	订货	成本	雇员
企业计划	C	U	U						U					U			U	U
组织分析	U																	
评价控制	U	U																
财务计划	C	U								U								U
资本获取		C																
研究			U												U			
预测	U		U											U	U			
设计开发			C	C	U									U				
产品维护			U	C	C	U												
采购						C												
接收						U	U											
库存控制							C	C		U								
工序设计			U						C				U					
调度			U			U			U	C	U					U		
能力计划						U			U		C	U	U					
材料需求			U		U	U						C				U		
运行										U	U	U	C					
区域管理			U													U		
销售			U												C	U		
贸易管理															U	U		
订货服务			U											U		C		
运输			U						U							U		
会计		U				U											U	U
成本计划						U											C	
预算会计	U	U															U	U
人事计划		U																C
招聘发展																		U
赔偿		U																U

图 4-11 过程数据组合

③识别子系统。总体结构图为管理信息系统子系统的识别提供了良好的基础和框架。一般认为，由于过程是按企业活动的逻辑关系划分的，因此过程提供了合理的子系统的边界，可将一个过程组成一个子系统，该子系统对其他过程提供支持。一个过程也可由多个子系统支持。划分子系统时，已有的系统不应对新系统的规模和边界产生影响。

当所有子系统识别出以后，应当给予功能上的描述。子系统的识别最终明确了系统结构，并提供了确定系统开发优先级的对象和企业未来信息支持的概貌。系统总体结构可帮助企业检查产生数据的过程和结构，以确定数据政策和管理责任。

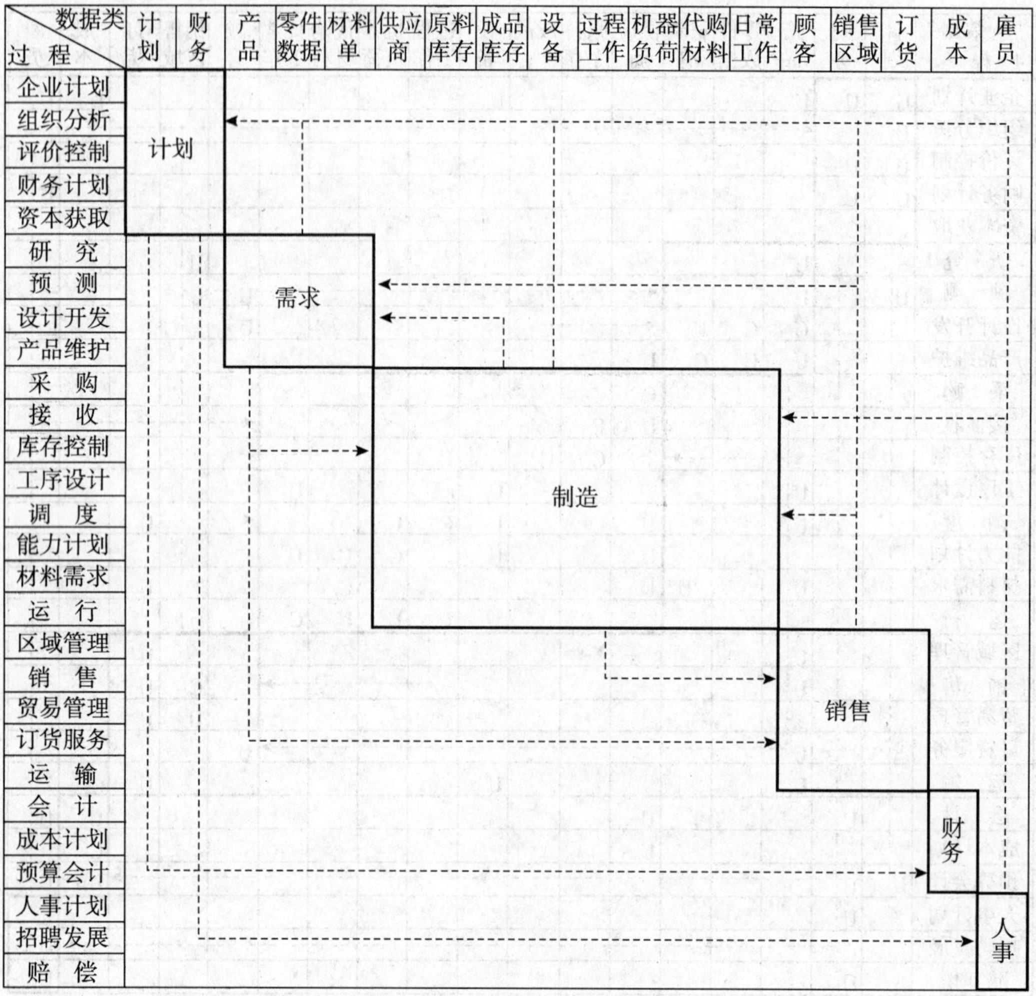

图 4-12 信息系统总体结构

4.5 企业流程重组

企业流程重组（Business Process Reengineering，BPR）的本质最早于 1993 年由美国学者哈默（Hammer）和杰姆培（Champy）给出。他们认为 BPR 是指：对企业过程进行根本的再思考和彻底的再设计，以求企业当代关键的性能指标获得巨大的提高，如成本、质量、服务和速度。

这里描绘 BPR 用了 3 个关键词：根本的、彻底的和巨大的。

“根本的”的意思是指不是枝节的，不是表面的，而是本质的。也就是说，它是革命性的，是要对现存系统进行彻底的怀疑，首先认为“现存的均是不合理的”。按照美国的说法是：在管理科学家的眼里，美国现在所有政府和企业的管理均是“一无是处”。所有这些均是强调要用敏锐的眼光看出企业的问题，只有看出问题，看透问题，才能更好地解决问题。

“彻底的”的意思是要动大手术，是要大破大立，不是一般性的修补。正像我国政府改革那样，先转变职能，再精简组织，只有这样才能彻底。

“巨大的提高”是指成十倍、成百倍地提高，而不是改组了很长时间，才提高20%～30%。例如，有的企业，人员减到只剩10%，产量提高到10倍，则总体效益就提高到百倍。有的企业在2～3年内营业额由上亿元猛增到百亿元，这种巨大的增长是在原来线性增长的基础上的一个非线性跳跃，是量变基础上的质变。抓住跃变点对BPR是十分关键的。

BPR实现的手段是两个使能器（Enabler）：一个是IT（信息技术），另一个是组织。BPR之所以能达到“巨大的提高”，在于充分地发挥IT的潜能，即利用IT改变企业的过程，简化企业业务流程；另外一个方法就是变革组织结构，达到精简组织，提高效率的目的。没有深入地应用IT，没有改变组织，严格地说不能算是实现了BPR。

除了这两个使能器，对BPR更重要的是企业领导的抱负、知识、意识和艺术。没有企业领导的决心和能力，BPR是绝不能成功的。领导的责任在于克服中层的阻力，改变旧的传统。在当今飞速变化的世界中，经验不再是资产，而往往成了负债，在改变经验的培训上的投入将越来越大。领导只有给BPR营造一个好的环境，或给BPR造就一个好的“势”，BPR才能得以成功。

BPR在利用IT技术简化过程上有一些原则，这些原则包括：

（1）横向集成：跨部门的工作按流程压缩，例如交易员代替定价员和核对员的工作。

（2）纵向集成：权力下放，压缩层次。

（3）减少检查、校对和控制：变事后检查为事前管理，变事中检查为事后审计。

（4）单点对待顾客：用入口信息代替中间信息。

（5）单库提供信息：建好统一共享信息库，把相互打交道变成对信息库打交道。

（6）一条路径到达输出：不用许多路径均能走通，多路径会让人不知该走哪条。

（7）并行工程：串行已不可能再压缩，可考虑把串行变为并行。

（8）灵活选择过程连接：对于不同的输入，可能不需要全过程，少几个过程也可连接起来，也能达到输出。

下面是利用上述一些原则简化一个采购流程的例子，如图4－13所示。

企业想要进行BPR（或BPR的动机）有以下几种情况：

（1）企业濒临破产，不改只能倒闭。

（2）企业竞争力下滑，企业调整战略和进行重构。

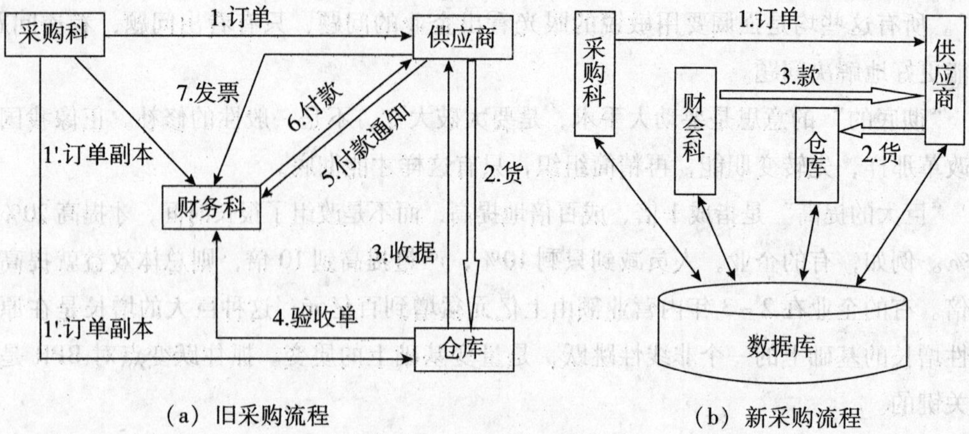

图 4－13　采购流程简化

（3）企业领导认识到 BPR 能大大提高企业竞争力，而企业又有此需要扩张。

（4）BPR 的策略在自己相关的企业获得成功，影响本企业。

一般来说两头的企业即濒临破产的和需要大发展的企业容易推进 BPR。根据 1993 年的报道，BPR 的失败率高达 50% ~70%，这和 MIS 在 20 世纪 60 年代的成功率 50% 是可以对应的。BPR 的成功完全是在企业可控范围的事，只是取决于企业领导的决心和能力，并无外部的不确定因素。

5 物流信息系统的系统分析

内容提要：

不论采用何种开发方法，系统分析都是非常必要且十分重要的环节，虽然分析的具体方法和详尽程度可能不尽相同。实践表明，系统分析工作的好坏在很大程度上决定了系统的成败。系统分析是物流信息系统开发的关键环节，主要任务是先进行系统综合业务初步调查和详细调查，然后根据调查中获得的原始资料，对组织内部整体管理状况和信息处理过程进行分析，确定用户的需求，并建立新系统的逻辑模型。

本章主要介绍了开发物流信息系统时常采用的结构化分析方法。

学习要点：

通过这一章内容的学习，我们要达到这样几个目标：

(1) 掌握物流信息系统的需求分析、组织结构分析、业务流程分析和数据流程分析的基本方法。

(2) 理解物流信息系统分析的任务、物流信息系统分析的基本步骤。

(3) 了解数据字典和系统分析报告的撰写方法。

5.1 物流信息系统分析概述

物流信息系统分析是以系统的观点，对已经选定的对象与开发范围进行有目的、有步骤地实际调查和科学分析。物流信息系统分析的目的是要回答新系统将要“做什么”这个关键问题。在这一阶段要集中精力，认真分析用户的需求，用科学的方法来表达新系统的逻辑方案，建立新系统的逻辑模型。

5.1.1 物流信息系统分析的任务

物流信息系统分析的任务主要包括以下几个方面：

1. 根据现行信息系统与计算机信息系统各自的特点，认真调查和分析用户需求

所谓用户需求，是指目标系统必须满足的所有功能要求、性能要求、可靠性要求、安全保密要求以及开发费用、开发周期、可使用的资源等方面的限制。弄清哪些工作交由计算机完成，哪些工作仍由人工完成，以及计算机可以提供哪些新功能。这样可以在逻辑上规定目标系统的功能，而不涉及具体的物理实现，也就解决了“系统应干什么”的问题。

2. 确定初步的逻辑模型

逻辑模型包括业务流程图、数据流程图、数据字典、基本加工说明等。它们不仅在逻辑上表示目标系统所具备的各种功能，而且还表达了输入、输出、数据存储、数据流程和系统环境等。逻辑模型只告诉人们目标系统要“干什么”，而暂不考虑系统“怎么干”的问题。

3. 编写系统说明书

系统说明书是系统分析阶段的最后结果，它通过一组图表和文字说明描述了目标系统的逻辑模型。

总之，系统分析阶段的任务是将目标系统的目标具体化为用户需求，再将用户需求转换为系统的逻辑模型，最后提交系统说明书。它们之间的关系如图 5－1 所示。

图 5－1　物流信息系统分析的任务

5.1.2　物流信息系统分析的基本步骤

物流信息系统分析的基本步骤，如图 5－2 所示。

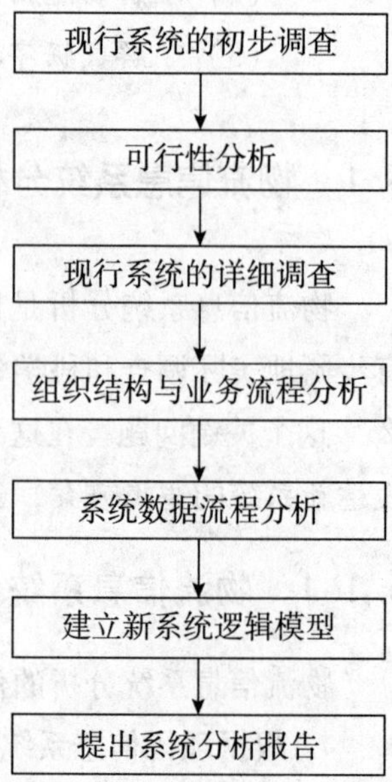

图 5－2　系统分析的步骤

1. 现行系统的初步调查及可行性分析

对企业用户的需求、企业的基本状况、数据管理状况和现有系统的运行情况等做初步调查，在此基础上对系统进行技术可行性、经济可行性和社会可行性的分析，决定是否开始系统的研制工作。

2. 现行系统的详细调查

现行系统的详细调查是对被开发对象通过各种途径做全面、充分和详细的调查研究，弄清现行系统的边界、组织机构、人员分工、业务流程以及各种计划、单据和报表的格式、种类及处理过程、企业资源及约束情况，为系统开发做好原始资料的准备工作。

3. 组织结构与业务流程分析

新系统的开发实质是一种对组织有目的的改造过程，

通过对组织结构的分析，详细了解各级组织的职能和有关人员的工作职责、决策内容及对新系统的要求。业务流程的分析应当按照原系统中信息流动的过程逐步进行，通过业务流程图详细描述各个环节的处理业务和信息的流程。

4. 系统数据流程分析

系统数据流程分析就是在组织结构与业务流程分析的基础上，把数据在原系统内部的流动情况抽象地独立出来，舍弃具体组织机构、信息载体、处理工作、物资、材料等，仅从数据流动过程考察实际业务的数据处理模式。系统数据流程分析主要包括信息的流动、传递、处理和存储的分析。

5. 建立新系统逻辑模型

逻辑模型是新系统开发中要采取的管理模型和信息处理方法。系统分析阶段的详细调查、组织结构与业务流程分析、数据流程分析都是为建立新系统的逻辑模型做准备。

6. 提出系统分析报告

系统分析报告是系统分析阶段的成果，它反映了系统分析阶段调查分析的全部情况，也是下一阶段系统设计的工作依据。

5.2 物流信息系统的需求分析

系统需求分析是指在系统开发工作展开之前，首先弄清楚对象生产、经营和管理过程的所有细节。需求分析可分为系统初步调查、可行性分析和详细调查3部分内容。其中详细调查是系统开发过程中工作量最大且最重要的过程之一，实事求是地全面调查是系统开发的基础。也就是说这一步工作的质量对于整个开发工作的成败来说是具有决定性的。

5.2.1 信息系统的初步调查

初步调查的内容包括以下几方面：

1. 用户需求分析

初步调查的第一步就要从用户提出新系统开发的缘由以及从用户对新系统的要求入手，考察用户对新系统的需求，预期新系统要达到的目的。因为信息系统将会涉及组织管理工作的各个方面，故这里所说的用户是指上上下下各级管理人员。

在进行调查时需要了解的内容是：用户对新系统开发的需求状况、新系统的期望目标；用户是否愿意下大力气参与和配合系统开发，在新系统改革涉及用户业务范围和习惯做法时，用户是否有根据系统分析和整体优化的要求调整自己职权范围和工作习惯的心理准备；上一层管理者有无参与开发工作，协调下一级管理部门业务和职能关系的愿望等。

2. 现有企业的运行状况

现有企业的基本状况包括：企业的性质、企业内部的组织结构、物流生产过程（对企业整体情况的了解）、厂区各办公楼或车间（或连锁商店总店与分店之间）的布局（为今后处理各种模型之间的关系和网络分布以及分布式数据库所准备）、上级主管部门、横向协作部门、下设直属部门等（了解系统的对外信息流通渠道）。这些都与系统开发可行性研究、系统开发初步建议方案以及下一步详细调查直接相关。所以应该在初步调查中弄清楚。另外，还需调查企业近期预计变化发生的可能性。可能的变化有：企业兼并、产品转向、厂址迁移、周围环境的变化等。

3. 管理方式和基础数据管理状况

对管理方式的调查包括：企业整体管理状况的评估、组织职能机构与管理功能、重点职能部门（如计划、生产、财务、销售等）的大致管理方式，以及这些管理方式今后用计算机系统来辅助人的管理的可行性，可以预见的将要更改的管理方法，以及这些新方法将会对新系统以及实现管理问题所带来的影响和新要求等。

对基础数据管理状况的调查包括：基础数据管理工作是否完善，相应的管理指标体系是否健全，统计手段方法和程序是否合理，用户对于新系统的期望值有无实际的数据支持。如果没有的话，让企业增设这些管理数据指标和统计方法是否具有可行性。基础数据管理工作是实现信息系统和各种定量化管理方法的基础，如果不牢靠，后续开发工作就无从做起。

4. 现有信息系统运行状况

信息系统是一个人机结合的开放式系统，广义地说它并不是因计算机和网络等应用而存在的。所以在决定是否开发新系统之前一定要了解一下现有系统（不论它是手工处理信息的系统还是计算机辅助人工处理的系统）的运行状况、特点、所存在的问题、可利用的信息资源、可利用的技术力量以及可利用的信息处理设备等。这部分调查是提出新系统开发设想方案以及论证这个方案在技术上是否具有可行性的原始资料。

5.2.2 可行性分析

可行性（Feasibility）分析是指根据系统环境、资源等条件，判断所提出的信息系统项目是否具有实际开发的可行性。

1. 可行性分析的内容

可行性分析从以下 3 个方面进行分析。

（1）技术可行性。技术可行性是指根据现有的技术条件，考虑提出的要求能否达到。技术可行性分析包括以下几个方面：

①人员和技术力量的可行性：即有多少科技人员，其技术力量和开发能力如何，

有没有系统开发的可行性。

②基础管理的可行性：即现有的管理基础、管理技术、统计手段等能否满足新系统开发的要求。

③组织系统开发方案的可行性：即合理地组织人、财、物和技术力量并进行实施的技术可行性。

④计算机硬件的可行性：包括各种外围设备、通信设备、计算机设备的性能是否能满足系统开发的要求，以及这些设备的使用、维护及其充分发挥效益的可行性。

⑤计算机软件的可行性：包括各种软件的功能能否满足系统开发的要求，软件系统是否安全可靠，本单位对使用、掌握这些软件技术的可行性。

⑥环境条件以及运行技术方面的可行性。

（2）经济可行性。经济可行性主要是对开发项目的成本与效益作出评估，即新系统所带来的经济效益是否超过开发和维护所需要的费用，判断一下该项目在经济上是否合适。包括费用和收益两个方面。

费用估计包括以下内容：

①设备费用：包括计算机硬件、软件、输入输出设备、空调、电源及其他机房设施、设备购置、安装及调试的费用。

②开发费用：即系统开发所需要的劳务费及其他有关开支。

③运行费用：包括运行所需的各种材料费用（如电、纸张等费用）、设备的维护费用和其他与运行有关的费用。

④培训费用：包括用户管理人员、操作人员以及维护人员培训等费用。

在费用估计时，维护费用经常被忽略，一些单位只考虑购买设备的费用，一次性投资审批可以通过，但每年的维护费用却没有预算，出现“买得起、用不起”的局面。

收益估计不像费用估计那样具体，因为应用系统的收益往往不易定量计算，收益估计可以从直接效益和间接效益两方面考虑。

（3）社会可行性。社会可行性主要是指一些社会的或者人的因素对系统的影响。例如，与项目有直接关系的管理人员是否对项目的开展抱支持态度，如果有各种误解甚至抱抵触态度，那应该说条件还不成熟，至少应该做好宣传解释工作，项目才能开展。又如，有的组织的管理制度正在变动之中，这时信息系统的改善工作就应作为整个管理制度改革的一个部分，在系统的总目标和总的管理方法制定之后，项目才能着手进行。又如，某些工作环节的工作人员的文化水平比较低，在短时期内这种情况不会有根本的变化，这时如果考虑大范围地使用某些要求较高文化水平的新技术，那是不现实的。

总之，我们需从以上 3 个方面来判断项目是否具备开始进行的各种必要条件，这就是可行性分析。在可行性分析结束之后，应该将分析结果用可行性分析报告的形式编写出来，形成正式的工作文件。

2. 可行性分析报告

可行性分析报告，是系统开发人员对现行系统进行初步调查和研究之后的结论，它反映了系统开发人员对新系统开发的看法和设想。可行性研究报告一般要提交到有企业决策者、部门领导、业务人员及系统开发人员参加的正式会议上讨论，报告一旦正式通过，并且经有关领导审核批准，可行性研究阶段的工作即宣告结束。

一般，可行性分析报告应包括以下内容：

（1）项目概述。它包括系统名称、任务由来、存在问题和重要程度。

（2）系统目标。经过初步调查，用户和系统研制人员共同确定的系统目标与范围。

（3）项目投资。它包括人力、资金、设备及时间。

（4）可行性分析。从技术、经济、社会3个方面，分析在现在的资源及其他条件下，系统目标是否可以达到，是否有必要达到。

（5）结论。根据以上分析，对提出的信息系统研制工作作出是否可行的结论。结论可以是以下5种之一。

①立即开始进行。

②需要增加资源才能开始进行（例如增加投资、增加人力、延长时间等）。

③需要推迟到某些条件具备后才开始进行（例如管理工作的改进、组织机构的调整等）。

④需要对目标进行某些修改才能进行。

⑤不能或没有必要进行（例如经济上不合算、技术条件不成熟等）。

5.2.3 信息系统的详细调查

详细调查是指在系统开发具有可行性并正式立项后，投入大量人力展开大规模、全面的调查，重点是调查分析系统内部功能结构，其中包括组织机构、业务流程、数据流程、数据存储及组成等。系统调查中要注意调查方法，不断积累和分析有关资料，并利用各种系统分析技术和工具，把系统确切地描述出来。

1. 详细调查的内容

详细调查的内容十分广泛，涉及企业的生产、经营、管理、资源与环境等各个方面，一般可以从定性调查和定量调查两个方面进行。

（1）系统的定性调查。定性调查主要是对现有系统的功能进行总结，包括组织结构的调查、管理功能的调查、工作流程的调查、处理特点的调查与系统运行的调查等。

①组织结构的调查。调查现行系统的组织机构、领导关系、人员分工和配备情况等，不仅可以了解系统的构成、业务分工，而且可以进一步了解人力资源。

②管理功能的调查。所谓功能是指完成某项工作的能力。为了实现目标，系统必

须具备各种功能。各个子系统功能的完成，又依赖于下面更具体的功能的实现。

③业务流程的调查。业务流程是系统为了完成系统功能而进行的业务处理过程。分析人员要全面细致地了解系统各个方面的业务流程，发现和消除其中不合理的环节。

④数据流程的调查。在业务流程调查的基础上免去具体的物质形式，对收集的数据和数据处理过程进行分析和整理，绘制数据流程图。

⑤处理特点的调查。为了确定合理有效的信息处理方式，需要紧密结合计算机处理方式和可能的规模来进行。处理特点的调查包括数据收集方式、数据使用的时间要求、现行数据处理方式有无反馈控制等。

⑥系统环境的调查。系统环境是指不直接包括在计算机信息系统内，但是对管理信息系统有着极大影响的因素的集合。在调查中需要明确：现行系统和哪些外部环境有工作联系？有哪些物质和信息的往来关系？哪些环境条件对该组织的活动有明显的影响？

（2）系统的定量调查。定量调查的目的是弄清数据流量的大小、时间分布和发生频率，掌握系统的信息特征，据此确定系统规模，估计系统建设工作量，为下一阶段的系统设计提供科学依据。

主要需要收集各种原始凭证、输出报表，统计各类数据诸如平均值、最大值、最小值等方面的特征，此外还需要收集现行系统的各类业务工作量、作业周期、差错发生数等，以供新旧系统对比使用。

2. 详细调查的方法

（1）收集资料。就是将各部门科室和车间日常业务中所用的计划、原始凭据、单据和报表等的格式或样本统统收集起来，以便对它们进行分类研究。

（2）开调查会。这是一种集中征询意见的方法，适合于对系统的定性调查。

（3）个别访问。开调查会有助于大家的见解互相补充，以便形成较为完整的印象。但是由于时间限制等其他因素，不能完全反映出每个与会者的意见，因此，往往在会后根据具体需要再进行个别访问。

（4）书面调查。根据系统特点设计调查表，用调查表向有关单位和个人征求意见和收集数据，该方法适用于比较复杂的系统。

（5）参加业务实践。如果条件允许，亲自参加业务实践是了解现行系统的最好方法。通过实践，同时还加深了开发人员和用户的思想交流和友谊，这将有利于下一步的系统开发工作。

（6）发电子邮件（E-mail）。如果企业已经具有网络设施可通过 Internet 和局域网发电子邮件进行调查，这可大大节省时间、人力、物力和金钱。

（7）电话和电视会议。如果有条件还可以利用打电话和召开电视会议进行调查，但只能作为补充手段，因为许多资料需要亲自收集和整理。

（8）重点询问方式。通过重点询问方式调查了解促使企业的各个岗位成功的"关键成功因子"。通过设计问卷，列出若干个可能的问题，自顶向下地、尽可能全面地对用户进行提问，然后分门别类地对询问的结果进行归纳，找出使企业管理工作成败的"关键因子"。

5.3 组织结构分析

组织结构，指的是一个组织（部门、企业、车间、科室等）的组成及这些组成部分之间的隶属关系或管理与被管理的关系。

组织结构分析就是对组织结构与功能进行分析，弄清组织内部的部门划分，以及各部门之间的领导与被领导关系、信息资料的传递关系、物资流动关系与资金流动关系，并了解各部门的工作内容与职责。

5.3.1 组织结构图

物流组织的构成通常用组织结构图来描述。组织结构图是一张反映组织内机构设置情况和各机构之间隶属关系的树状结构图。组织结构如图 5－3 所示。

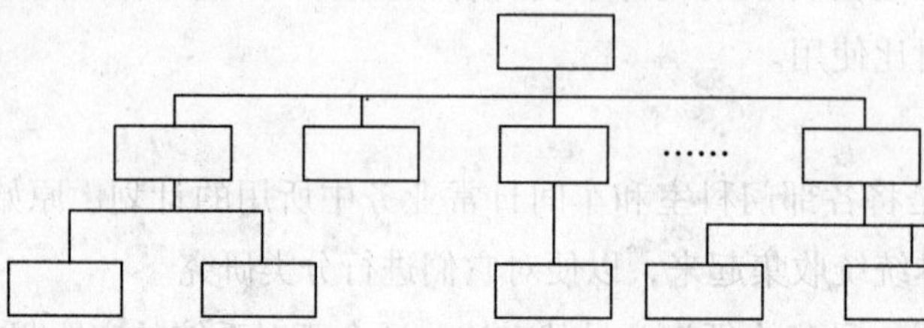

图 5－3 组织结构

在图 5－3 中，矩形块表示机构的名称，一个矩形块代表一个机构；最高层只有一个矩形块，用来表示组织最高层的管理机构，通常用机构名称或机构总负责职务表示，如厂长、总经理、校长等；同级别的机构在图中处于同一层次上，不同层次上的各管理机构通过连线来表明隶属关系。

一般的组织结构如图 5－4 所示。

图 5－5 描述的是一个中小型企业的物流部门的组织结构图。

5.3.2 业务功能图

为了实现系统的目标，系统必须具有各种功能。业务功能要以组织结构为背景识别和分析，因为每个组织都是一个功能机构，都具有各自不同的功能。以组织结构图为

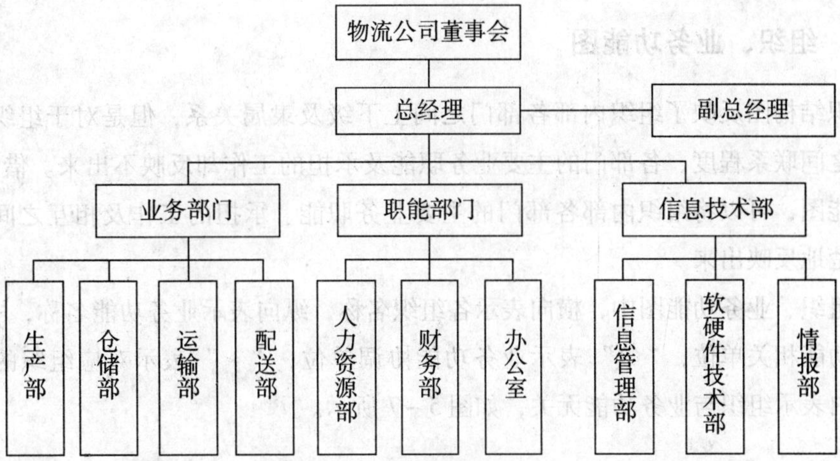

图 5-4 某物流企业组织结构

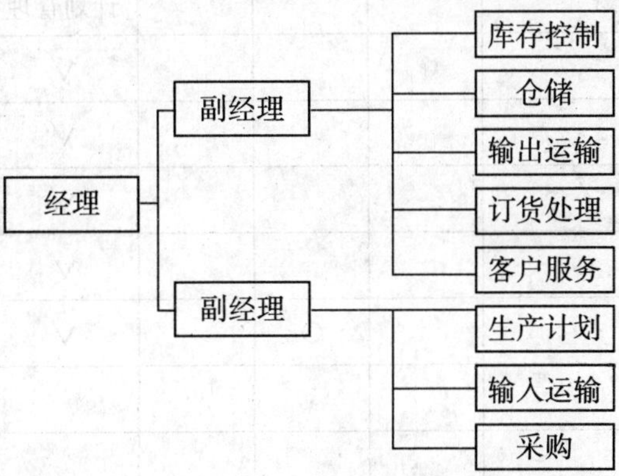

图 5-5 一个中小型企业物流部门组织结构

背景分析清楚各个部门的业务功能后，分层次将其归纳与整理，形成以系统目标为核心的整个系统的业务功能图。

某企业财务主管的业务功能如图 5-6 表示。

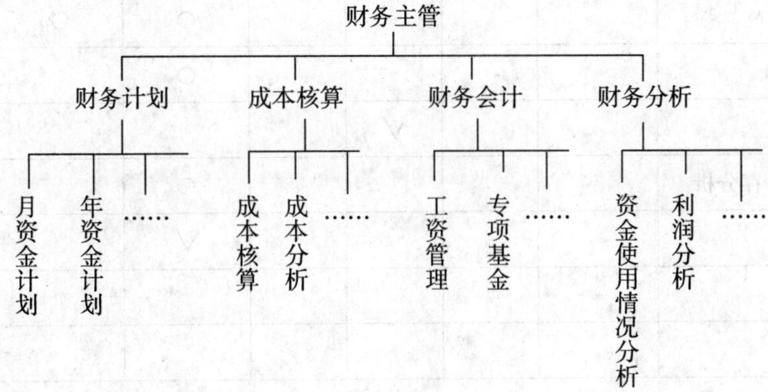

图 5-6 管理功能

5.3.3 组织、业务功能图

组织结构图反映了组织内部各部门之间上下级及隶属关系，但是对于组织内部各个部门之间联系程度，各部门的主要业务职能及承担的工作却反映不出来。借助组织、业务功能图，可以将组织内部各部门的主要业务职能、承担的工作及相互之间的业务关系清楚地反映出来。

在组织、业务功能图中，横向表示各组织名称，纵向表示业务功能名称，“√”表示业务功能相关单位；“○”表示业务功能协调单位；“*”表示对应组织的主要业务；空白表示组织与业务功能无关，如图 5-7 所示。

组织 功能	上级公司	计划科	财务科	生产科	供应科		
					计划管理	采购管理	仓库管理
用户计划任务书		*			√		
计划物资分析					√		○
计划供需平衡表					√	○	○
单据审批					√		
采购计划			○		√	○	
合同管理						√	○
合同分析						√	
在途物资管理						√	
到货验收						○	√
库存统计			*		○		
出库统计			*				√
入库统计			*		○	○	√
用户统计			*		○		√
发货统计			√				√
库存收、支、存分析					○		√
备品管理					√		
统计报表	*						
……							

图 5-7 组织、业务功能图

5.4 业务流程分析

在对现行系统的组织结构和业务功能有了初步的了解后，还需要从业务流程的角度将系统调查中有关业务流程的资料整理出来，作进一步的分析。

5.4.1 业务流程分析的任务

业务流程分析的主要任务是调查系统中各环节的业务活动，掌握业务的内容、作用及信息的输入、输出、数据存储和信息的处理方法及过程等。

分析业务流程应按照原系统物流信息流动的过程逐步地进行，内容包括各环节的处理业务、信息来源、处理方法、计算方法、信息流去向、提供信息的时间和形态（报告、单据、屏幕显示等）。

在业务流程的调查分析过程中，业务流程分析的工作量非常大，需要耐心、细致地工作；系统开发人员与用户之间需要联系密切，需要彼此间进行良好的沟通，既要完成好自身工作任务，又要考虑所调查业务与其他业务彼此间的联系。

5.4.2 业务流程分析过程

业务流程分析过程包括以下内容：

（1）原有流程的分析。分析原有业务流程中的各个处理过程是否具有存在的价值，哪些过程可以删除或合并，分析原有业务流程哪些过程不尽合理，可以进行改进和优化。

（2）业务流程的优化。按计算机信息处理的要求，分析哪些过程存在冗余信息处理，哪些活动可以变串行处理为并行处理，变事后监督为事前或事中控制，产生更为合理的业务流程。

（3）确定新的业务流程。画出新系统的业务流程图。

（4）新系统的人机界面。新的业务流程中人与机器的分工，即哪些工作可以由计算机自动完成，哪些必须有人的参与。

5.4.3 业务流程的描述工具

1. 业务流程图的符号

业务流程图（Transaction Flow Diagram，TFD）是用规定的符号来表示具体业务处理过程。业务流程图基本上是按照业务的实际处理步骤和过程绘制的。业务流程图的绘制一般是按照业务处理的实际过程和步骤进行，换句话说，就是一“本”用图形方式来反映实际业务处理过程的“流水账”。

业务流程图没有统一标准，但在同一系统开发过程中所使用的图例符号应是统一的。业务流程图一般使用6种图例符号，这6种符号所代表的内容与信息系统最基本的处理功能一一对应，有关6种符号的内部解释可直接将文字标示于图内。

业务流程图的基本符号如图5-8所示，在图5-8中，圆圈表示业务处理单位；方框表示业务处理内容；报表符号表示表格制作及其他输出信息（报表、报告、文件、图形等）；不封口的方框表示数据、文件存储；卡片符号表示收集、统计信息；矢量连线表示信息传递。

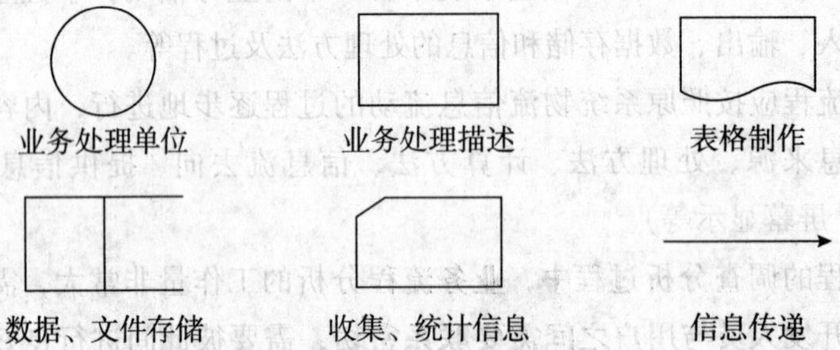

图5-8　业务流程图的基本符号

2. 业务流程图的绘制方法

有关业务流程图的画法，目前尚不太统一，但大同小异，只是在一些具体的规定和所用的图形符号方面有些不同，而在准确明了地反映业务流程方面是非常一致的。图5-9所示为业务流程图的绘制步骤。

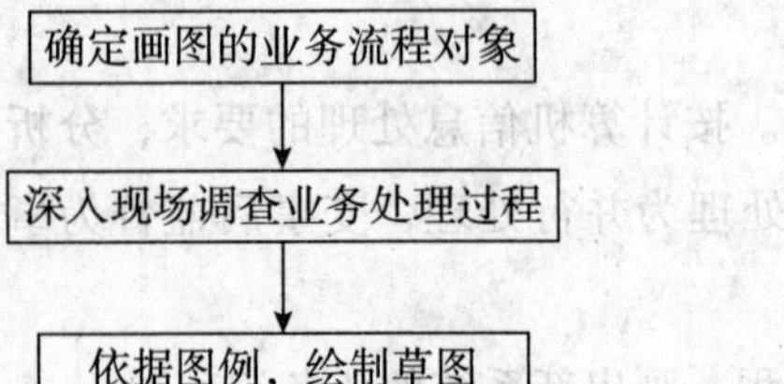

图5-9　业务流程图的绘制步骤

3. 业务流程图绘制举例

例 1：某公司销售部门的业务流程分析

业务流程如下：

顾客发出订单给销售部门；销售部门经过订单检查，把不合格的订单反馈给客户；对于合格的订单，通过核对库存记录，缺货订单通过缺货统计，向采购部门发出缺货通知，并登记缺货记录；对于可供货订单，登记客户档案，填写出库单，通知仓库准备货物。同时保存订单数据，并进行销售统计。

根据上述业务过程绘制出的业务流程如图 5 - 10 所示。

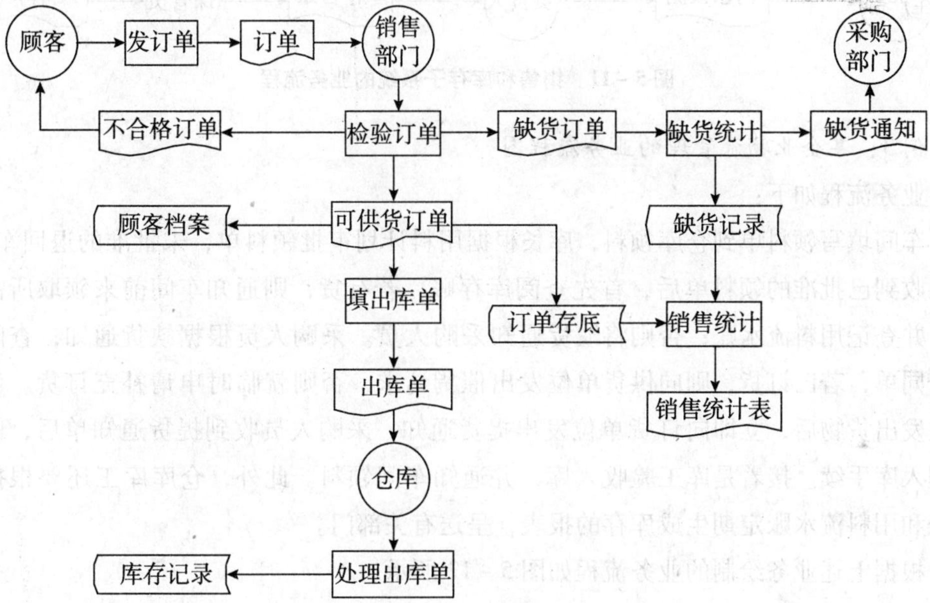

图 5 - 10 某公司销售部门的业务流程

例 2：某公司成品销售及库存子系统的管理业务流程分析

业务流程如下：

推销员与用户订立销售合同，销售部计划员将合同登记入合同台账。计划员对合同台账和库存台账进行查询后决定发货对象和数量，填写发货通知交成品库。对于确实无法执行的合同要向用户发出取消合同通知。每隔一段时间，他要对合同执行情况做出统计表，交本业务部门负责人审查后，送销售经理办公室。发货员按发货通知单出库，并发货，填写出库单交成品库保管员。保管员按出库单和从车间来的入库单登记库存台账。出库单的另两联分别送销售部和财务部。销售计划员按出库单将合同执行情况登记入合同账。销售部负责人定期将合同、合同执行情况及库存情况汇总后向生产部提交有关需求预测报告，作为制订生产计划和作业计划的参考。

根据上述业务绘制出的业务流程如图 5 - 11 所示。

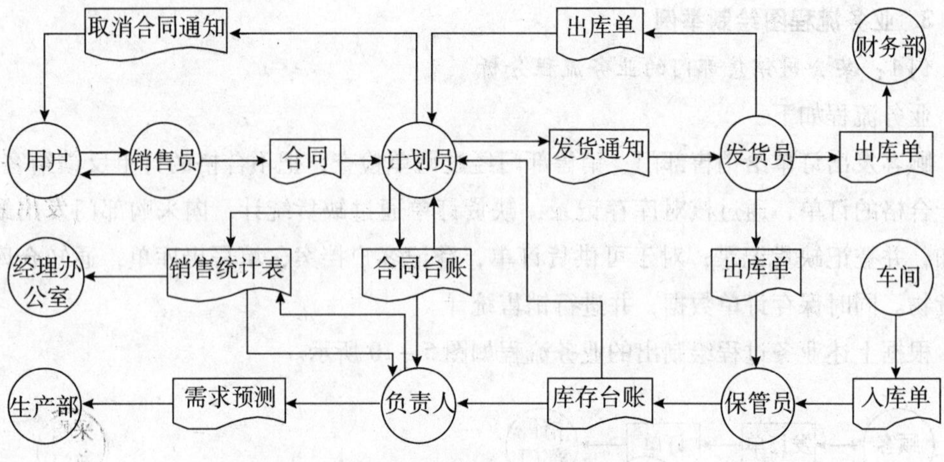

图 5-11 销售和库存子系统的业务流程

例 3：某企业物资管理的业务流程图

业务流程如下：

车间填写领料单到仓库领料，库长根据用料计划审批领料单，未批准的退回车间。库工收到已批准的领料单后，首先查阅库存账，若有货，则通知车间前来领取所需物料，并登记用料流水账；否则将缺货通知采购人员。采购人员根据缺货通知，查阅订货合同单，若已订货，则向供货单位发出催货请求，否则就临时申请补充订货。供货单位发出货物后，立即向订货单位发出提货通知。采购人员收到提货通知单后，就可办理入库手续。接着是库工验收入库，并通知车间领料。此外，仓库库工还要根据库存账和用料流水账定期生成库存的报表，呈送有关部门。

根据上述业务绘制的业务流程如图 5-12 所示。

5.5 数据流程分析

数据流程分析的主要任务是根据业务流程调查的结果，抛开具体组织机构、信息载体、处理工具、物资、材料等，单从数据流动过程来考察实际业务中的数据处理模式。数据流程分析包括对数据的收集、传递、处理、存储等的分析。

5.5.1 数据流程分析的任务

数据流程分析是要发现和解决数据流程中存在的问题，包括数据流程不畅、数据处理过程不合理、前后数据不匹配等。这些问题可能是由于原系统管理混乱，数据处理流程本身有问题，也可能是调查分析有误。通过数据流程分析，尽量使问题暴露并加以解决，建立畅通高效的数据处理过程，这是新系统设计的基础，也是系统分析的重要内容。

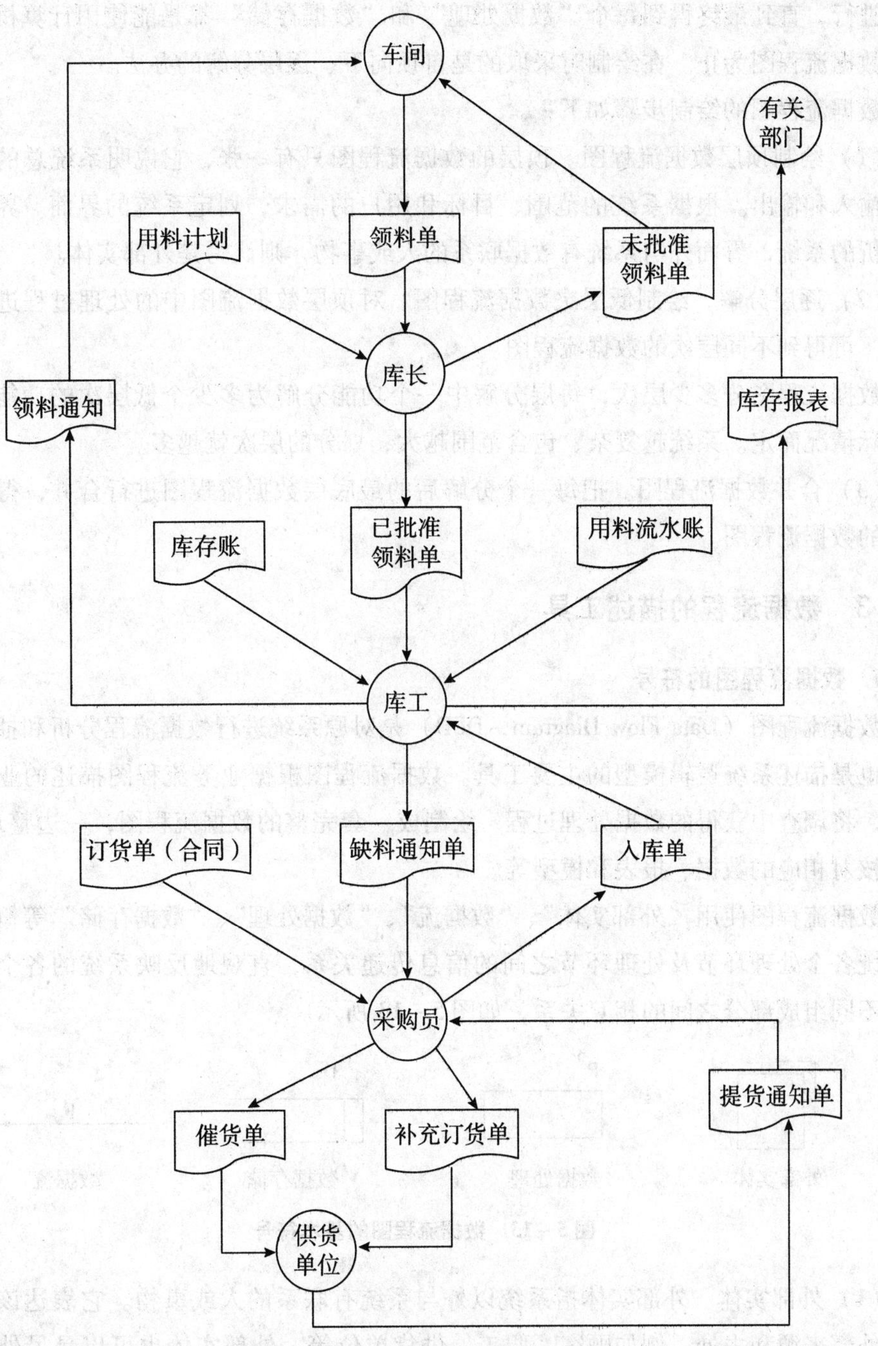

图 5－12　企业物资管理的业务流程

5.5.2　数据流程分析过程

数据流程分析过程是指数据流程图的绘制过程。由基本的系统模型加外部实体构成顶层的数据流程图，然后逐步分解“加工”，得到下一层数据流程图。这种分解工作不断进行，直到最终得到每个“数据处理”和“数据存储”都是能使用计算机处理的底层数据流程图为止。在绘制时采取的是自顶向下、逐层分解的办法。

数据流程图的绘制步骤如下：

（1）绘制顶层数据流程图。顶层的数据流程图只有一张，它说明系统总的处理功能、输入和输出。根据系统的范围、目标和用户的需求，划定系统的界面。界面内作为分析的系统，界面外与系统有数据联系的人或事物，则认为是外部实体。

（2）逐层分解，绘制低层次数据流程图。对顶层数据流图中的处理过程进行逐步分解，可得到不同层次的数据流程图。

数据流程图分多少层次，每层分解中一个功能分解为多少个低层次的功能，要根据实际情况而定。系统越复杂、包含范围越大，划分的层次就越多。

（3）合并数据流程图。把每一个分解后的最底层数据流程图进行合并，得到系统完整的数据流程图。

5.5.3 数据流程的描述工具

1. 数据流程图的符号

数据流程图（Data Flow Diagram，DFD）是对原系统进行数据流程分析和抽象的工具，也是描述系统逻辑模型的主要工具。数据流程图根据业务流程图描述的业务流程顺序，将调查中获得的数据处理过程，绘制成一套完整的数据流程图，一边整理绘图，一边核对相应的数据、报表和模型等。

数据流程图使用“外部实体”、“数据流”、“数据处理”、“数据存储”等概念来描述系统各个处理环节及处理环节之间的信息传递关系，直观地反映系统的各个组成部分和不同组成部分之间的相互关系，如图 5－13 所示。

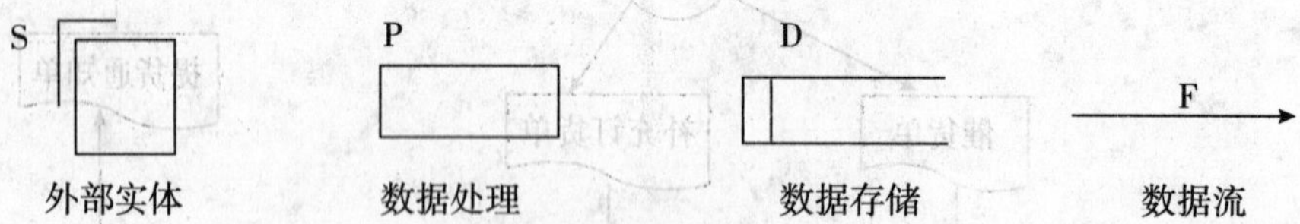

图 5－13　数据流程图的基本符号

（1）外部实体。外部实体指系统以外与系统有联系的人或事物。它表达该系统数据的外部来源和去处，例如顾客、职工、供货单位等。外部实体也可以是另外一个信息系统。

（2）数据处理。数据处理指对数据的逻辑处理，也就是对数据的变换。它可以是人工处理，也可以是计算机处理。

（3）数据存储。数据存储表示数据保存的地方。这里的“地方”不是指保存数据的物理地点或物理介质，而是指数据存储的逻辑描述。

（4）数据流。数据流指处理功能的输入或输出，用一个水平箭头或垂直箭头表示。箭头指出数据的流动方向。一般对每个数据流要加以简单的描述，使用户和系统设计员能够理解一个数据流的含义。

2. 数据流程图的绘制方法

（1）数据流符号。数据流符号表示数据信息传输。符号中箭头表示传输方向，数字表示数据流的标号。在数据流程图中，数据流符号必须有箭头，也就是说必须指出数据信息的传输方向。通常情况下不要在数据流符号中画双向箭头，因为在特定数据流动时，在时间、方向确定的情况下，同一个数据不会双向流动。

（2）数据存储符号。数据存储符号代表数据存储的地点，在数据流程图中，数据通常情况是有来源，即从哪里来，又去哪里使用。所以，数据存储符号都应该有入有出。当箭头方向指向存储符号时表示“入”，否则表示“出”。数据存储符号通常用D来标志。

（3）数据处理符号。对数据处理符号来说，它也有入有出。因为没有入就没有处理对象，处理不存在，同样，没有出则处理没有意义。当箭头方向指向数据处理符号时表示“入”，否则表示“出”。一个数据处理符号进出数据流数量，根据题目具体问题具体分析，它们之间不一定是一对一的。数据处理符号通常用P来标志。

（4）外部实体符号。外部实体符号就是管理者、操作员、用户。对于管理者、操作员和用户来说，他们可以是信息的发出者，也可以是信息的接受者，还可以同时兼任。

（5）符号之间的关系。对于外部实体、数据流、数据存储和数据处理四种符号来说，各种符号之间的联系都必须通过数据处理符号。因为不经过处理，信息不可能从一个外部实体中或数据存储中自动被传递到另外的外部实体中或数据存储中。

当数据流程图中出现下列连接关系时，数据流程图就出现了错误，如图5-14所示。

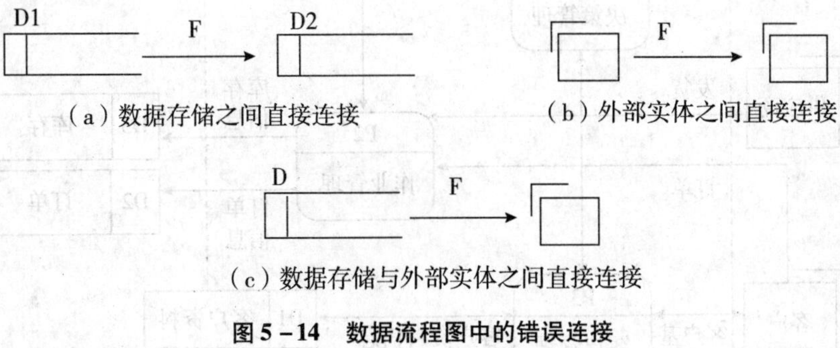

图5-14 数据流程图中的错误连接

3. 数据流程图的特点与作用

作为一种能全面地描述信息系统逻辑模型的主要工具，数据流程图用少数几种符号综合地反映出信息在系统中的流动、处理和存储情况，具有抽象性和概括性的特征。

（1）抽象性。在数据流程图中，具体的组织机构、工作场所、人员、物质流等都已去掉，只剩下数据的存储、流动、加工和使用的情况。这种抽象性能使我们总结出信息处理的内部规律性。

（2）概括性。数据流程图把系统对各种业务的处理过程联系起来考虑，形成一个总体。而业务流程图只能孤立地分析各个业务，不能反映出各业务之间的数据关系。

数据流程图作为系统分析的主要工具，其作用主要体现在：

①系统分析员借助这种工具自顶向下分析系统信息流程。

②在图上画出计算机处理的部分。

③根据逻辑存储，进一步作数据分析，可向数据库设计过渡。

④根据数据流向，定出存取方式。

⑤对应一个处理过程，可用相应的程序语言来表达处理方法，向程序设计过渡。

4. 数据流程图绘制举例

例 1：第三方物流信息系统的数据流程分析

①第三方物流信息系统的顶层数据流程如图 5－15 所示。

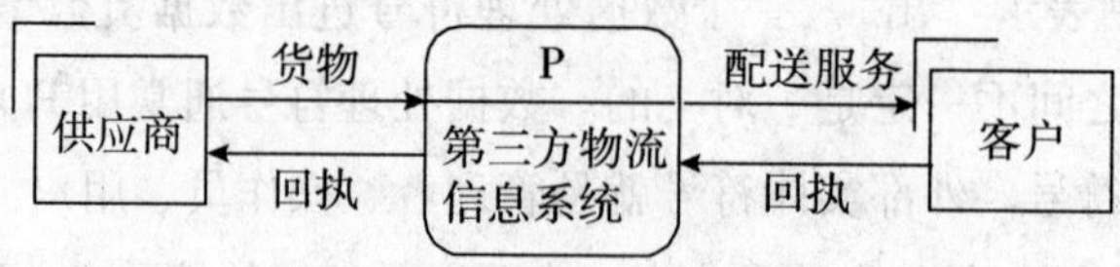

图 5－15　第三方物流信息系统顶层 DFD

②在顶层数据流程图的基础上，自顶向下逐层细化，第三方物流信息系统包括客户管理、作业管理、决策管理 3 部分，因此，可以将图 5－15 展开成图 5－16。

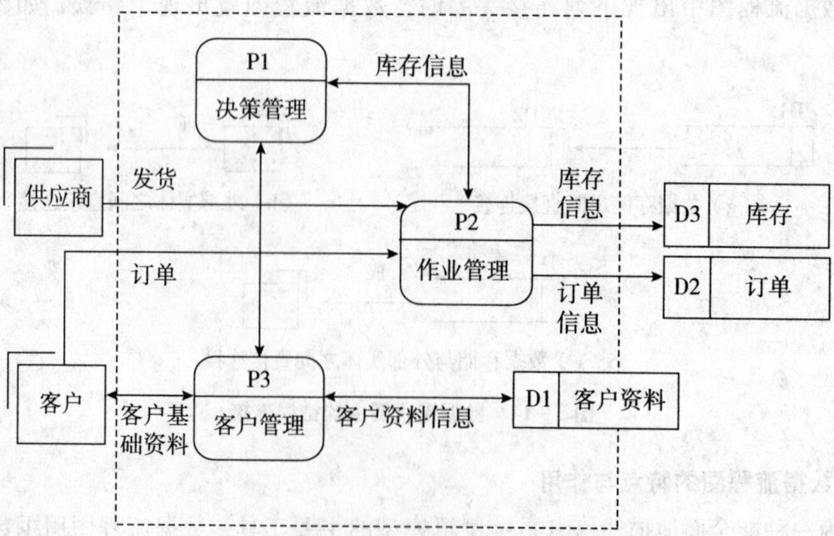

图 5－16　第三方物流信息系统第一层 DFD

③以图 5－16 作为进一步分析的出发点，将作业管理部分继续分解，可以得到第二层 DFD 图，在这一层当中，系统要处理订单、仓储、配送、结算业务，如图 5－17 所示。

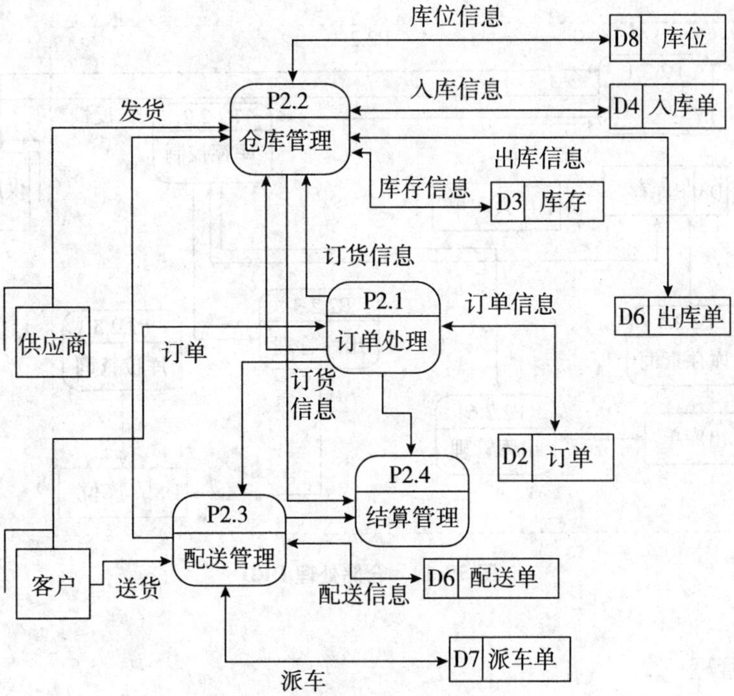

图 5－17　第三方物流信息系统第二层 DFD

④图 5－17 中的作业处理可以再细分，使订单处理、仓储管理、配送管理、结算管理的数据处理更加具体。分解后的下一层数据流程图分别如图 5－18、图 5－19、图 5－20、图 5－21 所示。

a. 订单处理。

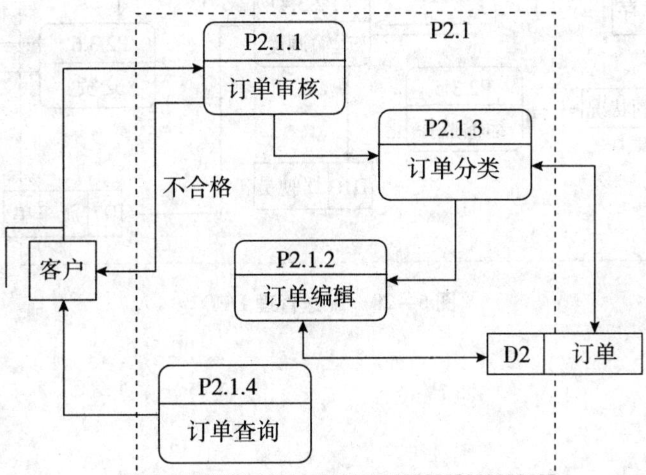

图 5－18　订单处理 DFD

b. 仓储管理。

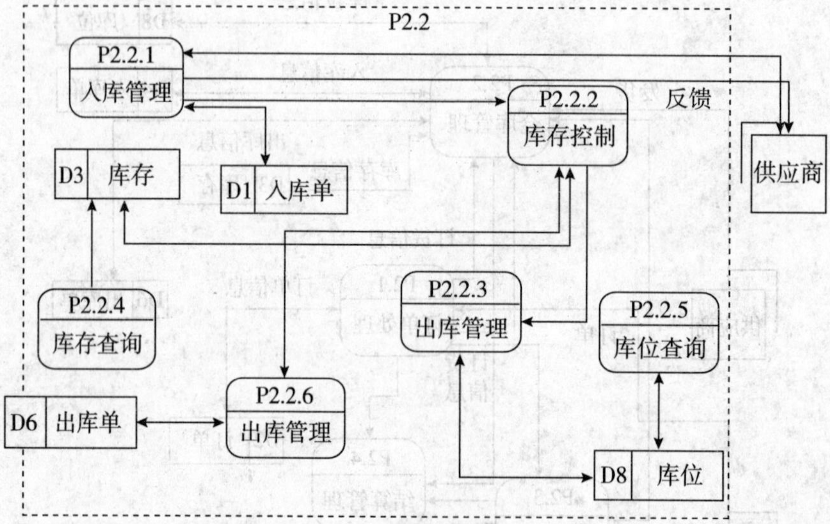

图 5－19　仓储处理 DFD

c. 配送管理。

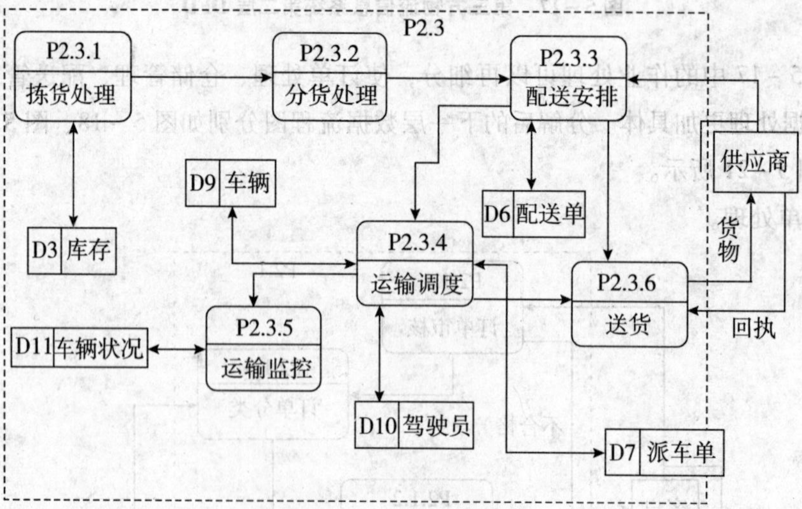

图 5－20　配送管理 DFD

d. 结算管理。

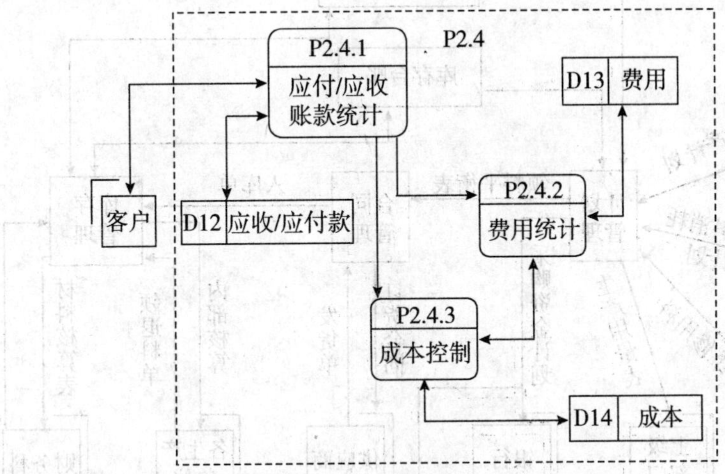

图 5－21 结算管理 DFD

例 2：某材料供应管理系统的数据流程分析

①首先把材料供应管理作为顶层数据处理，银行、上级部门、其他生产科、工艺科、维修车间和财务科等作为外部实体，可得到顶层数据流程图，如图 5－22 所示。

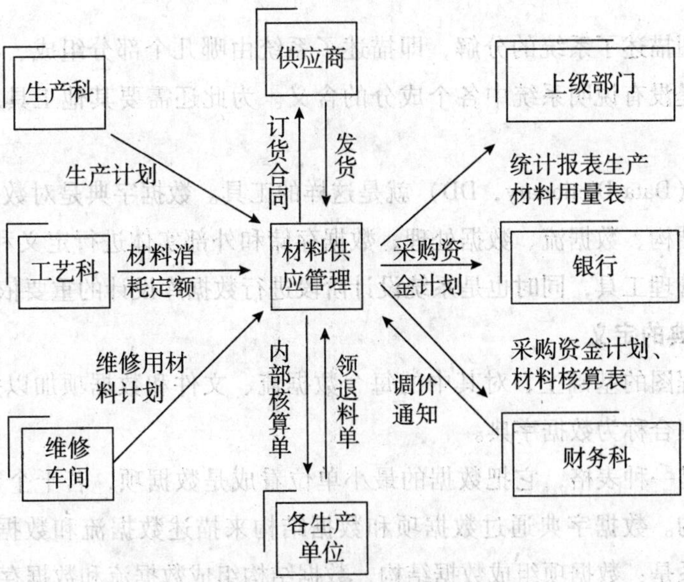

图 5－22 材料供应管理系统的顶层 DFD

②对图 5－22 中的材料供应管理进行功能分解，分解为材料供应计划管理、合同管理、库存管理等逻辑功能，绘制后得到如图 5－23 所示的第一层次数据流程图。在第一层数据流程图基础上，可进一步将功能分解，可以得到更详细、更低层的数据流程图。

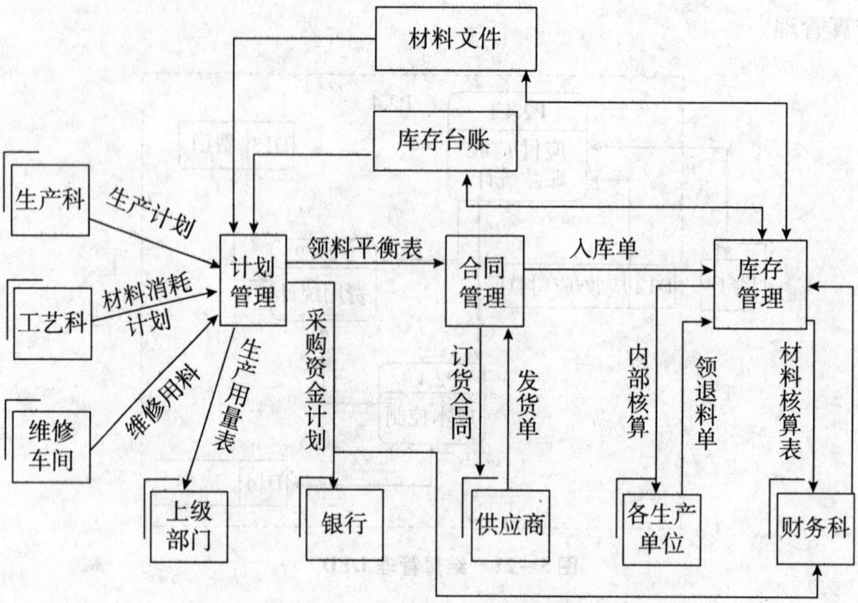

图 5-23　材料供应管理系统的第一层 DFD

5.6　数据字典

数据流程图描述了系统的分解，即描述了系统由哪几个部分组成、各个部分之间的联系等，但是没有说明系统中各个成分的含义。为此还需要其他工具对数据流程图加以补充说明。

数据字典（Data Dictionary，DD）就是这样的工具。数据字典是对数据流程图中的数据项、数据结构、数据流、数据处理、数据存储和外部实体进行定义和描述的工具，是数据分析和管理工具，同时也是系统设计阶段进行数据库设计的重要依据。

1. 数据字典的定义

在数据流程图的基础上，对其中的每个数据流、文件和数据项加以定义，把这些定义所组成的集合称为数据字典。

数据字典是一种表格，它把数据的最小单位看成是数据项，若干个数据项可以组成一个数据结构。数据字典通过数据项和数据结构来描述数据流和数据存储的属性，它们之间的关系是：数据项组成数据结构，数据结构组成数据流和数据存储。

编写数据字典是系统开发的一项重要的基础工作。数据字典一旦建立起来，并按编号排序之后，它就是一本可供人们查阅的字典，从系统分析一直到系统设计和实施都要使用它。

数据字典可以用人工建立卡片的办法来管理，也可存储在计算机中用一个数据字典软件来管理。

2. 数据字典的组成

数据字典有6类条目：数据项、数据结构、数据流、数据处理、数据存储和外部实体。

(1) 数据项。数据项又称数据元素，是数据的最小单位。分析数据特征应从静态和动态两个方面去进行。在数据字典中，仅对数据的静态特征作了定义，具体包括：数据项的编号、名称、别名和简述，数据项的类型、长度和取值范围等。

例如，对商品编号这个数据项的定义如图5－24所示。

数据项定义

数据项编号：I01-01

数据项名称：商品编号

别名：商品编码

简述：某种商品的代码

类型及宽度：数字型，4位

取值范围：0001～9999

相关数据结构：商品标识、入库情况、出库情况

图5－24 数据项描述

(2) 数据结构。数据结构描述了数据项之间的关系，由数据项或数据结构组成。一个简单的数据结构由数据项组成，而复杂的数据结构则包含了其他数据结构。在数据字典中，需要详细列出每个数据结构包含的数据项。

对数据结构的描述包括：数据结构的编号、名称、简述、数据结构的组成等。

例如，对商品标志这个数据结构的定义如图5－25所示。

数据结构定义

数据结构编号：DS02-01

数据结构名称：商品标识

简述：某种商品

组成：商品编号
商品名称
规格
型号
颜色
单价
生产单位
生产日期

相关数据流：商品入库单、商品出库单、商品采购单

相关数据处理：商品入库管理、商品出库管理、商品采购管理

图5－25 数据结构描述

（3）数据流。数据流用来描述数据的流动过程，由一个或一组固定的数据项组成。可以是一个已定义的数据结构，也可以由若干数据项组成。在数据流的描述中，不仅要说明数据的名称、组成，还要说明数据的来源、去向和数据流量等。

例如：对车间领料单这个数据流的定义如图 5－26 所示。

数据流定义
数据流编号：F03-02
数据流名称：入库单
简述：车间开出入库单，凭此去仓库进行入库
数据流来源：车间
数据流去向：入库管理模块
数据流组成：商品编号、商品名称、商品数量、入库日期、入库单位、入库员等
数据流量：10份/小时
高峰流量：20份/小时

图 5－26　数据流描述

（4）数据处理。数据处理定义数据流程图中数据项的处理方式，包括数据处理的编号、名称、功能的简要说明，有关的输入、输出。对功能进行描述，主要是让人知道这一数据处理的主要功能，至于更详细的功能介绍需要用“数据处理逻辑说明”进行描述。

例如，对统计这个数据处理的定义如图 5－27 所示。

数据处理定义
数据处理编号：P04-09
数据处理名称：统计
简述：每个月的月底要统计当月的商品流通情况，包括进货、出货、存储等
处理：根据每月的入库数据和出库数据修改仓库存储数据，并列出当月的货物流通情况
输入数据流：入库单、出库单、仓库清单
输出数据流：数据流统计表，去向是外部实体“经理”
处理频率：每月一次

图 5－27　数据处理描述

（5）数据存储。数据字典中只描述数据的逻辑存储结构，而不涉及它的物理存储，主要描述它所表示的数据结构、有关数据流和查询要求。

例如：对商品入库这个数据存储的定义如图 5－28 所示。

数据存储定义
数据存储编号：D05-08
数据存储名称：商品库存
简述：存储商品的库存量和单价等信息
数据存储组成：商品编号、商品名称、单价、库存量、备注等
关键字：商品编号
数据流来源：P02-01
数据流去向：P03-05
有无立即查询：有

图 5－28　数据存储描述

（6）外部实体。外部实体描述了数据流入、流出和处理的实际发生地点和有关的主体。对外部实体的描述包括：实体编号、名称、简述、输入和输出数据流。

例如：对顾客这个外部实体的定义如图 5－29 所示。

外部实体定义
外部实体编号：S06-01
外部实体名称：顾客
简述：购置本单位商品的用户
输入数据流：无
输出数据流：F03-07

图 5－29　外部实体描述

5.7　描述处理逻辑的工具

数据流程图中比较简单的计算性的处理逻辑可以在数据字典中作出定义，但还有不少逻辑上比较复杂的处理，有必要使用一些描述处理逻辑的工具来加以说明。描述逻辑判断功能的工具和方法主要有判断树、判断表和结构化英语表示法。

1. 判断树

判断树（Decision Tree）是一种用来表示不同决策方案的直观方法，它可以描述一个功能模块的逻辑处理过程。

例如，图 5－30 是一张用于根据用户欠款时间长短和现有库存量情况来处理用户订货方案的判断树。判断树比较直观，容易理解，但当条件较多时，不容易清楚地表达整个判断过程。

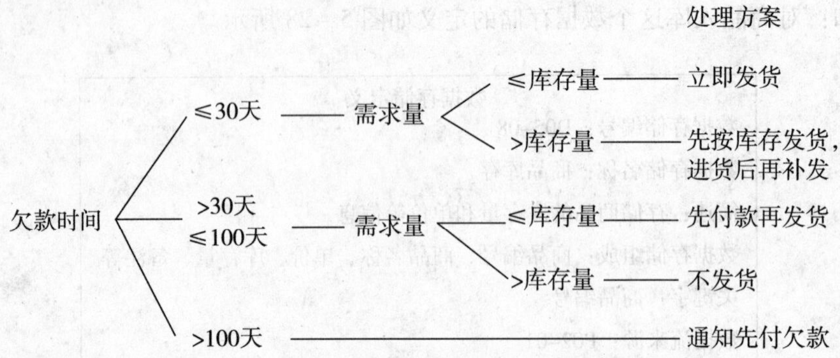

图 5－30　判断树

2. 判断表

判断表是采用表格方式来描述处理逻辑的工具。由于采用表格方式，便于表达复杂条件下的多元逻辑关系，可以清楚地表达条件、决策规则和应采取的行动之间的逻辑关系。其缺点是判断表的建立过程复杂，不如判断树直观方便。这里仍以处理用户订货的例子来说明，其判断如表 5－1 所示。

表 5－1　　处理用户订货的判断

决策规则		1	2	3	4	5	6
条件	（1）欠款时间≤30 天	Y	Y	N	N	N	N
	（2）欠款时间＞100 天	N	N	Y	Y	N	N
	（3）需求量≤库存量	Y	N	Y	N	Y	N
采取的行动	（1）立即发货	√					
	（2）先按库存发货，进货后再补发		√				
	（3）先付款再发货					√	
	（4）不发货						√
	（5）通知先付欠款			√	√		

3. 结构英语表示法

结构英语表示法是一种模仿计算机语言的处理逻辑描述方法。该方法借助程序设计的基本思想，使用 IF、THEN、ELSE、AND、OR、NOT 等词组成规范化语言完成对数据处理过程的描述，包括顺序、选择和循环 3 种基本结构。

下面是处理用户订货例子的结构英语表示法，为了方便，这里将条件和应采取的行动用中文表示：

If 欠款时间≤30 天

　　Then If 需求量≤库存量

```
    Then 立即发货
    Else
        先按库存发货，进货后再补发
Else
    If 欠款时间≤100 天
    Then If 需求量≤库存量
        Then 先付款再发货
        Else
            不发货
    Else
        要求先付欠款
End
```

上述 3 种描述处理逻辑的工具各有优缺点，对于顺序结构和循环结构的执行操作，用结构英语表示法；对于存在多个条件复杂组合的判断问题，用判断表和判断树。判断树较判断表直观易读，判断表进行逻辑验证较严格，能把所有的可能性全部都考虑到。可将两种工具结合起来，先用判断表作初稿，在此基础上产生判断树。

5.8 建立新系统逻辑方案

通过系统调查，对现行系统的业务流程、数据流程等进行深入的分析之后，就应该提出新系统的建设方案，即建立新系统的逻辑方案。建立逻辑方案是系统分析的重要任务之一，也是系统分析阶段的重要成果，是下一个阶段进行系统设计工作的主要依据。

5.8.1 新系统逻辑方案的主要内容

逻辑方案是新系统要采用的管理模型和信息处理方法。是在系统分析阶段的详细调查和需求分析基础上建立起来的。因此，新系统逻辑方案的建立是系统分析阶段的最终结果，也是系统设计和实现的基础性指导文件。

新系统逻辑方案的主要内容包括：

1. 新系统的业务流程

这是业务流程分析和业务流程优化重组后的结果，包括下列内容：原系统的业务流程的不足及优化过程、新系统的业务流程、新系统业务流程中的人机界面划分。

2. 新系统的数据流程

这是数据流程分析的结果，包括下列内容：原数据流程的不合理之处及优化过程、新系统的数据流程、新的数据流程中的人机界面划分。

3. 新系统的逻辑结构

这是指新系统中的子系统划分。

4. 新系统中数据资源的分布

这是指确定数据资源如何分布在服务器或主机中。

5. 新系统中的管理模型

这是指确定在某一具体管理业务中采用的管理模型和处理方法。如综合计划模型、生产计划模型、库存管理模型、成本管理模型、统计分析与预测模型等。

5.8.2 新系统的信息处理方案

对原有系统分析和优化的结果就是新系统拟订采用的信息处理方案。包括以下几部分：

1. 确定合理的业务流程

具体内容包括：删除或合并多余的或重复处理的过程；对业务处理过程进行优化和改善；给出最后确定的业务流程图；划分新系统业务流程中的人机界面。

2. 确定合理的数据流程

具体内容包括；删除或合并多余的或重复的数据处理过程；对数据处理过程进行优化和改善；给出最后确定的数据流程图；划分新系统数据流程中的人机界面。

3. 确定新系统的逻辑结构

具体内容即确定新系统中子系统的划分。

4. 确定新系统中数据资源的分布

需要确定数据资源的分布方案，即数据资源是在系统设备内部，还是在网络服务器或主机上。

5.9 系统分析报告

系统分析报告也称为系统说明书，它反映了系统调查与分析阶段的全部情况，是系统分析阶段工作的全面总结。用户领导通过系统分析报告来决策是否进行下一阶段的工作；用户通过系统分析报告来论证和认可新系统的开发策略及开发方法。系统开发人员使用系统分析报告作为评价项目成功与否的标准。系统分析报告的主要内容包括：

1. 系统开发项目概述

这部分主要对分析对象的基本情况作概括性的描述，简要说明新系统的名称、主要目标及功能、新系统开发的有关背景以及新系统与现行系统的主要差别。

2. 现行系统概况

指现行系统现状调查说明。通过现行系统的组织结构图、业务流程图和数据流程图等工具，说明现行系统的目标、规模、主要功能、组织机构、业务流程、数据存储、数据流，数据处理方式、现有的技术手段以及存在的薄弱环节。

3. 系统需求说明

在了解现行系统情况的基础上，针对系统存在的问题，全面了解组织中各层面的用户针对新系统对信息的各种需求。

4. 新系统的逻辑方案

新系统的逻辑方案是系统分析报告的主体部分。这部分主要反映分析的结果和对构筑新系统的设想，应根据原有系统存在的问题，明确提出更加具体的新系统的目标，确定新系统的主要功能、各个层次的数据流程图、数据字典等。主要内容包括：

（1）组织结构图。

（2）重建或改造的业务流程图及其说明。

（3）重建或改建的信息流程（包括数据流程图、数据字典、数据存储分析、查询分析、数据处理分析）。

5. 系统实施计划

系统实施计划主要包括：

（1）工作任务的分解。根据资源和其他条件确定各子系统开发的先后顺序，在此基础上分解工作任务，落实到具体组织或个人。

（2）根据系统开发资源与时间进度估计，制订时间进度安排计划。

（3）预算。对开发费用作进一步估计。

6　物流信息系统的系统设计

内容提要：

系统设计又称为物理设计，通常分为两个阶段进行，首先是总体设计，其任务是设计系统的框架和概貌，并向用户单位和领导部门作详细报告并认可，在此基础上进行详细设计，这两部分工作是互相联系的，需要交叉进行。系统设计是开发物流信息系统的重要阶段，也是整个开发工作的核心。系统设计是开发人员进行的工作，他们将系统分析阶段得到的目标系统的逻辑模型转换为目标系统的物理模型，该阶段得到的工作成果——系统设计说明书是下一个阶段系统实施的工作依据。

本章主要介绍物流信息系统的系统模块设计、系统物理配置方案设计、代码设计、界面设计、数据库设计、输入输出设计、处理过程设计及系统设计说明书的编制方法。

学习要点：

通过这一章内容的学习，我们要达到这样几个目标：

（1）掌握物流信息系统的系统模块设计、数据库设计和输入输出设计。

（2）理解物流信息系统的物理配置方案设计、代码设计和界面设计。

（3）了解物流信息系统的处理过程设计和系统设计说明书的编制方法。

6.1　物流信息系统设计的任务

物流信息系统设计的任务是：在系统分析提出的逻辑模型的基础上，科学合理地进行物理模型的设计。物流信息系统设计通常分两个阶段进行：总体设计和详细设计。

1. 总体设计

总体设计包括系统模块结构设计和计算机物理系统配置方案的设计。

（1）系统模块结构设计。它是把总任务分解为许多基本的、具体的任务，这些具体任务合理地组织起来构成总任务。总体设计的基本任务是：①将系统划分为模块；②决定每个模块的功能；③决定模块的调用关系；④决定模块间信息的传递。

总体结构设计是系统开发过程中关键的一步，系统的质量由这一步决定的。系统越大，总体结构设计的影响越大。

(2) 系统物理配置方案设计。在进行总体设计时，还需要进行计算机系统物理配置方案的设计，解决计算机软硬件系统的配置、通信网络系统的配置、机房设备的配置等问题。

计算机系统物理配置方案要经过用户单位和领导部门的同意才可进行实施。开发信息系统的大量经验教训说明，选择计算机软硬件设备不能光看广告或资料介绍，必须进行充分的调查研究，最好应向使用过该软硬件设备的单位了解运行情况及优缺点，并征求有关专家的意见，然后进行论证，最后写出系统物理配置方案报告。

2. 详细设计

详细设计是为各个具体任务选择适当的技术手段和处理方法。主要包括：代码设计、界面设计、数据库设计、输入设计、输出设计、处理过程设计等。

3. 编写系统设计说明书

系统设计说明书是系统设计阶段的结果，包括系统模块结构图、计算机物理系统配置报告、模块说明书和其他详细设计的内容组成。

6.2 系统模块结构设计

6.2.1 结构化设计概述

结构化设计（Structured Design，SD）方法是由美国 IBM 公司的 W. Stevens、G. Myers 等人提出来的，这种方法将一个信息系统的结构分解成由许多按层次结构联系起来的功能结构图，即模块结构图。

SD 方法的基本思想是结构化和模块化。所谓模块化是指将一个复杂的信息系统，按照“自顶向下，逐步求精”的原则，分解为若干个具有层次联系、功能相对单一且彼此相对独立的模块。这些模块之间联系较弱，而模块内部凝聚力较强，以便于每个模块的实施和维护，使模块具有较好的可读性、可靠性和可维护性。SD 方法具有以下特点：

1. 相对独立、功能单一的模块结构

结构化设计的基本思想是将系统设计成由多个相对独立、功能单一的模块组成的结构。由于模块之间相对独立，每一模块就可以单独地被理解、编写、测试、排错和修改，从而有效地防止错误在模块之间扩散蔓延，提高了系统的质量（可维护性、可靠性等）。

2. “块内联系大、块间联系小”的模块性能标准

“模块内部联系要大，模块之间联系要小”，这是结构化设计中衡量模块“相对独立”性能的标准。事实上，块内联系和块间联系是同一件事的两个方面。系统中各组成成分之间是有联系的，若把联系密切的成分组织在同一模块中，块内联系高了，块间联系自然就少了。反之，若把密切相关的一些组成成分分散在各个模块中，势必会造成很高的块间联系，这将影响系统的可维护性。所以，在系统设计过程中一定要以结构化设计的模块性能标准为指导。

3. 采用模块结构图的描述方式

结构化设计方法使用的描述方式是模块结构图。

6.2.2 模块结构图

模块结构图是用于描述系统模块结构的图形工具，它不仅描述了系统的子系统结构与分层的模块结构，还清楚地表示了每个模块的功能，而且直观地反映了块内联系和块间联系等特性。

1. 模块

结构化设计的基础是模块化，即将整个系统分解成相对独立的若干模块，通过对模块的设计和模块之间关系的协调来实现整个系统的功能。

在传统的程序设计中，能够执行某项功能的若干条程序，都可以看成是一个模块。但在结构化系统设计中，模块是指只有 4 种属性的一组程序语言称为一个模块，这 4 个属性分别是输入和输出、处理功能、内部数据、程序代码。

一个模块应具备以下 4 个要素：

（1）输入和输出。模块的输入来源和输出去向都是同一个调用者，即一个模块从调用者那里取得输入，进行加工后再把输出返回调用者。

（2）处理功能。指模块把输入转换成输出所做的工作。

（3）内部数据。指仅供该模块本身引用的数据。

（4）程序代码。指用来实现模块功能的程序。

前两个要素是模块的外部特性，反映了模块的外貌，后两个要素是模块的内部特性。在结构化设计中，主要考虑模块的外部特性，其内部特性只做必要了解，具体的实现在系统实施阶段完成。

2. 模块结构图的基本符号

模块结构图是结构化设计中描述系统模块结构的图形工具。作为一种文档，它必须严格定义模块的名字、功能和接口，同时还应在模块结构图上反映出结构化设计的思想。模块结构图有 4 种基本符号，如图 6－1 所示。

（1）模块。在模块结构图中，用矩形框表示一个模块。矩形框中间标上反映该模块处理功能的模块名称。另外，对于系统中的公用模块，一般是预先定义好，才能被其他模块所调用，因此，要用特殊的符号跟一般的模块区分开。

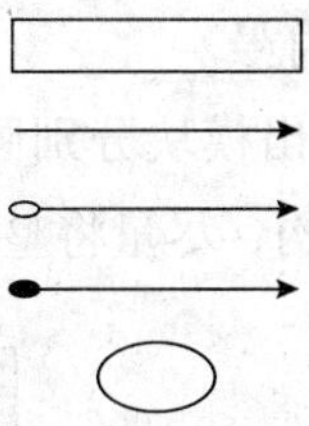

图 6-1　模块结构图的基本符号

（2）调用。在模块结构图中，用连接两个模块的箭头表示调用。箭头总是由调用模块指向被调用模块，被调用模块执行后又返回到调用模块。模块间的调用关系有以下3种：

①直接调用。直接调用是指一个模块无条件地调用另一个模块，如图6-2（a）中所示。

②判断调用。判断调用是指根据判断条件来决定是否调用或调用哪一个下级模块，判断条件用菱形符号表示，如图6-2（b）所示。

③循环调用。循环调用是指调用模块中存在一个循环过程，以便循环调用某一个或多个下级模块，循环调用用弧形箭头表示，如图6-2（c）所示。

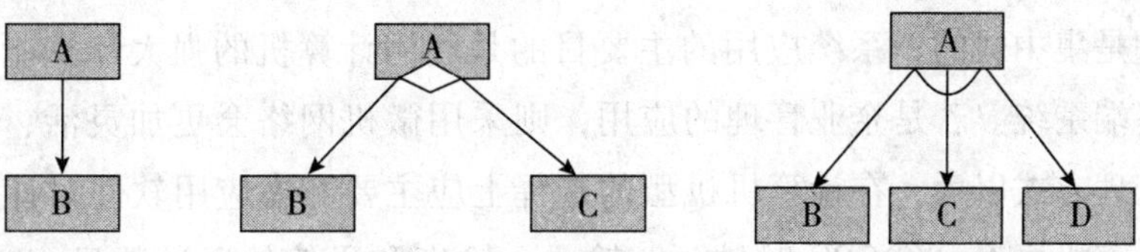

（a）调用　　（b）判断调用　　（c）循环调用

图 6-2　模块间的调用

（3）数据。当模块调用时，调用模块把数据传到被调用模块处处理，而被调用模块又将处理的结果返回调用模块。在模块之间传送的数据，使用与调用箭头平行的带空心圆的箭头表示，并在旁边标上数据名。

例如，在图6-3（a）中，模块A调用模块B时，A将数据X，Y传送给B，B将处理结果数据Z返回给A。

（4）控制信息。为指导程序下一步的执行，模块间有时需传送某些控制信息。例如，数据输入结束后给出的结束标志，文件读到末尾产生的文件结束标志等。控制信息与数据的主要区别是前者只反映数据的某种状态，不必进行处理。在模块结构图中，用带实心圆的箭头表示控制信息。

例如，在6-3（b）中，实心圆的箭头表示送来的职工号有误的控制信息。

（5）转接符号。当模块结构图在一张图上画不下，需要转到另外一张纸上，或者为了避免图上线条交叉时，都需使用转接符号。

例如，在图6－3（c）中，①为转接符号。

在画模块结构图时，通常将输入、输出模块分别画在左、右两边，计算或其他模块放在中间。为了便于理解系统的整个结构，尽量将整个模块结构图画在一张纸上。

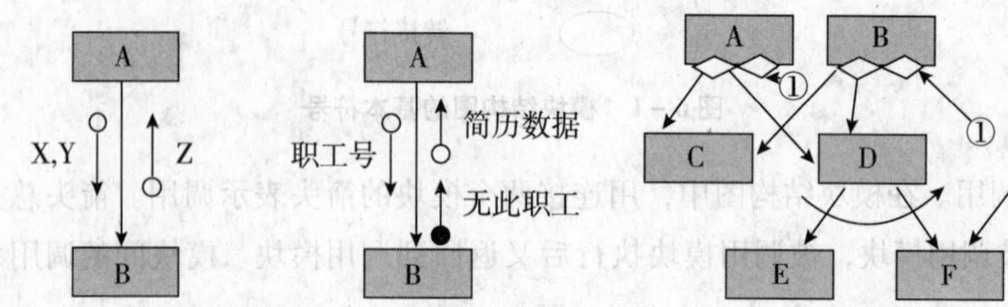

（a）模块间的通信　（b）模块间的通信　（c）工资计算程序模块图

图6－3　模块结构图的画法示意

6.3　系统物理配置方案设计

1. 计算机硬件的选择

计算机硬件的选择取决于数据的处理方式和要运行的软件。一般来说，如果系统的数据处理是集中式的，系统应用的主要目的是利用计算机的强大计算能力，则可以采用主机终端系统。若是企业管理的应用，则采用微机网络会更加灵活、经济。确定了数据的处理方式以后，在计算机机型的选择上应主要考虑应用软件对计算机能力的需求：①计算机主存；②CPU 时钟；③输入、输出和通信的通道数目；④显示方式；⑤外接转存设备及其类型。

2. 计算机应用软件的选择

一般来讲，应用软件的选择应考虑：①软件是否能满足用户的需要；②软件是否具有足够的灵活性；③软件是否能获得长期、稳定的技术支持。

3. 计算机网络的选择

（1）网络拓扑结构。网络的拓扑结构一般有星形、环形、总线形、网状形等。在网络选择上应尽可能根据应用系统的地域分布、信息流量等进行综合考虑。

（2）网络的逻辑设计。通常首先按照软件将系统从逻辑上分为各个分系统或子系统，然后按需要配制设备，如主服务器、主交换机、子系统集线器、路由器和调制解调器等，并考虑各设备之间的连接结构。

（3）网络操作系统。目前，流行的网络操作系统有 UNIX、Netware、Windows NT、Windows 2000 等。

4. 信息系统数据处理方式的选择

在方式的选择上主要有以下几种：①集中数据处理方式；②分散数据处理方式；

③分散与集中数据处理方式；④浏览器和服务器数据处理方式；⑤分布式数据处理方式。

6.4 代码设计

代码是用来表示事物名称、属性、状态等的具体符号表示，一般用数字、字母或它们的组合来表示。物流管理离不开物流信息的编码，编码与代码是两个既有联系又有区别的概念。编码是指由某一种符号系统表示的信息转换为另一种表示信息的符号系统的过程。信息编码使客观存在的事物对象或属性变成便于计算机识别和处理的统一代码。简单地说，编码就是代码的编制过程，是物流信息管理，特别是自动识别系统的前提。

1. 代码的作用

（1）为实体或属性提供唯一确定的标志。

（2）便于录入、分类、检索、统计。

（3）节省存储空间，提高处理速度。

（4）便于计算机识别和处理。

（5）提高数据标准化程度。

2. 代码设计的步骤

（1）确定代码对象。

（2）考察是否已有标准代码。如果国家标准局、某个部门对某些事物已规定了标准代码，那么应遵循这些标准代码；如果没有标准代码，那么代码设计时要参考国际标准化组织，其他国家、其他部门、其他单位的编码标准，设计出便于今后标准化的代码。

（3）根据代码的使用范围、使用时间，根据实际情况选择代码的种类与类型。

（4）考虑检错功能。

（5）编写代码表。代码编好后，要编制代码表，作详细说明，通知有关部门，组织学习，以便正确使用。

3. 代码设计的方法

（1）顺序码。顺序码又称序列码，它是一种用连续数字代表编码对象的代码，通常从1开始。例如一个单位的职工号可以编成：0001，0002，0003，…，9999；1表示总经理，用2表示部门经理，用3表示技术人员，用4表示行政管理人员等。

顺序码的优点是短而简单，记录的定位方法简单，易于管理。但这种码没有逻辑基础，它本身不能说明任何信息的特征。此外，新加的数据只能列在最后，删除数据则造成空码。通常，顺序码作为其他码分类中细分类的一种补充手段。

（2）区间码。区间码把数据分成若干组，代码的每一区间对应一组数据，例如电话号码、身份证号码等。在使用这种编码时，需要为待编码的每组信息规定出一个号码序列：当项目表很复杂，但易于明确分组时，适宜使用区间码。

区间码的优点是：码中数字的值和位置都代表一定意义，信息处理比较可靠，排序、分析、检索等操作易于进行。但这种码的长度与它分类属性的数量有关，有时可能造成很长的码，代码的维护也比较困难。

区间码又分成以下4种：

①多面码。一个数据项可能有多方面特性，在代码结构中，为这些特性各规定一个位置，就形成了多面码。

表6-1　钢铁的多面码编码

来　源	生产方法	种　类	材　质	规格大小
1. 进口	1. 热轧	1. 圆钢	1. 普通钢	00—10—18×3—4
2. 国产	2. 冷轧	2. 方钢	2. 高碳钢	01—20—28×2—4
	3. 冷拔	3. 角钢	3. 硅钢	02—30—38×3—4
	4. 冷弯	4. 扁钢	4. 弹簧钢	03—40—56×5—4
		5. 槽钢	5. 不锈钢	—
		6. 钢板	6. 轴承钢	—
		7. 钢管		09—50—58×3—4

例如，对于黑色金属材料，可以作出如表6-1的规定。代码214103表示国产的规格大小为40—56×5—4的普通热轧扁钢。

②十进位码。这是世界各地图书馆里常用的分类法，它先把整体分成10份，进而把每一份再分成10份，这样继续不断，所分配的号码数量是10的倍数。

例如，500代表自然科学分类，510代表数学分类，520代表天文分类，531.11代表杠杆和平衡分类等。

在信息系统中，当实体具有若干类标志，并且要根据这些标志作各种数据处理时，应采用十进位码。十进位码的优点是编码、排序、分组都比较简单。但是在使用时应注意将代码的位数固定下来，这样有利于计算机的处理。

③助记码。助记码用文字、数字或字母与数字结合起来描述，可以通过联想帮助记忆。

例如，前面用多面码表示的规格为40—56×5—4的国产普通小型扁钢可用助忆码GXB—40—56×5—4来表示。其中G代表国产的“国”字汉语拼音第一个字母，X代表“小型”，B代表“扁钢”。助记码适用于数据项较少的情况，否则可能引起联想出错。

④专用码。指在应用计算机进行信息处理过程中以及在信息收集和传输系统中所使用的专用符号或字母符号。除了被编码的项目表中的信息代码之外，专用码还包括技术设备执行操作指令。

4. 代码的校验

为了保证输入代码的正确性，有意识地在原代码的基础上附加校验位，使它事实上变成代码的一个组成部分，校验位的数值是通过事先规定的数学方法计算出来的。输入代码时，程序中设置了代码校验位值的计算功能，将它与输入的校验位进行比较，以检验输入是否有错。

校验位可以发现以下各种错误：

第一种是抄写错误，例如 1 写成 7；

第二种是易位错误，例如 1234 写成 1324；

第三种是双易位错误，例如 26913 写成 21963；

第四种是随机错误，包括以上两种或两种以上综合性错误，或其他错误。

确定校验位方法在算法上大体相似，它们之间的差别主要在千对代码的数值加权时，权因子的选择不同。现将几种方法列举如下：

（1）算术级数法。

原代码　1　2　3　4　5

各自权因子　6　5　4　3　2

乘积之和 $S = 6 + 10 + 12 + 12 + 10 = 50$

以 11 为模数去除乘积之和，将余数作为校验码：$50 \div 11 = 4$ 余 6，则此代码写成 123456。

（2）几何级数法。

原代码　1　2　3　4　5

各自权因子　32　16　8　4　2

乘积之和 $S = 32 + 32 + 24 + 16 + 10 = 114$

以 11 为模数去除乘积之和，将余数作为校验码：$114 \div 11 = 10$ 余 4，则此代码写成 123454。

（3）质数法。

原代码　1　2　3　4　5

各自权因子　17　13　7　5　3

乘积之和 $S = 17 + 26 + 21 + 20 + 15 = 99$

以 11 为模数去除乘积之和，将余数作为校验码：$99 \div 11 = 9$ 余 0，则此代码写成 123450。

6.5 界面设计

用户界面是人和计算机联系的重要途径。操作者可以通过屏幕窗口与计算机进行对话、向计算机输入有关数据、控制计算机的处理过程并将计算机的处理结果反映给用户。因此，用户界面设计必须从用户操作方便的角度来考虑，与用户共同协商界面应反映的内容和格式。用户界面主要有以下几种形式：

1. 菜单式

通过屏幕显示出可选择的功能代码，由操作者根据需要进行选择，将菜单设计成层次结构，则通过层层调用，可以引导用户使用系统的每一个功能。随着软件技术的发展，菜单设计也更加趋于美观、方便和实用。目前，系统设计中常用的菜单设计方法主要有：

（1）一般菜单。在屏幕上显示出各个选项，每个选项指定一个代号，然后根据操作者通过键盘输入的代号或单击鼠标左键，即可决定何种后续操作。

（2）下拉菜单。它是一种二级菜单，第一级是选择栏，第二级是选择项，各个选择栏横排在屏幕的第一行上，用户可以利用光标控制键在选定当前选择栏，在当前选择栏下立即显示出该栏的各项功能，以供用户进行选择。

（3）快捷菜单。选中对象后单击鼠标右键所出现的下拉菜单，将鼠标移到所需的功能项目上，然后单击左键即执行相应的操作。

2. 填表式

填表式一般用于通过终端向系统输入数据，系统将要输入的项目显示在屏幕上，然后由用户逐项填入有关数据。另外，填表式界面设计常用于系统的输出。如果要查询系统中的某些数据时，可以将数据的名称按一定的方式排列在屏幕上，然后由计算机将数据的内容自动填写在相应的位置上。由于这种方法简便易读，并且不容易出错，所以它是通过屏幕进行输入输出的主要形式。

3. 选择性问答式

当系统运行到某一阶段时，可以通过屏幕向用户提问，系统根据用户选择的结果决定下一步执行什么操作。这种方法通常可以用在提示操作人员确认输入数据的正确性，或者询问用户是否继续某项处理等方面。例如，当用户输完一条记录后，可通过屏幕询问“输入是否正确（Y/N）?”计算机根据用户的回答来决定是继续输入数据还是对刚输入的数据进行修改。

4. 按钮式

在界面上用不同的按钮表示系统的执行功能，单击按钮即可执行该操作。按钮的表面可写上功能的名称，也可用能反映该功能的图形加文字说明。使用按钮可使界面显得美观、漂亮，使系统看起来更简单、好用，操作更方便、灵活。

6.6 数据库设计

数据库是以一定的组织方式存储在一起的相关数据的集合，它能以最佳的方式，最少的数据冗余为多种应用服务。程序与数据具有较高的独立性。数据库设计是指对于一个给定的应用环境，构造最优的数据库模型，建立数据库及其应用系统，使之能够有效地存储数据，满足各种用户的应用需求（信息要求和处理要求）。数据库设计通常是在一个通用的数据库管理系统（DBMS）支持下进行的。

1. 数据库设计的特点

数据库设计具有以下两个特点：

（1）数据库设计是硬件、软件的结合。数据库设计既是一项涉及多学科的综合性技术，又是一项庞大的工程项目。“三分技术、七分管理、十二分基础数据”是数据库设计的基本规律。技术与管理的界面也十分重要。

（2）数据库设计和应用系统设计相结合。数据库设计应该和应用系统设计相结合，即数据库设计应包括两个方面的内容：结构（数据）设计和行为（处理）设计。也就是说，整个设计过程中要把结构（数据）设计和行为（处理）设计密切结合起来。这是数据库设计的主要特点。

2. 数据库设计的内容

（1）需求分析。需求分析就是分析用户的要求。它是通过详细调查实际要处理的对象（组织、部门、企业等），在充分了解原系统工作概况，明确用户的各种需求的基础上确定新系统的功能。当然，在确定新系统的功能时，还必须充分考虑今后可能的扩充和改变，不能仅仅按当前的应用需求来设计数据库。在此过程中可借助于数据流程的分析来进行数据需求分析。

（2）数据库的概念结构设计。概念结构设计应在系统分析阶段进行，它的主要任务是根据用户需求设计数据库的概念模型。采用的工具是实体关系图（E－R 图），E－R 图中包括：实体、关系、属性 3 种图素。实体之间有一对一（1∶1）、一对多（1∶m）和多对多（m∶n）3 种联系，如图 6－4 所示。

（3）数据库的逻辑结构设计。逻辑结构设计是将概念结构设计阶段完成的概念模型转换成能被选定的数据库管理系统（DBMS）支持的数据模型。

将 E－R 图转换成一般的数据模型（如层次、网状或关系模型）时，必须遵循一定的转换规则。将 E－R 图转换为关系模型的规则如下：

①每个实体对应一个关系模式。实体名作为关系名，实体的属性作为对应关系的属性。

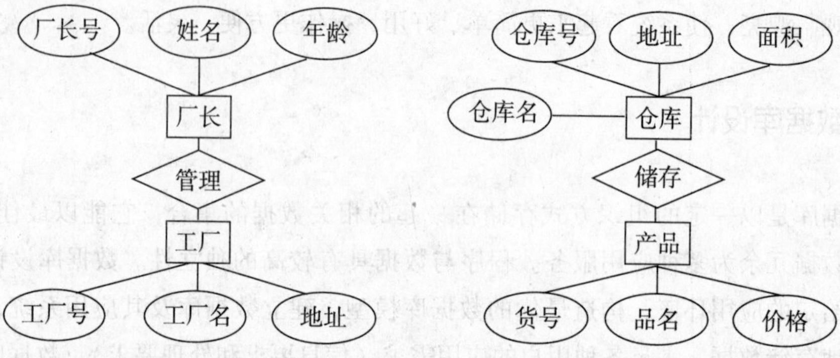

（a）1:1联系　　（b）m:n 联系

图6－4　实体关系图（E－R图）示例

②实体间的联系对应一个关系，联系名作为关系名。

③实体和联系中关键字对应的属性在关系模式中仍为关键字。

例如：图6－4（b）中的E－R图可以转换为以下3个关系模式。

仓库关系：（仓库号，仓库名，地址，面积，……）

产品关系：（货号，品名，价格，……）

储存关系：（仓库号，货号，储存数量，……）

其中，带下画线的字段为关键字。关键字是用来识别记录一个或一组数据项，下画线是识别记录和在文件中查找记录的标志。

（4）数据库的物理结构设计。物理设计的目的，是要根据具体DBMS的特征，确定数据库的物理结构。

对于不同的DBMS，物理环境不同，提供的存储结构与存取方法各不相同。因此，没有通用的物理设计方法可以遵循。

物理结构设计是为数据模型在设备上选定合适的存储结构和存取方法，以获得数据库的最佳效率。物理结构设计包含以下内容：确定数据的存储结构、确定数据的存放位置、存取路径的选择等。

6.7　输入设计

输入设计的目标是在保证输入信息正确性和满足输出需要的前提下，应做到输入方法简便、迅速、经济。输入设计的任务是根据具体业务要求，确定适当的输入形式，使信息系统获取管理工作中产生的正确的信息。

1. 输入设计的原则

（1）控制输入量，尽可能利用计算。

（2）减少输入延迟，采用批量输入、周转文件输入。

(3) 减少输入错误，采用多种校验方法和验证技术。

(4) 避免额外步骤。

(5) 简化输入过程。

2. 输入方式的选择

常用的输入方式有：键盘输入、光电设备输入、网络数据传递、磁盘/光盘读入等。具体选用哪种方式应考虑总体设计和数据库设计的要求，并应尽量利用已有的设备和资源，避免大批量的数据重复键盘输入。

(1) 键盘输入。键盘输入方式是通过显示器、键盘或终端、键盘设备实现的一种数据输入。它是目前最常用的一种方式，但这种方式输入数据速度较慢，工作量大，且容易出错。主要适用于常规的、少量的数据和控制信息的输入以及原始数据的录入。这种方式不适合大批中间处理性质的数据的输入。

(2) 光电设备输入。该方式是一种直接通过光电设备对实际数据进行采集，并将其转换成计算机能识别、接受的数据形式的方法，是一种既省事又安全可靠的数据输入方式。这种方法目前最常见的有条码输入、扫描仪输入、传感器输入等方式。

(3) 磁盘输入。该方式是数据输出和接收双方事先约定好待传送数据文件的标准格式，再将需要输入的数据输入到磁盘上，然后由接受数据的系统从磁盘上读入数据，完成输入。这种方式不需要增加任何设备和投入，是一种非常方便的输入数据方式，它常被用在主系统和子系统之间的数据传送上。

(4) 网络输入。该方式是利用计算机网络将一个系统的输出作为另一个系统的输入。因此，它既是一种输出信息的方式，又是一种输入数据的方式。使用网络传送数据能减少手工传送中的错误，因此能比较安全、可靠、快捷地传输数据。网络传输主要有两种形式：

①利用数字网络直接传送数据。

②利用电话网络（通过 Modem）传送数据。

3. 输入数据的校验

常用的校对方式有：

(1) 人工校对。即录入数据后再显示或打印出来，由人来进行校对。这种方法对于少量的数据或控制字符输入还可以，但对于大批量的数据输入就显得太麻烦，效率太低。

(2) 校验位校对。校验位校对常被用在对银行信用卡、存款账户、盘存物品号、客户和会员账户的检查。其含义是通过一种算法对原编码进行计算得出一个数字，然后把这个数字与原编码结合起来组成输入编码，并对输入编码按照给定的算法进行检查。具体方法已在本章代码设计一节中介绍。

(3) 二次键入校对。二次键入是指一种同一批数据两次键入系统的方法。输入后系统内部再比较这两批数据，如果完全一致则可认为输入正确；反之，则将不同部分显示出来有针对性地由人来进行校对。它是目前数据录入中心、信息中心录入数据时常用的方法。

（4）平衡校对。它是根据数据之间的平衡关系来进行数据校验。如在会计账务处理系统中，根据借贷记账法“有借必有贷，借贷必相等”的规则，来检查记账凭证中借贷双方合计金额是否相等，从而判断输入是否有错。

（5）用程序设计实现校对。对接受数据字段，若在数据库设计时已知取值区间（可允许取值的上、下限）或取值集（例如性别的取值集为男或女，产品的取值集为该单位所有产品集合……），可通过设置取值区间检验，或利用输入数据表的外键（取值集所在表的主键）进行一致性检验，对输入日期型数据，一定要进行合法性和时效性检验。

（6）相关检查校对。相关检查的含义是用事物两个或多个相关性来检查输入数据的正确与否。例如，城市与国家，城市与省，地区与邮政编码等。通过对事物相关属性进行检查，可以提高输入数据的正确性。

6.8 输出设计

输出信息的使用者是用户，输出的内容与格式等是用户最关心的问题之一，因此，在设计过程中，开发人员必须深入了解用户的需求并与用户充分协商。对输出信息的基本要求是：准确性、有效性、及时性和对用户的友好性。

1. 输出设计的内容

（1）输出信息使用情况。信息的使用者、使用目的、信息量、输出周期、有效期、保管方法和输出份数。

（2）输出信息内容。输出项目、精度、信息形式（文字、数字）。

（3）输出格式。如表格、报告、图形、图标等。

（4）输出设备和介质。设备：如打印机、显示器等；介质：如磁盘、磁带、纸张（普通、专用）等。

2. 输出方式的选择

目前信息系统主要使用的输出方式是屏幕显示和打印机打印。磁盘或磁带则往往作为一种备份（保存）数据的手段。

通常，在功能选择、查询、检索信息时，采用屏幕输出方式。用屏幕输出方式的优点是实时性强，但输出的信息不能保存。

打印机一般用于输出报表、发票等，这种方式输出的信息可以长期保存和传递。输出介质主要是各种规格的打印用纸，包括专用纸和通用纸。通用纸用于我们通常用的打印机，输出内容全部需打印。专用纸是事先印刷好的报表或票据，输出时只要打印有关的数据即可，不需打印表格框架等。

6.9 处理过程设计

处理过程设计是指确定每个模块内部的详细执行过程，包括局部数据组织、控制流、每一步的具体加工要求等。一般来说，处理过程设计需要用一种合适的方式来描述每个模块的执行过程，常用的有程序流程图、N－S 图、PAD 图和 IPO 图等。

1. 程序流程图

程序流程图（Program Flow Chart，PFC）又称框图或控制流程图，是使用最广泛的算法描述工具。PFC 包括 3 个基本成分：①处理（用矩形框表示）；②判断（用菱形框表示）；③控制流（用箭头表示）。

图 6－5 就是这 3 种成分所表示的程序基本结构，可以把它们进行组合和嵌套，建立各种复杂的框图来表示程序的复杂逻辑关系。流程图的优点是清晰易懂，便于初学者掌握。主要缺点在于它不能引导设计人员用结构化设计方法进行详细设计，人们可以使用箭头实现向任何位置的转移（如 go to 语句），如果使用不当，流程图就可能非常难懂，而且无法进行维护。因此，箭头在使用时必须十分小心。

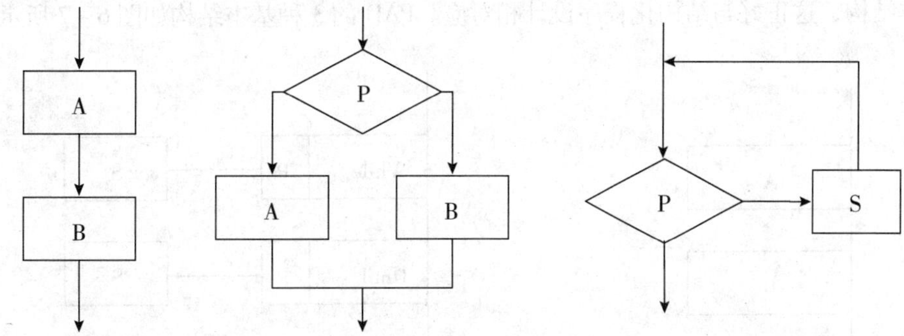

（a）顺序结构　　（b）选择结构　　（c）循环结构

图 6－5　PFC 基本结构

2. N－S 图

N－S 图是在 1973 年由美国学者 I. Nassi 和 B. Shneiderman 提出的，又称为盒图（Block Diagram）。它是结构化程序设计出现之后，为支持这种设计方法而产生的一种描述工具。用图 6－6 所示的基本结构，分别支持结构化程序设计方法的几种标准控制结构。

在 N－S 图中，每个处理步骤用一个盒子表示。盒子可以嵌套。盒子只能从上面进入，从下面走出，除此之外别无其他出入口，所以盒图限制了随意的控制转移，保证了程序的良好结构。

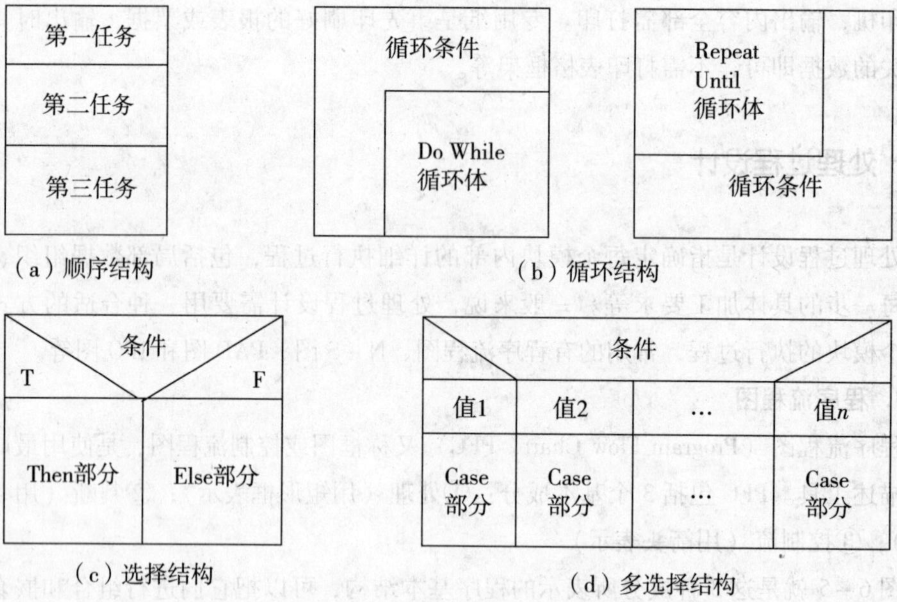

图 6－6　N－S 图基本结构

3. PAD 图

PAD 图又称问题分析图（Problem Analysis Diagram）。PAD 是由日本日立公司二村良彦等人于 1979 年提出的，是一种支持结构化程序设计的又一种图形工具。PAD 只支持 3 种基本结构，这正好与结构化程序设计相对应。PAD 的 3 种基本结构如图 6－7 所示。

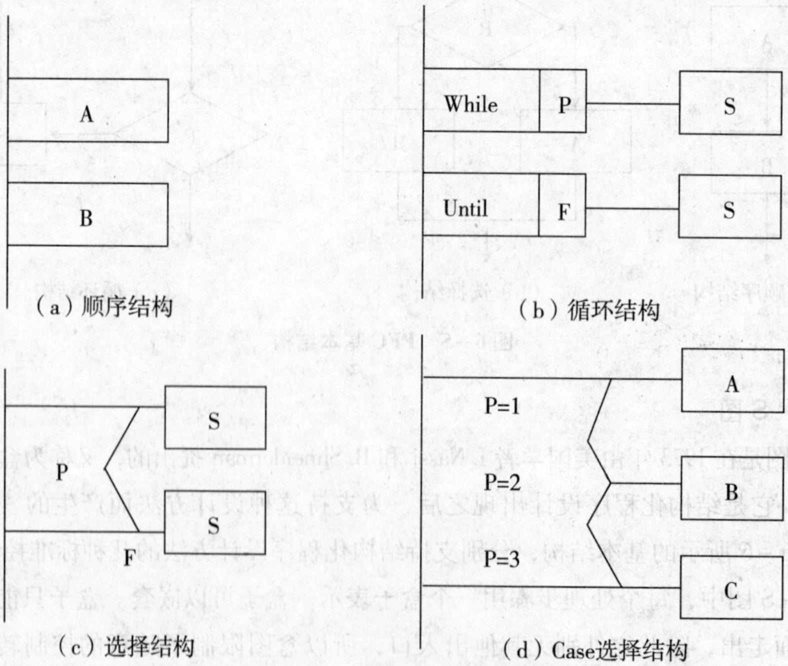

图 6－7　PAD 图基本结构

4. IPO 图

在系统的模块结构图形成过程中，产生了大量的模块，开发人员应为每一个模块写一份说明。IPO 图（Input Process Output）就是用来表达每个模块的输入、处理加工和输出的重要工具。如图 6－8～图 6－10 分别是日常处理模块、费用结算模块及辅助处理模块的 IPO 图。

IPO 图	
系统名：仓储管理信息系统	制图者：
模块名称：日常处理	日期：2008. 10
有下列模块调用：	调用下列模块：
仓储信息查询	辅助处理
输入：	输出：
入库单，出库单，客户信息，货物信息，仓库信息，仓位信息	入库数据，出库数据，货物占用仓位信息
加工处理算法：	
在进行入库、出库处理，调用辅助处理	

图 6－8　日常处理模块 IPO

IPO 图	
系统名：仓储管理信息系统	制图者：
模块名称：费用结算	日期：2008. 10
有下列模块调用：	调用下列模块：
仓储信息查询	日常处理，辅助处理
输入：	输出：
入库单，出库单，客户信息，货物占用仓位信息，合同信息	费用汇总记录
加工处理算法：	
在进行费用结算时，调用日常处理模块提供的信息，并且调用辅助处理模块中的合同信息，获得收费标准信息	

图 6－9　费用结算模块 IPO

<table>
<tr><td colspan="2">IPO 图</td></tr>
<tr><td>系统名：仓储管理信息系统</td><td>制图者：</td></tr>
<tr><td>模块名称：辅助处理</td><td>日期：2008. 10</td></tr>
<tr><td>有下列模块调用：</td><td>调用下列模块：</td></tr>
<tr><td>日常处理，费用结算</td><td></td></tr>
<tr><td>输入：</td><td>输出：</td></tr>
<tr><td></td><td>客户信息，货物信息，仓位信息，仓库信息，合同信息</td></tr>
<tr><td colspan="2">加工处理算法：</td></tr>
<tr><td colspan="2">维护系统中客户、货物、合同、仓位和仓库信息</td></tr>
</table>

图 6-10　辅助处理模块 IPO

IPO 图的主体是算法说明部分，该部分可以用程序流程图、决策树或决策表等来表示，只要能够准确、简明地描述执行细节就可以了。

6. 10　系统设计说明书

系统设计阶段的最后一项工作是将系统设计的各项成果编辑成一套完善的文档资料，即系统设计说明书。设计说明书是整个系统设计的完整描述，是系统设计的阶段性成果的具体体现，也是系统实施的最重要依据。系统设计说明书的内容包括：

（1）引言。包括①新系统的名称、目标、任务、功能；②系统设计环境；③新系统的系统设计承担者；④参考和引用资料；⑤专门术语定义。

（2）模块结构设计。包括①子系统划分及各个子系统的功能设计；②子系统的功能模块结构图；③模块设计说明书；④模块设计的说明与评价。

（3）系统配置设计。包括①系统处理方式与体系结构；②计算机系统具体硬件、软件配置及费用预算。

（4）代码设计方案。包括①代码设计的原则；②新系统使用的代码对象、名称、结构、编码方案、使用范围和期限及代码校验的设计方案；③代码设计的说明与评价。

（5）数据库设计方案。包括①数据库的概念模型设计；②数据库的逻辑设计方案；③数据库的物理设计方案；④数据库设计的说明与评价。

（6）输入设计方案。包括①输入内容设计；②输入方式与设备选择；③输入格式设计；④输入设计的说明与评价。

（7）输出设计方案。包括①输出内容设计；②输出方式与设备选择；③输出格式设计；④输出设计的说明与评价。

7 物流信息系统的实施、运行维护和评价

内容提要：

物流信息系统的实施、运行和维护是保证系统正常运行的手段。系统的运行和维护工作会随着系统的使用而持续。在系统实施、运行和维护过程中，也要进行系统的分析和评价，它是对已实施的物流信息系统的工作情况、技术性能、经济效益进行的分析和评估。通过系统评价，可以总结其优点和缺点，为系统的改善提供依据。

本章主要介绍物流信息系统的实施、运行维护和评价的内容、方式和应注意的问题。

学习要点：

通过这一章内容的学习，我们要达到这样几个目标：

（1）掌握物流信息系统实施中的系统测试和系统转换，掌握物流信息系统的评价方法。

（2）理解物流信息系统的运行和维护。

（3）了解物流信息系统实施中的程序设计和调试、数据准备和人员培训。

7.1 物流信息系统实施概述

系统的分析和设计，为系统的实施做了大量的准备工作。经过系统的分析和设计，明确了用户的需求（系统需要做什么）和物理实现方案（系统该怎么做）。当系统分析与系统设计的工作完成以后，开发人员的工作就从分析、设计和创造性思考的阶段转入全面的实现（实施）阶段。在此期间，将投入大量的人力、物力及占用较长的时间进行物理系统的实施、程序设计、程序调试、系统测试、人员培训和系统转换等一系列工作，这个过程称为系统实施。

系统实施阶段的目标和结果就是把系统设计的物理模型转换成可以实际“跑起来”的新系统，也就是把一个符合用户要求，并且可以正确运行的系统交付给用户使用。系统实施阶段既是成功地实现新系统的阶段，又是取得用户对新系统信任的关键阶段。

系统实施阶段的参加人员包括系统分析人员、设计人员、程序人员、计算机专家

等。此外，用户单位高中层管理人员、具体业务操作人员也将参与系统实施。

物流信息系统实施阶段的主要任务有：

（1）物理系统的实施。按照总体设计时提出的系统物理配置方案购置和安装计算机及网络设备，或者是改造现有的网络布局。

（2）程序设计和调试。按照系统设计编写实际的软件程序，并调试程序错误。

（3）系统测试。用软件工程的方法按照规范对系统进行严格的测试，排除错误。

（4）数据准备。收集和整理组织的原始基础数据，并按照数据库系统的要求进行格式转换。

（5）人员培训。培训系统的相关操作人员。

（6）系统转换。由原有的系统转换为新系统，并用实际数据进行试运行。

7.2 物理系统的实施

根据物流信息系统详细设计阶段提出的系统物理配置方案购置和安装计算机硬件、软件系统和通信网络系统（由于计算机硬件发展很快，总体价格呈下降趋势，如果购买的时间太早很可能会带来经济上的损失），还包括计算机机房的设施和设备安装调试等一系列活动，相关人员要熟悉计算机系统及其相关设施的性能和使用方法。

7.2.1 硬件准备

硬件包括计算机主机、输入及输出设备、存储设备、辅助设备（稳压电源、空调设备等）、网络通信设备等。硬件准备工作主要是购置、安装和调试硬件设备。所有设备的采购、运输、安装、调试都要符合设计要求。

购置和安装设备是件很简单的工作，只需按总体设计的要求和可行性报告对财力资源的分析，选择好适当的设备，通知供货厂家按要求供货并安装即可。但在购置硬件设备时，要做好验收工作，检查设备的工作状况，检测与用户使用有关的各种功能。由于计算机设备比较复杂，在验收时必须十分仔细，要有专人负责。

7.2.2 软件准备

软件包括系统软件、数据库管理系统及一些应用程序。这些软件有些需要购买，有些需要组织人力编写。首先应根据系统设计报告购置系统软件及应用程序的开发工具，并对之进行消化和二次开发，使之适应系统的要求；其次是编写和调试应用程序，以实现系统的功能；最后是测试系统，以保证系统能够完成设计功能并能正常运行。软件准备是系统实施阶段最主要的工作任务之一。

软件的购买就是根据系统分析的结果，从市场上购买符合系统开发要求和用户要求的软件。信息系统采用的数据库一般都是关系数据库。如果系统所使用的数据库要求处理的数据量非常大，并且要在Unix操作系统下使用，或者要考虑跨不同的操作系统使用，则应该考虑Oracle等大型关系数据库；如果系统所使用的数据库要求处理的数据量较大，并且要求在Windows NT/2000系列操作系统下使用，则应该考虑Oracle或者SQL Server等大型关系数据库。

7.3 程序设计和调试

程序设计是系统实施中工作量最大，耗费人力、时间最多的工作环节，程序设计的任务是依据系统设计阶段的各类分析图以及数据库结构，使用计算机语言实现系统设计中的每一个细节，也是实现开发者在系统分析和系统设计中所提出的管理方法和处理构想。

7.3.1 结构化程序设计

完成同样任务的程序可以千变万化，为了克服程序设计中的随意性，现代程序的编写都遵循“结构化程序设计”的方法。结构化程序设计的基本原则仍是“自顶向下，逐步求精”。结构化程序设计提出了3种基本的程序结构，即顺序结构、分支结构（也称选择结构）和循环结构，这3种基本结构可以组成所有的各种复杂程序。结构化程序设计的一个重要目的是使程序具有良好的结构，使程序易于编写、易于理解、易于调试修改，以提高程序设计和维护工作的效率。

1. 顺序结构

顺序结构，是按照程序语句行的自然顺序，一条语句接着一条语句的执行。顺序结构十分简单，它只是一种编写和执行程序的协议、规则，并不需要用专门的结构语句来支持。从宏观上看，任何程序都可以看做由一个个基本结构和一个个基本程序段构成的顺序结构。

2. 分支结构

在用程序解决实际问题时，常常需要对问题的结定条件做出判断，以便选择不同的解决方法，这就必须使用分支结构来编制程序。分支结构有相应的结构语句。以C或C + +为例，常用的分支结构语句有if…else语句和switch语句。

3. 循环结构

在执行循环体内的语句时，程序应当先判断是否满足执行循环体内语句的条件，如不满足则跳出循环体，如满足则继续执行循环体，循环体内的语句执行完毕之后，程序再判断是否满足执行循环体内语句的条件，如不满足则跳出循环体，如满足则继续执行循环体……如此反复。程序的递归从某种意义上来说也可看做是一种循环。循环结构有相应的结构语句。以 C + + 为例，常用的判断选择结构语句有 do…while 语句和 while 语句。

7.3.2 程序设计的标准

程序设计的标准包括以下 5 个方面：

（1）正确性。编制出来的程序能够严格按照规定的要求，准确无误地提供预期的全部信息。

（2）可理解性。程序的内容清晰、明了，便于阅读和理解。

（3）可靠性。程序应当具有较好的容错能力，不仅正常情况下正确工作，而且在异常情况下也便于处理。

（4）可维护性。程序的应变性能强。程序执行过程中发现问题或客观条件变化时，调整和修改程序比较简便易行。

（5）效率高。程序的结构严谨，运算处理速度快，节省机时。程序和数据的存储、调用安排得当，节省存储空间。

7.3.3 程序设计的步骤

程序设计应该遵循以下 6 个步骤：

（1）明确条件和要求。设计人员接到一项程序设计任务时，首先要根据系统设计及其他有关资料，弄清楚该程序设计的条件和设计要求，如硬件、软件的状况和采用的语言、编码、输入、输出、文件设置、数据处理等方面的要求，以及和其他各项程序的关系等。只有明确这些方面的情况后，才能进一步考虑程序的设计。

（2）分析数据。数据是加工处理的对象。要设计好一项程序，必须对要处理的数据进行仔细分析，弄清数据的详细内容和特点，才能进一步按照要求确定数据的数量和层次结构，安排输入、输出、存储、加工处理，以及此具体的计算方法等。

（3）确定流程。确定流程是为完成规定的任务给计算机安排的具体操作步骤，一般用统一规定的特号，把数据的输入、输出、存储、加工处理过程，绘制成程序流程图，简称框图，作为编写程序的依据。

（4）编写程序。编写程序采用一种程序设计语言，按其规定的语法规则把确定的流程描写出来。在程序的编写过程中，必须仔细考虑处理过程中的每个细小环节，严格遵守语法规则，准确地使用各种语句，才能编写符合要求的程序，稍有疏忽大意就会影响计算机的正常运行，就不能取得预期的结果。

（5）检查和调试。程序编好以后，还要经过反复仔细的检查。检查内容包括程序结构安排是否得当，语句的选用和组织是否合理，语法是否符合规定，语义是否准确等。发现问题应及时进行修改，一般程序往往要经过反复多次的检查、调试、修改后，才能通过。

(6) 编写程序使用说明书。说明执行该程序需要使用的设备，输入、输出的安排，操作的步骤，以及出现意外情况时应采取的应变措施等，以便程序运行有条不紊地进行。

7.3.4 程序调试

程序员在完成程序编写之后，要对源代码进行编译并且运行，初步检查程序实际运行结果是否与预想的运行结果一致，这样的过程叫做调试（Debug）。但是，很少有一次运行成功的，尤其是复杂的程序，包含的缺陷和错误可能更多，必须反复地检查和修改，经过多次编译和调试才能取得预期的效果。

程序的调试首先要检查程序是否有语法错误。如果程序出现语法错误，相对容易调试，因为编译不会通过，可以根据出错信息修改语法错误。但是语法无错编译能通过的程序，也可能出现逻辑错误和功能错误，如果出现逻辑错误和功能错误，调试相对复杂，要执行程序的每一个语句，反复地修改、编译、调试，找到其中的错误。

程序员在进行调试时，利用的往往是程序设计工具自带的调试器。如今的主流开发工具，如 Delphi、Visual C + +、Visual Basic、Power Builder 等，自带的调试器都提供了设置中断点、单步跟踪、变量查看、线程状态查看等强大的功能，为程序员的程序调试工作带来了很大的方便。

程序员可以在源代码可能出错的某一条语句设置了中断点。运行调试的时候，程序运行到设置了中断点的语句时会“暂停”下来，然后通过变量查看器查看某个变量的值，还可以进行单步跟踪，即逐条逐句的执行程序，通过变量查看器查看某个变量的值的变化过程。

程序调试的步骤有以下 3 步：

物流信息系统通常由若干子系统组成，每个子系统又由若干模块（程序）组成。所以，程序调试工作可分为模块调试、分调（子系统调试）和总调（系统调试）3 个步骤，如图 7 – 1 所示。

1. 模块调试

模块（程序）调试的目的是保证每个模块本身能正常运行，在该步调试中发现的问题大都是程序设计或详细设计中的错误。对于模块调试，一般分成人工走通和上机调试两步。

人工走通就是打印出源程序，然后参照设计说明书（包括程序框图）的要求把程序呈现在纸上“走”一遍。程序的错误可分成语法错误和逻辑错误两种情况，一般只要认真检查就可以发现绝大部分的语法错误和部分逻辑错误。

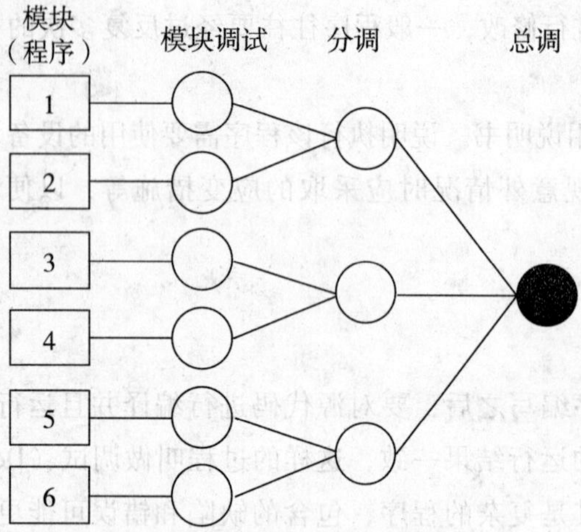

图 7－1　程序调试的步骤

上机调试是计算机进行交互调试时，每发现一个错误后要先改正错误才能继续调试，速度要明显降低。所以一开始不要就将源程序键入计算机而忙于立即执行，而应先在纸上走通。

2. 分调

分调也称子系统调试，就是把经过调试的模块放在一起形成一个子系统来调试。主要是调试各模块之间的协调和通信，即重点调试子系统内各模块的接口。将若干个模块连接成一个可运行的子系统，通常有两种方法。一种方法是“非渐增式”调试，是指先分别调试每个模块，再把所有模块按设计要求连成一起进行调试。另一种方法是“渐增式”调试，是指把下一个要调试的模块同已经调试好的那些模块结合起来进行调试，调试完成后再把下一个应该调试的模块结合进来调试，这种方式实际上同时完成了模块调试和子系统调试。

3. 总调

总调，也称系统调试，它是把经过分调后的子系统装配成一个完整的系统来调试，用以发现系统设计和程序设计中的错误，验证系统的功能是否达到设计说明书的要求。

开始总调时，可以不按完全真实情况下的数据量进行，可采用一些精心设计的数据量较少的调试用例，这样不仅可以使处理工作量大大减少，而且更容易发现错误和确定错误的所在范围。

7.4　系统测试

7.4.1　系统测试的任务

系统测试是为了发现程序中的错误而执行程序的过程。其任务是根据系统说明书、系统设计书以及系统实施方案，对程序设计的结果进行全面性检查，发现并纠正错误，使可能发生的问题和错误尽量消灭在系统运行前。需要强调的是，测试人员进行的系统测试，不等于程序员在程序编写完后进行的程序调试，系统测试是测试员将程序员编译交付的程序在实际的运行环境或模拟的运行环境中运行，进行全面细致地检查错误，程序调试是程序员在开发环境下编译程序，进行最基本的语法错误和其他错误的修正。

在信息系统的程序设计中，要想预防错误几乎是不可能的，系统测试的目的就是发现潜在的各种错误，学会测试与改错，把测试与改错工作做好。

7.4.2 系统测试的原则

系统测试时应遵守以下一些基本原则：

（1）测试用例应该由“输入数据”和“预期的输出结果”组成。即在执行程序之前应该对期望的输出有很明确的描述，测试后可将程序的输出同它仔细对照检查。若不事先确定预期的输出，很可能把似乎是正确而实际是错误的结果当成是正确结果。

（2）不仅要选用合理的输入数据进行测试，还应选用不合理的甚至错误的输入数据进行测试。许多人往往只注意前者而忽略了后一种情况，为了提高程序的可靠性，应认真组织一些异常数据进行测试，并仔细观察和分析系统的反应。

（3）除了检查程序是否做了它应该做的工作，还应检查程序是否做了它不该做的事情。例如，除了检查工资管理程序是否为每个职工正确地产生了一份工资单以外，还应检查它是否还产生了多余的工资单。

（4）应该长期保留所有的测试用例，直至该系统被废弃不用为止。在信息系统的测试中，设计测试用例是很费时的，如果将用过的例子丢弃了，以后一旦需要再测试有关的部分时（如技术鉴定系统维护等场合）就需要再花很多人力。通常，人们往往懒得再次认真地设计测试用例，因而下次测试时很少有初次那样全面。如果将所有测试用例作为系统的一部分保存下来，就可以避免这种情况的发生。

7.4.3 系统测试的步骤

测试主要分为模块测试、集成测试、系统测试和验收测试4步，每一步都是在上一步的基础上进行的。

1. 模块测试

模块测试是对单个模块进行的测试，目的是通过根据模块的功能说明，检验模块是否有错误，以保证每个模块作为一个单元能够正确运行。通常情况下模块测试的方案设计比较容易，发现的错误主要是编码和详细设计方面的错误。应该说，模块测试比系统测试更容易发现错误，能更有效地进行排错处理，是系统测试的基础。

2. 集成测试

集成测试是将经过模块测试的模块按照设计要求组装起来形成一个子系统进行测试，主要目标是发现与接口有关的问题，如数据穿过接口时可能的丢失；一个模块对另一个模块可能造成的有害影响；把子功能组合起来可能不能实现预期的主功能；个别看起来是可以接受的误差，组合起来可能积累到不能接受的程度；全程数据结构可能有错误等。

3. 系统测试

系统测试是把经过测试的子系统装配成一个完整的系统来进行测试。系统测试主要解决各子系统之间的数据通信、数据共享等问题，测试系统是否满足用户要求。在这个测试过程中，不仅要发现设计和编码的错误，还应该验证系统确实能提供的功能，全面考查系统是否达到了系统的设计目标。系统测试可以发现系统分析和设计遗留的未解决的问题。

4. 验收测试

在系统测试完成后，要进行用户的验收测试。验收测试把系统作为单一的实体进行测试，测试内容与系统测试基本一样，但是它是在用户积极参与下进行的，而且主要使用实际数据（系统将来要处理的数据）进行测试。验收测试的目的是验证系统确实能够满足用户的需求，同时考查系统的可靠性和运行效率。

7.4.4 系统测试的方法

在目前的系统测试活动中，人们使用着不同的测试，每种测试的思路和出发点不同，所具有的方法和手段也有所不同。总体来说测试包括静态测试和动态测试两种。

1. 静态测试

静态测试是通过被测程序的静态审查，发现代码中潜在的错误，它一般用人工方式脱机完成，故也称人工测试。人们往往不重视静态测试，认为只有动态测试才能找出程序中的错误，事实上这种看法是不对的。经验证明，静态测试可以找出动态测试无法查出的错误。

2. 动态测试

动态测试是通过在计算机上直接运行被测程序来发现程序中的错误。动态测试包括黑盒测试和白盒测试两种。

（1）黑盒测试。也称功能测试或数据驱动测试，将软件看成黑盒子，在完全不考虑软件的内部结构和特性的情况下，测试软件的外部特性。根据系统分析说明书设计测试用例，通过输入和输出的特性检测是否满足指定的功能。所以测试只用于程序的接口处，进行黑盒测试主要是为了发现以下几类错误：

①是否有错误的功能或遗漏的功能？

②界面是否有误？输入是否能够正确接受？输出是否正确？

③是否有数据结构或外部数据库访问错误？

④性能是否能够接受？

⑤是否有初始化或终止性错误？

（2）白盒测试。也称结构测试或逻辑驱动测试。将软件看成透明的白盒。根据程序的内部结构和逻辑来设计测试用例，对程序的路径和过程进行测试，检查是否满足设计的需要。其原则是：

①程序模块中的所有独立路径至少执行一次。

②在所有的逻辑判断中，取“真”和取“假”的两种情况至少都能执行一次。

③每个循环都应在边界条件和一般条件下各执行一次。

④测试程序内部数据结构的有效性等。

由于信息系统的构成可能比较复杂，所涉及的问题比较多，为了保证整个开发任务的按期完成，测试工作不一定只在测试阶段才进行，能提前的尽量提前进行。而且可按功能分别进行。例如，硬件、网络等设备到货后应进行初验，安装后再进行详细的测试，最后结合应用软件等对整个信息系统进行测试。

7.4.5 系统测试用例设计

设计测试用例的目的是为了避免测试用例选择的盲目性，选择测试用例时应本着选择尽可能少的测试用例发现尽可能多的错误的原则。几种主要的测试用例设计技术如下：

1. 逻辑覆盖法

逻辑覆盖法属于白盒测试方法，是从程序内部的逻辑结构出发选择测试用例。这种测试方法要求测试用例设计人员对程序的逻辑结构十分清楚。由于无法测试软件中的所有路径，所以应采用逐级覆盖的方法，覆盖级别由低到高依次为语句覆盖、判定覆盖、条件覆盖、判定—条件覆盖、路径覆盖5种情况。

（1）语句覆盖：设计测试用例，使程序中的每个语句至少执行一次。

（2）判定覆盖：设计测试用例，使程序中的每个判定取真值分支和取假值分支至少经历一次，即使得每个判断获得各种可能的结果。

（3）条件覆盖：设计测试用例，使每个判断中的每个条件的可能取值至少满足一次。

（4）判定—条件覆盖：设计测试用例，使得判断中的每个条件的所有可能取值至少出现一次，并且使每个判断本身的判定结果也至少出现一次。

（5）路径覆盖：设计测试用例，以覆盖程序中所有可能的路径。

2. 等价类划分方法

等价类划分方法属于黑盒测试方法，在完全不考虑程序内部结构的情况下，只根据程序的规格说明设计测试用例。它把程序的输入范围划分为若干部分，然后从每一部分中选取少且具有代表性的数据作为测试用例。

3. 边值分析法

边值分析法属于黑盒测试方法，它主要是针对容易发生错误的区域（如下标，数据结构循环变量的最大值、最小值等）设计测试用例，从而提高软件测试发现错误的概率。

4. 错误猜测法

错误猜测法没有固定的原则，主要是列举出程序中可能有的错误和容易发生错误的情况，并据此选择测试用例。

5. 综合测试方法

综合测试方法就是为了弥补以上各种方法的不足而采用的一种方法。

7.5 数据准备

组织机构中有很多基础数据，如制造企业中的产品结构、工艺文件、定额、执行标准计划指标体系、各种物料、设备、财务、人员、供应商、客户信息等，其中有相当一部分属于相对稳定的固定信息。如果作为用户单位事先没有建立任何相关的计算机信息系统，这些信息是保存在纸张介质上的；如果用户单位事先建立了相关的物流信息系统，那么它们是保存在计算机的外存（主要是硬盘）当中。这些存储实体的代码、存储信息的数据模型以及所用的数据库管理系统，在系统分析和设计时都已确定。在实施阶段，应该按照数据模型在计算机内建立数据库结构，整理和输入基础数据，以备新系统运行时使用。

系统需要的基础数据可能残缺不全，有些数据可能不准确，这些问题常见于手工系统中，如果这些相关的基础数据缺失或不准确，可能导致新系统日后无法运行甚至使新系统日后运行时候发生错误。这就必须花大力气进行补充、整理和校验，力求完整和准确，避免“垃圾进，垃圾出”的现象，为这些基础数据输入新系统做好准备。

因为计算机只能对规范的数据按照既定的流程进行处理。规范的数据要求数据标准化，既定的流程要求流程标准化。所以要充分发挥物流信息系统的作用，就要尽可能地做到信息的标准化和流程的标准化。其中，信息的标准化又分为指标体系的标准化和代码的标准化。

7.6 人员培训

系统投入运行后，需要很多人参与其中的工作，如录入人员、管理人员、业务人员等，他们将承担系统中人工过程的处理和计算机的操作工作。为了保证系统的调试和运行的顺利进行，应根据他们的基础，提前对他们进行培训，使他们了解和掌握新的处理步骤和操作方法。

人员培训的过程实质上也是考验和检查系统结构、硬件设备及应用程序的过程。通过人员培训，通过操作人员对系统的不断了解和认识，可将发现的问题及时通报给开发人员，开发人员再对系统进行及时的改进和完善，将有利于系统目标的实现。

需要培训的人员主要有以下 3 种：

（1）事务管理人员。新系统能否顺利运行并获得预期目标，在很大程度上与这些第一线的事务管理人员（或主管人员）有关系。因此，可以通过讲座、报告会的形式，向他们说明新系统的目标、功能、结构及运行过程，以及对企业组织机构、工作方式等产生的影响。对事务管理人员进行培训时，必须做到通俗、具体、尽量不采用与实际业务领域无关的计算机专业术语。如可以就他们最关心的以下问题展开对话：

①计算机管理信息系统能为我们干些什么。

②采用新系统后，我们和我们的职工必须学会什么新技术。

③采用新系统后，我们的机构和人员将发生什么变动。

④今后如何衡量我们的任务完成情况。

（2）系统操作人员。系统操作人员是管理信息系统的直接使用者，统计资料表明，管理信息系统在运行期间发生的故障大多数是由于使用方法错误而造成的。

对系统操作人员的培训应该提供比较充分的时间，除了学习必要的计算机硬、软件知识，以及键盘指法、汉字输入等训练以外，还必须向他们传授新系统的工作原理、使用方法，简单的出错处置等知识。一般来说，在系统开发阶段就可以让系统操作人员一起参加。

（3）系统维护人员。对于系统维护人员来说，要求具有一定的计算机硬、软件知识，并对新系统的原理和维护知识有较深刻的理解，在较大的企业和部门中，系统维护人员一般由计算机中心和计算机室的计算机专业技术人员担任。

如果有条件，应该请系统维护人员和系统操作人员，或其他今后与新系统有直接接触的人员，参加一个或几个确定新系统开发方案的讨论会，因为他们今后的工作将与新系统有直接联系，参加这样的会议，有助于他们了解整个系统的全貌，并将给他们打好今后工作的基础。

7.7 系统转换

新系统通过测试以后，并不能立即投入正常运行，还存在一个新老系统的交替问题。系统转换就是新系统替换老系统，即老系统停止使用、新系统开始运行的过程。系统转换的任务就是保证新老系统进行平稳而可靠的交接，最后使整个新系统正式交付使用。系统的转换需要系统开发人员、系统操作员、用户单位的领导以及用户共同完成，这是系统开发周期中动用人力、物力最多的一个步骤。

系统转换有3种方式：直接转换、并行转换和分段转换，如图7－2所示。

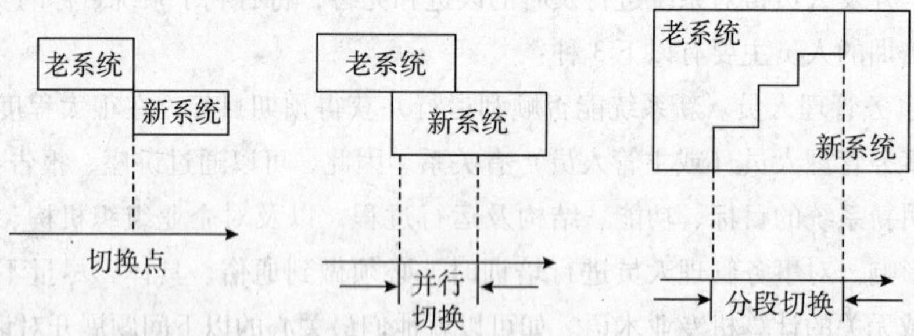

（a）直接转换　（b）并行转换　（c）分段转换

图7－2　系统转换的3种方式

1. 直接转换

直接转换指在确定新系统试运行准确无误后，确定一个时刻，停止老系统的运行，并用新系统取代它投入正常运行。这种方式转换过程简单快捷，费用低，但风险很大。一旦新系统发生严重错误而不能正常运行，将导致业务工作的混乱，造成巨大的损失。因此，必须采取一定的预防性措施，充分做好各种准备，制订严密的转换计划。这种切换方式仅适用于小型物流信息系统的转换，如图7－2（a）所示。

2. 并行转换

并行转换指完成系统测试后，一方面原系统继续运行，另一方面新系统同时投入运行，通过新老系统并行工作一段时间后，再停止老系统的工作，让新系统单独运行。这种方式安全保险，但费用高。转换过程中需要投入两倍的工作量，不过用户可以通过新老系统平行运行的过程，熟悉新系统，确保业务工作平稳有序。这种切换方式适用于一些核心系统的转换过程，如图7－2（b）所示。

3. 分段转换

分段转换也叫逐步转换，指在新系统投入正常运行前，将新系统分阶段、分批逐步代替老系统的各部分，最后完全取代老系统。这种方式实际上是上述两种方式的折中方案，既可以保证切换过程的平稳和安全，减少风险，又可以避免较高的费用，但也存在新老系统对应部分的衔接不平滑问题。大多数的管理信息系统的切换采用这种方式，如图7-2（c）所示。

上述第一种方式简单，但风险大，如果新系统运行不起来，就会给工作造成混乱，这只在系统小，且不重要或时间要求不高的情况下采用。第二种方式无论从工作安全上，还是从心理状态上均是较好的。这种方式的缺点就是费用大，所以当系统太大时，费用开销更大。第三种方式是为克服第二种方式缺点的混合方式，因而在较大系统使用较合适，当系统较小时不如用第二种方式方便。

7.8 物流信息系统的运行和维护

物流信息系统在完成系统实施，投入正常运行后，就进入了系统运行与维护阶段。信息系统不同与其他产品，它不是“一劳永逸”的最终产品。一般而言，物流信息系统的使用寿命短则4~5年，长则10年以上，系统的运行和维护有着重大的意义和作用。因此，为了使物流信息系统长期高效地工作，必须大力加强对系统运行维护工作的管理。

7.8.1 日常运行管理

物流信息系统的日常运行管理绝不仅仅是机房环境和设施的管理，更主要的是对系统每天的运行状况、数据输入和输出情况以及系统的安全性与完备性及时如实地进行记录和处置。日常运行管理这项工作主要由物流信息系统运行值班人员来完成。

1. 物流信息系统的日常运行管理

物流信息系统的日常运行管理绝不仅仅是机房环境和设施的管理，更主要的是对系统每天的运行状况、数据输入和输出情况以及系统的安全性与完备性，及时如实记录和处置。日常运行管理工作主要由系统运行值班人员完成。这项管理包括数据收集、整理、录入及处理结果的整理与分发，还包括硬件的简单维护及设施管理。

2. 系统运行管理制度

为了保证信息系统的正常运行，必须建立健全的系统运行管理规章制度，包括以下一些内容：

（1）系统安全制度。包括系统的电源供电安全、系统设备防盗措施、防雷电措施、防尘措施、防震措施、防数据损毁措施、设备故障的应急措施等。

（2）系统定期维护制度。包括定期的数据备份清理、定期的设备维护、定期的消耗材料补充、定期的室外及室内网络线路抢修、定期的系统功能评价等。

（3）系统运行操作规程。包括系统的启动关闭规程、数据的维护规程、数据的备份规程、数据的输出规程等。

（4）用户使用规程。包括用户输入操作子系统的范围、输入操作的时间、输入操作数据的顺序等。

（5）系统信息的安全保密制度。包括入网登记、身份核对、调用资源的限定时间和内容、文件的报送范围、过期报表的销毁等。

（6）系统修改规程。包括系统修改的时间、周期、范围、程序、记录、责任人等。

（7）系统运行日志及填写规定。系统运行过程记录，包括每天的系统启动时间、调用的系统软件、数据库使用、各设备的运行状况等。

3. 系统运行情况的记录

系统运行情况的记录是从每天计算机的打开、应用系统的进入、功能项的选择与执行，到数据备份、存档、关机等，都要依据系统软、硬件及数据等的运作情况作记录。

运行情况的记录对系统问题的分析与解决有重要的参考价值。运行情况有正常、不正常与无法运行等，后两种情况应将所见的现象、发生的时间及可能的原因作尽量详细地记录。

由于该项工作较烦琐，在实际上往往会流于形式。因此，一般应在系统中设置自动记录功能。而作为一种责任与制度，对一些重要的运行情况及所遇到的问题仍应作书面记录。

对系统运行情况的记录应事先制定尽可能详细的规章制度，并由运行管理人员具体负责。对系统的运行情况所作的记录，应作为系统文档长期保存，以备系统维护时参考。

7.8.2 系统维护的定义

系统维护是对系统使用过程中发现的问题进行处理的过程，也是系统完善的过程。

交付使用的信息系统需要在使用中不断完善。即使精心设计、精心实施、经过调试的系统，也难免有不尽如人意的地方，或者效率还需提高，或者使用不够方便，或者还有错误，这些问题只有在实践中才能暴露。另外，随着管理环境的变化，会对信息系统提出新的要求。信息系统只有适应这些要求才能生存下去。因此，系统的维护是系统生存的重要条件。据专家们估计，世界上有90%的软件人员从事系统的修改和维护工作，只有10%的人从事新系统的研制工作。在信息系统开发的全部费用中，研制费用只占其中的20%，而运行和维护费用却占90%。这几个估计数字充分说明系统维护工作是多么重要，又是多么艰巨。因此，不能重开发、轻维护。

7.8.3 系统维护的类型

物流信息系统按照维护对象的不同，可以分为以下4种类型：

1. 硬件维护

硬件维护包括专职的硬件人员对系统设备日常的保养性维护和对突发性故障进行的维护。随着系统的运行，系统内的硬件设备会出现一些故障，需要及时进行维修或更换。当系统功能扩大后，原有的设备不能满足要求时，就需要增置或更新设备。所有这些工作都属于硬件的维护任务。硬件人员应加强设备的保养以及定期检修，并做好检验记录和故障登记工作。

2. 软件维护

软件维护就是在软件已经交付使用之后，为了改正错误或满足新的需要而修改软件的过程。其目的是保证软件系统能持续地与用户环境、数据处理操作、政府或其他有关部门的请求取得协调一致。

软件维护工作包括以下几种情况：

（1）纠错性维护。由于物流信息系统测试不可能发现系统存在的所有错误，系统内隐藏的错误就有可能在系统投入运行后频繁的实际应用过程中暴露出来。诊断和修正系统中遗留的错误就是纠错性维护。如溢出现象时常发生，需要及时对程序进行纠错处理。

（2）适应性维护。适应性维护是为了使物流信息系统适应环境的变化而进行的维护工作。主要有两方面的原因：一方面，硬件的更新周期越来越短，新的操作系统和原来操作系统的新版本不断推出，外围设备和其他系统部件经常有所增加和修改；另一方面，物流信息系统的使用寿命超过了开发时应用环境的寿命，即应用对象也在不断发生变化，机构的调整、管理体制的改变、数据与信息需求的变更等都将导致系统不能适应新的应用环境。因此，为了适应新的硬件、软件和外界环境的变化，物流信息系统必须进行适应性地维护修改，提高系统的性能和运行效率。比如，计算机系统配置发生变化，就很可能需要对应用软件进行移植性维护。

（3）完善性维护。在物流信息系统的使用过程中，用户往往要求扩充原有系统的功能，增加一些软件需求规范书中没有规定的功能与性能特征，以及改进处理效率和编写程序。例如，用户会要求系统将几个小程序合并成一个单一的、运行良好的程序，从而提高处理效率；增加数据输出的图形方式；增加联机在线帮助功能；调整用户界面等。

（4）预防性维护。物流信息系统维护工作不应总是被动地等待用户提出要求后才进行，应进行主动的预防性维护，即选择那些还有较长使用寿命、目前尚能正常运行、可能将要发生变化或调整的系统进行维护，目的是通过预防性维护为未来的发展与调整奠定更好的基础。

3. 数据维护

数据维护工作一般由数据库管理员来负责，管理员主要负责数据库的安全性和完整性以及对其进行并发性控制。用户在向数据库管理员提出数据操作请求时，数据库管理员要负责审核用户身份，定义其操作权限，并负责监督用户的各项操作。同时，数据库管理员还要负责维护数据库中的数据，当数据库中的数据类型、长度等发生变化，或者需要添加某个数据项时，负责修改相关的数据库、数据字典，并通知有关人员。另外，数据库管理员还要负责定期书写数据字典文件及一些其他的数据管理文件，以保留系统开发和运行的轨迹，当系统出现硬件故障后要负责数据库的恢复工作。

4. 代码维护

随着环境的变化，当有必要重新设计、添加、删除、修改代码时，企业应由代码管理部门讨论新的代码系统，确定之后以书面方式提交然后再贯彻执行。代码维护困难不在于代码本身的变更，而在于新代码的贯彻。因此，除了代码管理部门外，各业务部门都要指定负责代码管理人员，通过他们贯彻使用新代码。

7.8.4 系统维护的步骤

1. 提出修改要求

由系统操作人员或某业务部门的负责人根据系统运行中发现的问题，向系统主管领导提出具体项目工作的修改申请。申请形式可以是书面报告，也可以填写专门的申请表。这里应注意，修改要求不能直接向程序员提出。

2. 报送领导批准

由系统主管人员负责审批并报领导批准。系统主管人员在进行一定的调查后，根据系统目前的运行情况和工作人员的工作情况，考虑这种修改是否必要、是否可行，并做出是否进行及何时进行修改的明确批复。

3. 分配维护任务

维护工作得到领导批准后，系统主管人员就可以向程序人员或系统硬件人员下达维护任务，并制订出维护工作的计划，明确要求完成期限和复审标准等。

4. 实施维护内容

程序人员和系统硬件人员接到维护任务后，按照维护的工作计划和要求，在规定的期限内实施维护工作。完成维护任务后，要编写系统维护工程完成报告，并上交系统主管人员。

5. 验收工作成果

由系统主管人员对修改部分进行测试和验收。若通过，由验收小组写出验收报告，并将该修改的部分嵌入到系统中，取代原来相应的部分。

6. 登记修改情况

登记所做的修改，并作为新的版本通报用户和操作人员，说明新的功能和修改的地方，使他们尽快地熟悉并使用好修改后的系统。

7.9 物流信息系统的评价

物流信息系统投入运行后，如何分析其工作质量？如何对其带来的效益和所花成本的投入产出进行分析？如何分析一个信息系统对信息资源的利用程度？如何分析一个信息系统对组织内各部分的影响？这是评价体系所要解决的问题。要在平时运行管理工作的基础上，定期地对其运行状况进行集中评价。进行这项工作的目的是通过对新系统运行过程和绩效的审查，检查新系统是达到预期目的，指出系统改进和扩展的方向。

系统评价是对整个物流信息系统的综合性能进行评价。评价将检验新系统是否满足组织的需求、是否符合用户的要求以及是否能达到预期的收益。系统评价不仅在选择具体实施方案之前要进行评价，而且还要对实施过程中的方案进行跟踪评价，对实施完成后的整个系统进行评价以及对已投入运行的系统进行运行现状评价。

7.9.1 系统评价的内容

对信息系统的评价主要从技术与经济两方面进行评价。

1. 技术上的评价

对信息系统技术性能评价的具体内容包括：

（1）系统的总体技术水平。主要指系统的总体结构、网络的规模与结构、所采用的技术的先进性与实用性以及系统的开放性与集成程度等。

（2）系统功能的范围与层次。包括系统对各管理层次及各职能部门的业务处理的支持程度，满足用户要求的程度。

（3）信息资源开发与利用的范围与深度。包括是否通过信息集成及功能集成实现业务流程的优化，人、财、物等资源的合理使用，对企业内、外部信息的利用率。

（4）系统的质量。包括系统的可使用性、正确性、可扩充性、可维护性及可靠性等。

（5）系统的安全与保密性。是指业务数据是否会被破坏或泄露，数据使用权限是否得到保证。

（6）系统文档的完备性。包括系统开发的整个过程中所产生的各种技术文档、管理文档和记录文档等是否完备，并按照指定的文档标准与规范进行编写。

2. 经济上的评价

对系统经济上的评价分为直接经济效益评价和间接经济效益评价。

（1）直接经济效益评价。具体是指对系统的投资额、系统运行费用、效益及系统的投资回收期的评价。

（2）间接经济效益评价。间接经济效益是通过改变组织结构及运作方式，提高人员素质等途径，促使成本下降、利润增加而间接获得的效益。具体包括对组织变革的推动、企业形象的改善、员工素质的提高、业务重组及管理流程优化及制造资源的合理利用等。

信息系统的评价工作由系统开发人员、系统管理与维护人员、系统用户、用户单位领导及系统外专家等共同参与，评价的方式可以是鉴定或评审等，评价的结论以书面的评价报告或评价意见等提出。

7.9.2 系统评价的指标

评价指标分为技术指标、直接经济效益指标和间接经济效益指标。

1. 技术指标

（1）信息系统输出的准确性、完整性和实时性。

（2）用户的满意度。

（3）系统的可靠性和可维护性。

（4）系统控制和安全性措施。

（5）硬件的效率和平台的性能。

（6）数据库执行的效率。

（7）文档说明的完整性和质量等。

2. 直接经济效益指标

（1）系统投资额。包括系统开发过程中企业所投入的所有费用。

（2）系统运行费用。包括系统正常运行时所使用的各种耗材的费用、维护费用、折旧费和系统管理人员费用。

（3）系统运行新增加的效益。包括由于新系统的运行所导致的成本降低、库存积压减少、流动资金周转加快与占用额较少、销售利润增加以及人力的减少等带来的效益的增加。

（4）投资回收期。通过新增效益，逐步收回投入的资金所需的时间。

3. 间接经济效益指标

（1）组织形象的改观和员工素质的提高。

（2）组织的体制，组织机构的改革与管理流程的优化。

（3）组织各部门间和人员间协作精神的加强。

（4）基础数据的规范与及时充分利用的效果。

7.9.3 系统评价的方法

1. 定性方法

定性方法主要包括：

（1）结果观察法。完全通过观察对系统的效果进行评价；

（2）模拟法。采用人工或计算机做定性的模拟计算，估计实际效果。

（3）对比法。与基本相同的系统进行对比，得出大概的结果。

2. 定量方法

定量方法主要有：专家打分法、德尔菲法、层次分析法等。

（1）专家打分法。专家不但可以为指标的优劣程度打分，还可以确定指标的权重。例如：规定指标权重的取值范围在1~10，则专家根据自身的知识和丰富的经验来给每个指标的权重进行打分，指标在整个指标体系中的重要性越大，权重的取值越大，但不能超过10；反之，指标的重要性越小，权重的取值越小，但不能低于1。

（2）德尔菲法。德尔菲法主要的优点是简明直观，避免了因专家的主观因素对指标的判断有所偏斜。德尔菲法是请一批有经验的专家对如何确定各目标权重发表意见，然后用统计平均方法估算出各指标的权重。

（3）层次分析法。层次分析法的做法是通过两两指标进行比较的方式确定系统内各指标的相对重要性，然后综合人的判断以确定各指标相对重要性的总排序。层次分析法给解决那些难以定量描述的指标评判带来了很大的方便。

第3篇

环　境　篇

8 物流信息系统开发环境

内容提要：

物流信息系统的开发环境和开发工具很多，可根据系统运行的实际需要和开发者熟悉的开发环境灵活选择。

本章主要介绍了物流信息系统的开发环境，并主要介绍了 VB、Delphi 和其他主流 Web 编程技术 JSP、.NET 和 PHP 开发环境。

学习要点：

通过这一章内容的学习，我们要达到这样几个目标：

（1）掌握至少一种物流信息系统的开发环境。

（2）理解 VB、Delphi 开发环境的一般介绍。

（3）了解 Web 编程技术 JSP、.NET 和 PHP 开发环境。

8.1 VB 的简单介绍

随着数据库的应用开发，Visual Basic 成为很多程序员的首选编程语言，因为 Visual Basic 易学、易于调试，可以迅速地建立复杂的应用程序。此外，Visual Basic 中内置了许多用于开发数据库应用程序的专业化支持程序。程序员使用 Visual Basic 不仅可以开发传统的面向表格的数据应用程序，还可以开发应用于 Web Server 的后台数据库。

VB 开发环境提供了强大的功能，而且易于使用，在正式开发一个程序前，先来了解一下 VB 开发环境的构成。

启动 VB 后，出现"新建工程"对话框，如图 8－1 所示。通过该对话框可以以不同的方式建立一个新的工程。在"新建"选项卡中可以建立一个新的工程，在"现存"选项卡中可以打开原来已有的工程，在"最新"选项卡中可以打开最近建立或使用过的程序。

在"新建"选项卡中选择"标准 EXE"选项，然后单击"打开"按钮，就可以看到 VB 集成开发环境的主界面。VB 6.0 集成开发环境除了具有 Windows 环境的标题栏、菜单栏、工具栏外，还有工具箱、工程管理窗口、属性窗口、窗体设计器、"立即"窗口、"窗体布局"窗口及代码设计窗口等，如图 8－2 所示。本节主要介绍工具箱、属性窗口、窗体设计器、“立即窗口”、“窗体布局”窗口及代码设计窗口等 VB 中特有的工具。

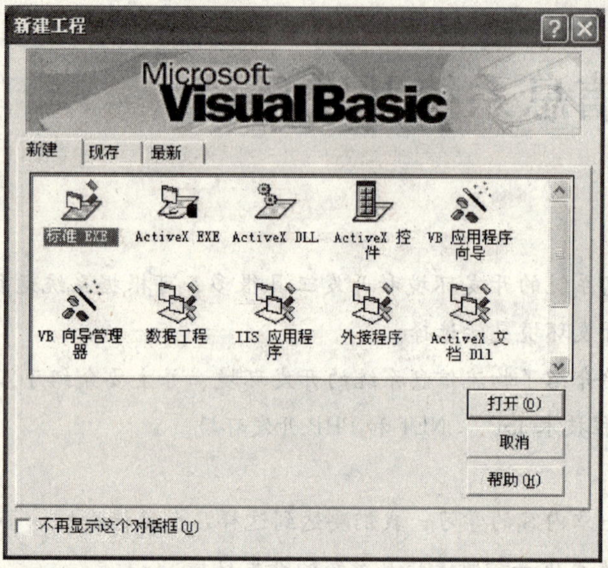

图 8－1 “新建工程”对话框

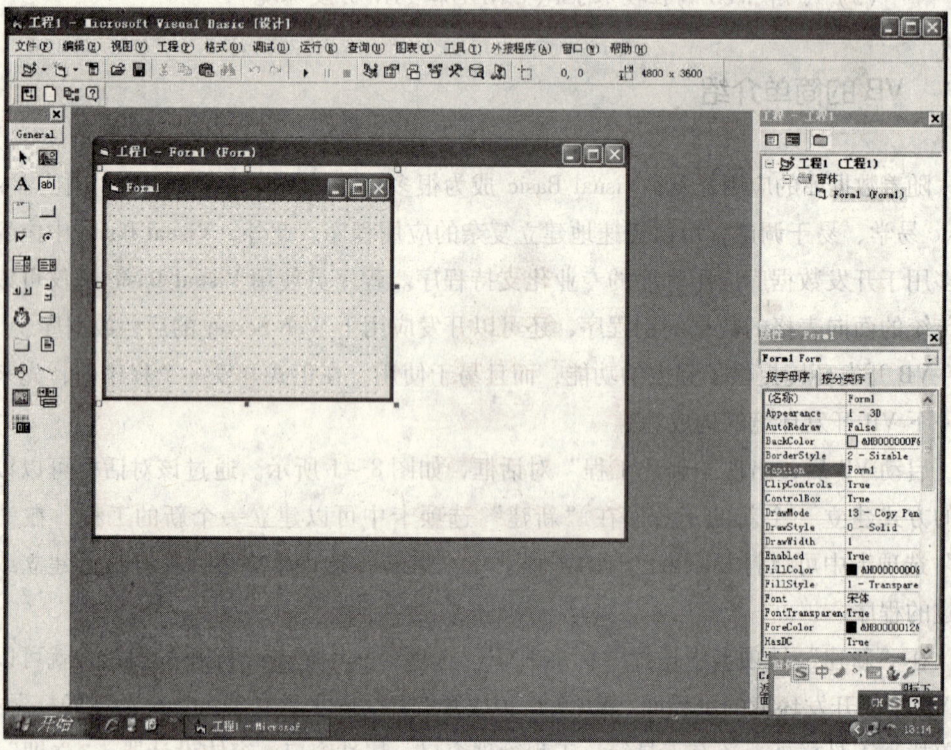

图 8－2 VB 集成开发环境主界面

8.1.1 控件工具箱

控件工具箱中的每个图标代表一个控件，每个控件都是已经定义好的对象，具有完整的属性、事件和方法。可以通过选择“视图”|“工具箱”命令显示如图8-3所示的工具箱窗口。

进入VB时，首先可看见一个默认的工具箱，里面的控件较少，用户可以根据应用程序开发的需要添加所需的控件。具体方法是：在工具箱的空白处右击，在弹出的快捷菜单中选择“部件”命令，弹出如图8-4所示的“部件”对话框。在“部件”对话框中选择想要的组件后，单击“确定”按钮，就可将所选择的控件添加到控件工具箱当中。

图8-3 工具箱

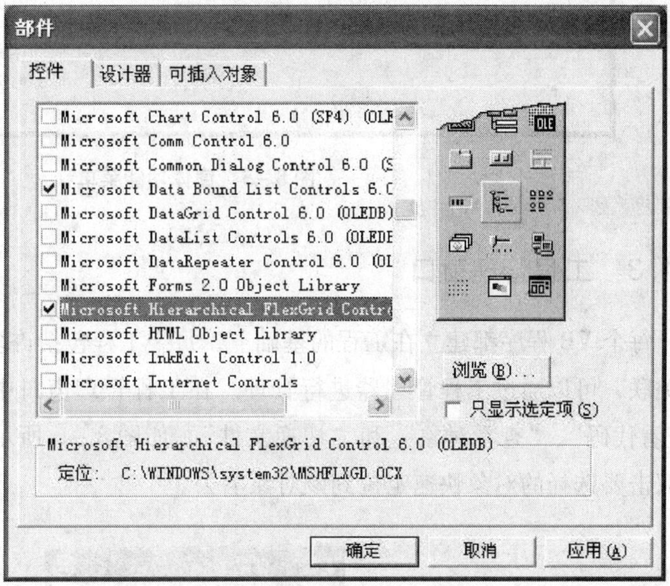

图8-4 “部件”对话框

8.1.2 窗体设计器

VB启动的时候都会自动打开一个窗体，在窗体窗口中用户可以改变窗体的大小，向窗体中添加应用程序所需要的控件。利用在窗体上右击弹出的快捷菜单，可以切换到代码窗口、菜单编辑器、属性窗口，还可以锁定控件和粘贴控件，如图8-5所示。选择快捷菜单中的“添加窗口”命令，可以向工程中添加一个窗体。

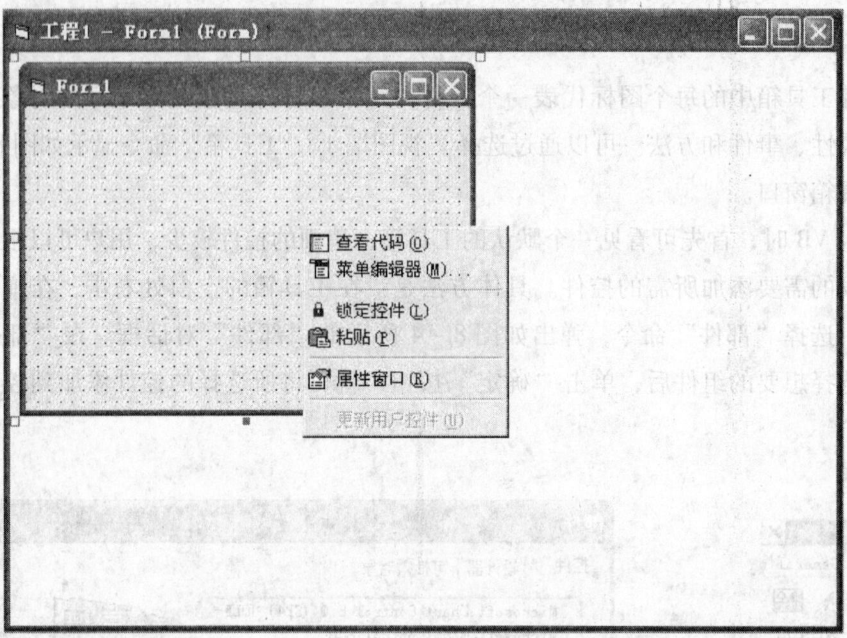

图 8-5　窗体功能菜单

8.1.3　工程管理窗口

每个 VB 程序都建立在工程的基础上，每个工程包括许多不同的文件，这些文件相互关联，可以通过工程管理器进行管理。在工程管理窗口中上方有 3 个按钮，分别为“查看代码”、“查看对象”和“切换文件”，如图 8-6 所示。在工程窗口中也可以通过双击要选择的对象快速定位到该对象上去。

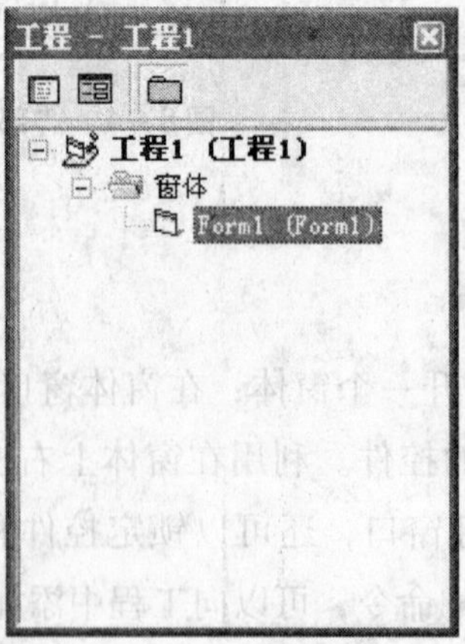

图 8-6　工程管理窗口

8.1.4 属性窗口

属性窗口用来显示所选择对象的属性，在设计程序时，可以通过修改这些属性设计对象的外观和数据，这些属性值将是程序运行对象的初始值。属性窗口提供了两种属性的排列方式，分别是“按字母序”和“按分类序”，如图 8－7 和图 8－8 所示。

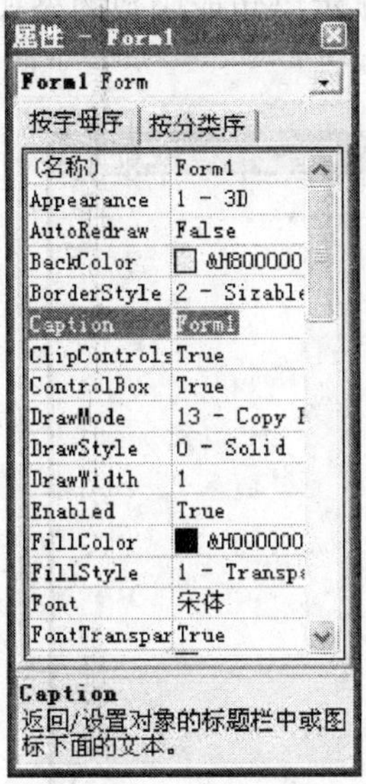

图 8－7 按字母序排列方式

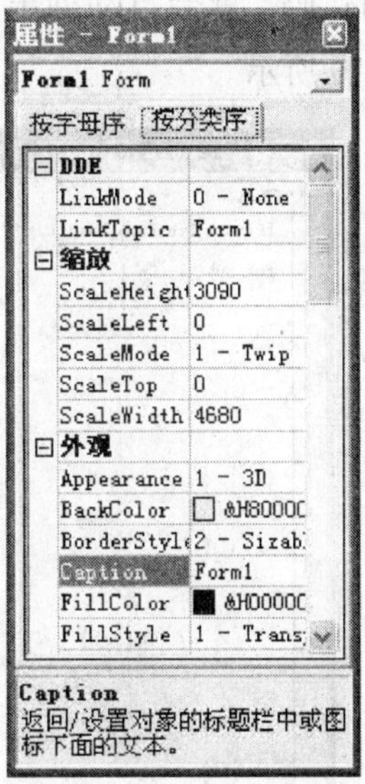

图 8－8 按分类序排列方式

8.1.5 “窗体布局”窗口

“窗体布局”窗口如图 8－9 所示，在其中有一个表示屏幕的小图像，通过拖动该图像，可以定位程序运行时窗体的位置。也可以通过其快捷菜单设置窗体的位置。

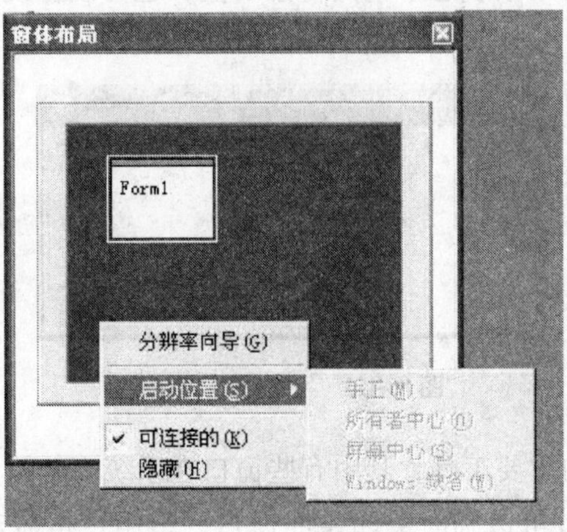

图 8－9 “窗体布局”窗口

8.1.6 代码设计窗口

代码设计窗口用来编写通过过程和事件的过程。双击窗体或控件的任何地方，可以进入相应控件的默认事件编程窗口。代码设计窗口主要由对象下拉列表框和代码区组成。在下拉列表框中有利益选择对象和对象的事件，VB 会自动生成该事件的声明。在代码区编辑代码，就会自动列出成员特性，自动显示语句或函数的格式。代码设计窗口如图 8－10 所示。

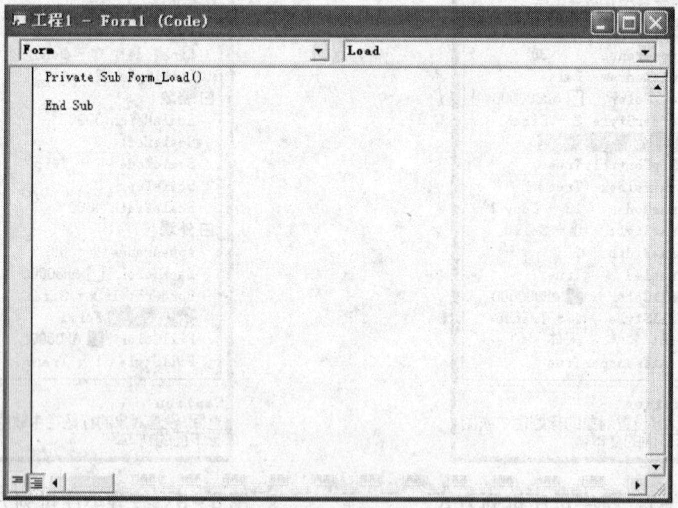

图 8－10　代码设计窗口

8.1.7 “立即”窗口

“立即”窗口如图 8－11 所示，主要用于测试和调试程序，用户可以通过选择“视图”|“立即”窗口可以在中断状态下查询对象的值，也可以在设计时查询表达式的值或命令的结果。

图 8－11　“立即”窗口

以上介绍了 VB 中的主要工具，其中有些窗口在系统启动时是默认的，有些在启动时并不显示，另外用户也可以临时关闭一些窗口。当用户想显示某个窗口时，可以通过“视图”菜单调出相应的窗口。

8.2 Delphi 的简单介绍

Delphi7 的推出是 Borland 发展的一个里程碑。它强大的数据库功能、丰富多彩的网络程序开发能力、令人震撼的跨平台开发和支持 .NET 以及 ONE 平台的特性使该版 Delphi 迅速成为令人瞩目的开发平台。

Delphi7 是 Borland 公司新推出的 Windows 程序开发工具。用户所关心的，是它有什么新的功能以及它的功能强大在何处。在本小节中，将会一一为大家展示其强大的功能。

启动 Delphi 后，将会立刻看到 Delphi 的集成开发环境（Integrated Development Environment，IDE），如图 8－12 所示。这个环境将提供所有设计、开发、测试、调试、配置应用程序所用的工具。

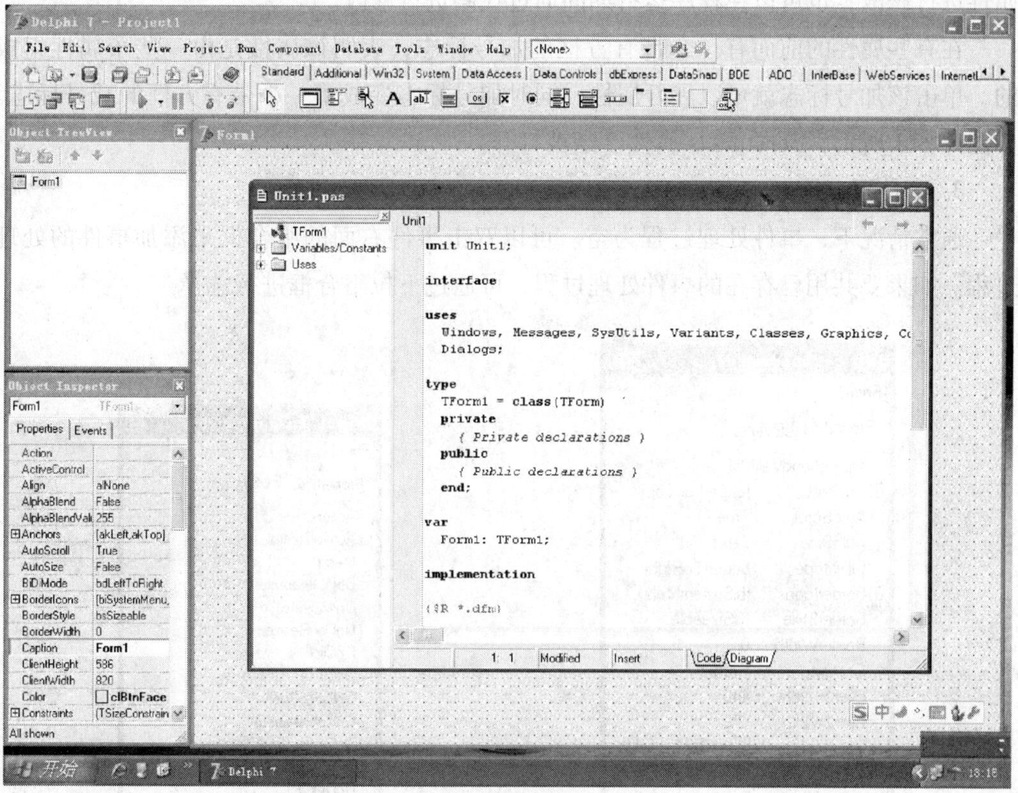

图 8－12　Delphi 的集成开发环境

IDE 包括对象查看器（Object Inspector）、对象树状浏览器（Object Tree View）、组件面板（Component Palette）、工程管理器（Project Manager）、代码编辑器（Code Editor）和调试工具。

IDE 在从设计到开发产品的整个阶段都提供支持。用 IDE 中的工具可以使开发快速原型化并缩短开发时间。

8.2.1　对象查看器

对象查看器的功能是实现对象（尤其是组建）的属性设置，创建事件处理过程并进行管理。对象查看器分为下面的三个部分：

1. 对象列表（Instance List Box）

对象列表是一个组合框，包含了当前窗体上的所有组件。

有时一些组件因为太小或没有明显的标志，利用鼠标单击不容易选中，这时可以利用对象列表组合框来选择该组件。

2. 属性页

属性页中列举了当前被选中的对象的属性。可以在程序设计的过程中直接对这些属性进行修改，也可以在程序运行期间通过代码进行修改。

在有些属性的前面有一个带有方框的加号标志，表明该属性是由一些子属性组成的。单击该加号标志就可以展开属性，同时加号标志变成了一个带有方框的减号标志。如图 8 – 13 所示，Constraints 属性已经被打开。

3. 事件页（Event）

通常情况下，事件处理过程为空。可以双击事件右面的组合框来添加事件的处理过程。如果要共用已存在的事件处理过程，可通过下拉组合框进行选择。

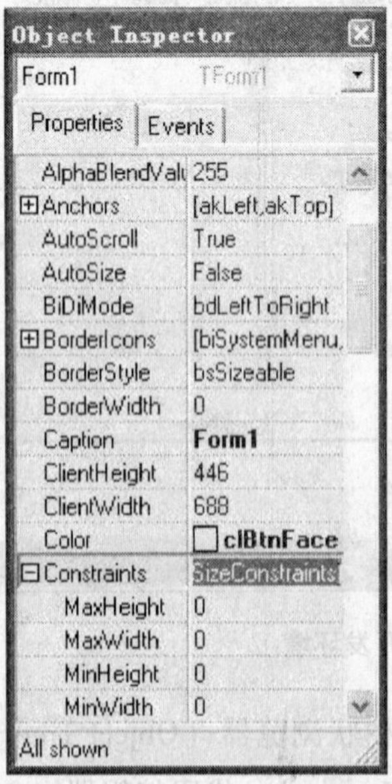

图 8 – 13　对象查看器中的属性页

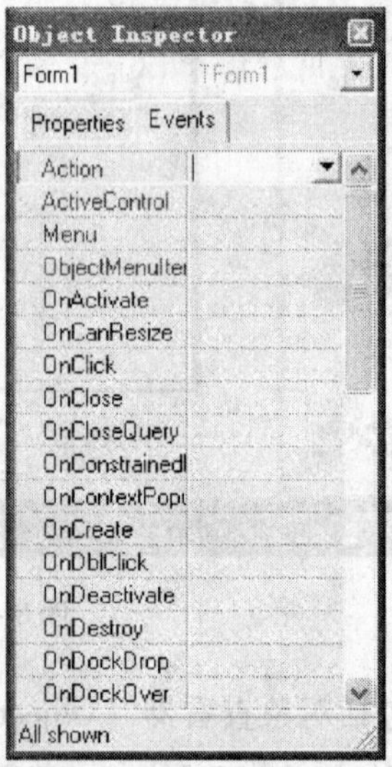

图 8 – 14　对象查看器的事件页

要设置对象观察器的属性，可以通过以下方法：选择 Tools/Environment Options，然后单击 Object Inspector，将会出现如图 8－14 所示的画面。它包括以下选项：

（1）定制对象观察器的颜色。

（2）显示或隐藏对象列表、对象观察器中的分类名、状态栏、背景表格、只读属性。

被引用组件的属性能够被内嵌扩展，并且扩展结果在引用该组件的组件属性页和事件页中都能显示出来。这样就可以改变被引用组件的属性或事件，而不用实际选中这个被引用的组件。凡是开发过程序的读者都会知道这将极大地提高开发效率。为了便于分辨，系统默认引用其他组件属性和事件是红色的，被引用是绿色的。如图 8－15 所示。

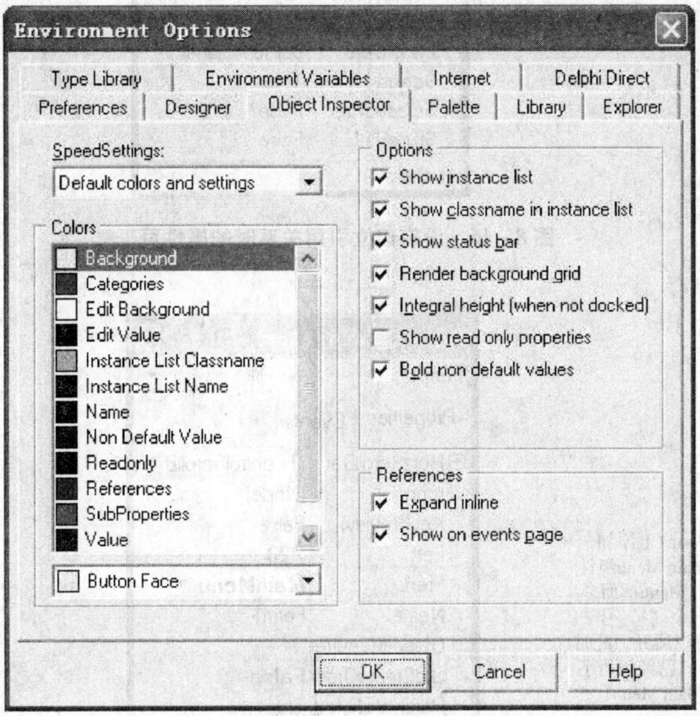

图 8－15　环境参数

下面以图 8－16、图 8－17 和图 8－18 来说明组件属性的引用。事件页也是如此，由于它和属性页相似，就不再做详细说明了。

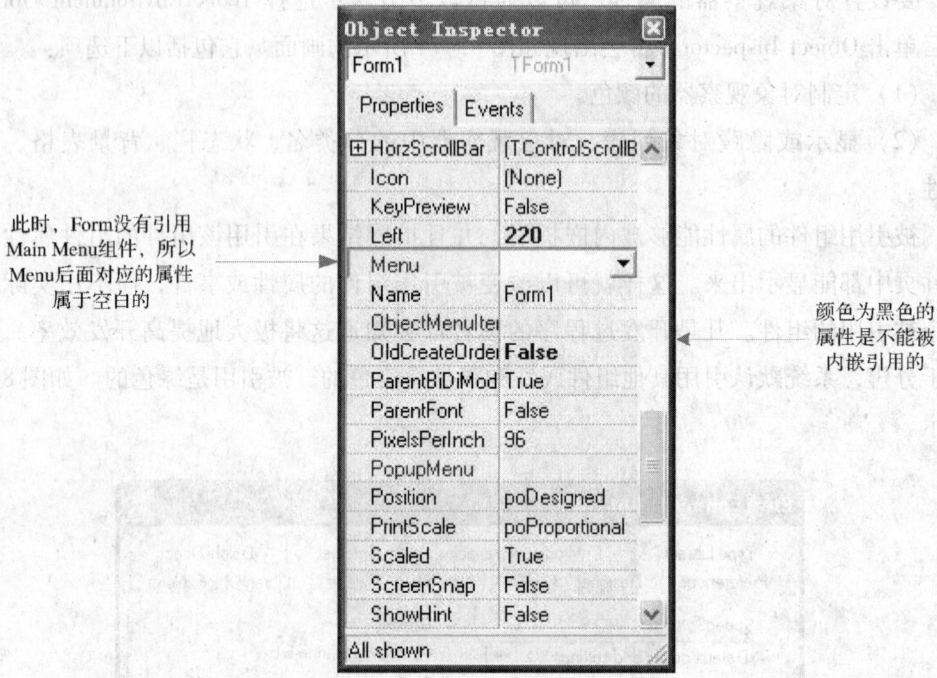

图 8－16　没有建立引用关系时的属性页

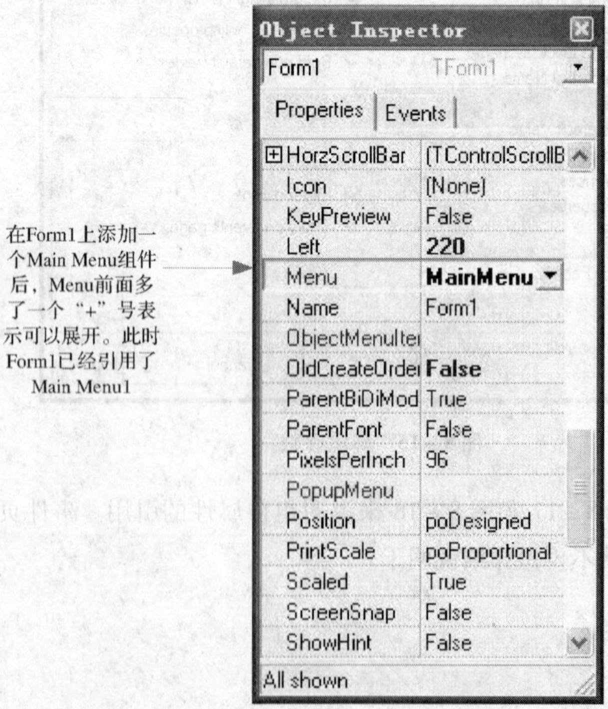

图 8－17　建立引用关系时的属性页

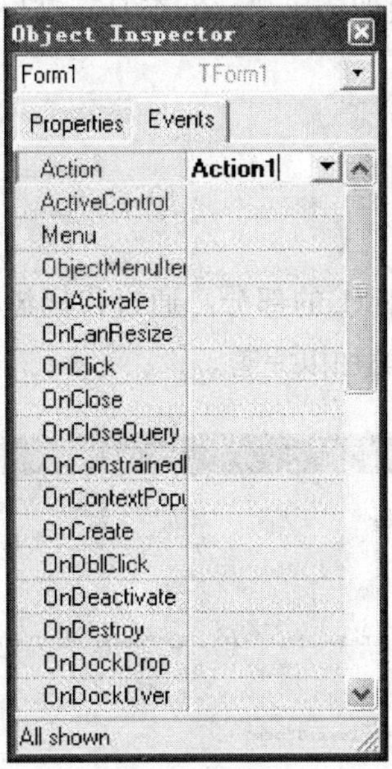

图 8－18　事件页的引用实例

窗体是最重要一类组件，其重要属性见表 8－1。

表 8－1　　窗体的重要属性

属　性	功　能	属　性	功　能
Active Control	指出获得焦点的对象	Caption	设定窗体的标题
Border Icon	控制窗体的最大化、最小化	Enable	控制窗体是否可以活动
Border Style	控制窗体边框的颜色	Form Style	控制窗体的形式
Color	控制窗体背景的颜色	Key Preview	控制窗体接收键盘信息

8.2.2　对象树状浏览器

对象树状浏览器是一个树状的图标，定位在 IDE 的左上角。它用来显示窗体、数据模块和帧上的可视或非可视空间之间的逻辑关系。它总是与对象查询器和窗体设计器同步。因此，如果开发人员选中某个组件，其他两者中的焦点也将切换到同一组件上。而且，代码编辑器的图表页只接受从对象树状浏览器中拖拽过来的元素。它也可以被关掉，按 Alt＋Shift＋F11 或者选择 View/Object TreeView 又能重新调出来。它包括窗体或帧上的组件。数据模块也有相似功能。它包括可视的和不可视的组件。

对象树状浏览器的工具栏上包括 New Item、Delete、Move Up、Move Down 项。可以用来处理组件属性。例如，如果添加了一个 Data Set 组件，选中 Aggregates 属性后单击

New，则 Aggregates 属性将会增加一个域。如果有一种以上的域，则会弹出一个菜单似的选择。

8.2.3 代码编辑器

1. 代码浏览器

代码浏览器为图 8－19 中标①的部分。通过代码浏览器可以在代码编辑器中快速定位，并可以在其中将定义的类加以完善。

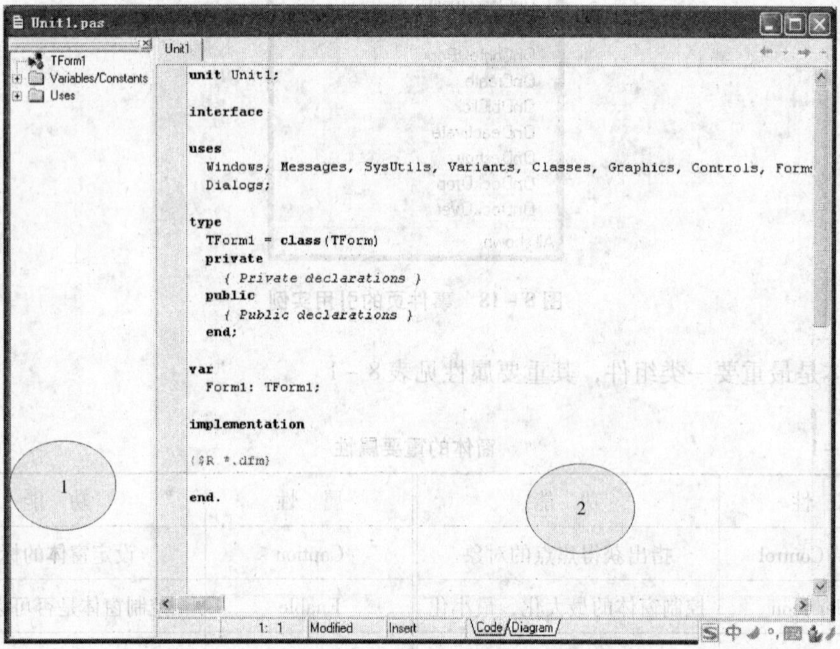

图 8－19　代码编辑器

2. 代码编辑器

代码编辑器为图 8－19 中标②的部分。代码编辑器为代码输入和编辑提供了一个方便的环境。每打开一个文件，代码编辑器窗口的上部就会增加一个标签。可以通过单击标签在不同的文件中切换。

3. 信息窗口

信息窗口在代码浏览器窗口和代码编辑器窗口的下部，在编译和连接过程中出现的一些信息将显示在信息窗口中。信息窗口将显示出两条信息。如果双击信息窗口中的信息条目，当前位置将定位到代码编辑器中导致问题的代码处。

4. 图表页

代码编辑器中的图表页提供了一种可视化工具，它可以针对各个组件建立一个框图，并且用连线来表示组件间的相互关系。它是一种文档工具，可以用图表方式说明组件间的关系，并且允许给图表添加注释。需要注意的是，除非组件是从对象树状浏览器拖拽过去的，否则不会显示，如图 8－20 所示。

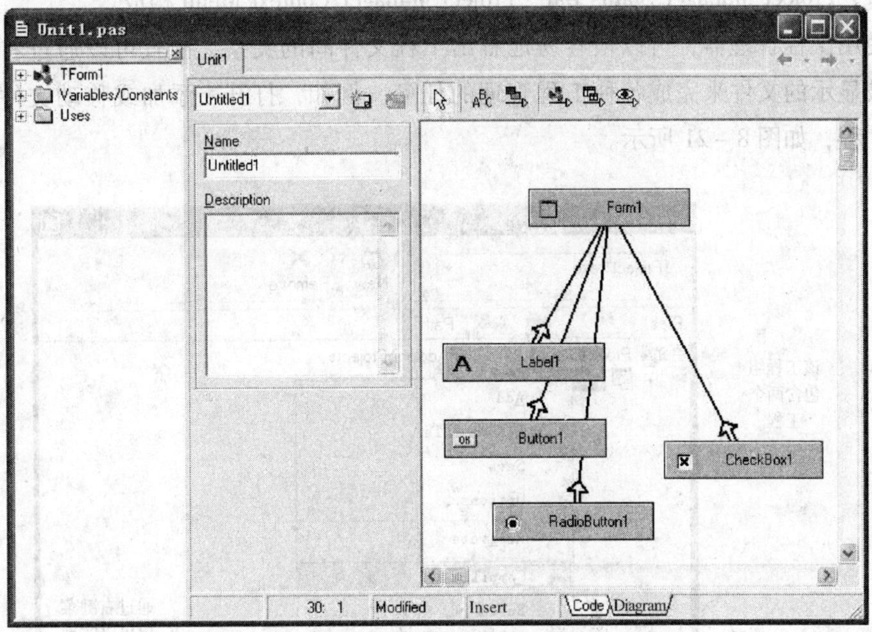

图 8－20　从对象树状浏览器拖拽过去的对象

8. 2. 4　Code Insinght 工具

1. Code Completeton 特性

在代码编辑器中，Code Completeton 可以显示一个大小可调的弹出框，它列出了所有可以选择并加入代码中的有效元素。Implementation 部分中的单元和 Interface 的部分类声明都能应用到 Code Completeton。

2. Code Parameters

这个工具可以显示一个对话框，其中显示函数、方法或过程的参数类型和名字。因此，当程序员编写代码时，可以很清楚地看到所需要的参数。但输入一个子函数或方法时，后面跟了一个圆括号时，一个列表框就会自动出现，显示变量的语法要求。任何时候按下 Shift + Ctrl + Space 都将显示这个列表框，无论这个参数是否被设置成自动状态。如果是一个有参数的过程或函数，后面有一个“（”跟随，那么 Code Parameters 的提示也会立即出现。

8. 2. 5　工程管理器（The Project Manager）

工程管理器显示当前打开的工程的状态和文件的内容。如果工程是一个工程组中的一部分，它将显示这个工程组中所有的信息。

工程管理器的窗口主要由 Project Manager File View、Project Selector、Project Manager Toolbar、Project Manager Status Bar、Project Manager Context Menu 构成。

使用工程管理器，可以很容易地看出工程文件间的关系，而且可以通过右击任何一个被显示的文件来完成各种工程管理的任务。例如，打开、添加或移动文件，还能编译工程，如图 8 – 21 所示。

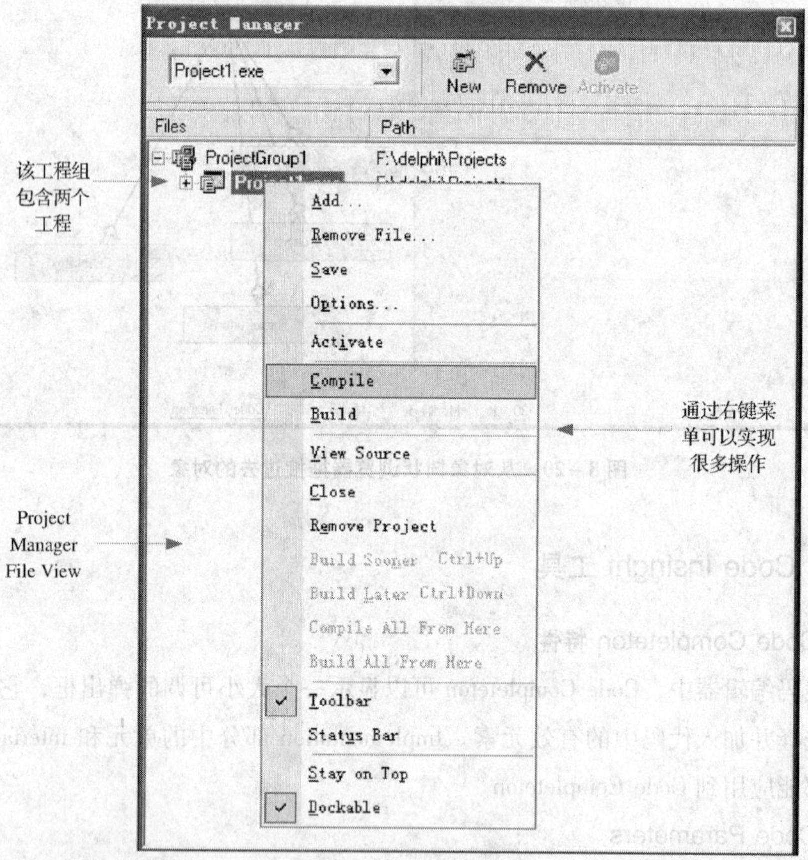

图 8 – 21　工程管理器

使用工程管理器还可以向工程中添加相关工程。这样，程序员可以一次性地管理多个工程文件。一般通过工程文件来完成工程相关任务而不是直接修改工程文件，这是因为工程管理器可以根据变动修改对应的工程文件，如果保存了桌面设置，打开工程时，工程管理器将默认打开。工程管理器是可以任意融合的，右击选择 Dockable，它就可以和其他可融合的窗口合并了。可以将查看器拖到工程管理器上松开鼠标，看看有什么现象。另外，对象查看器和对象树状浏览器是可以默认融合的，如图 8 – 22 所示。

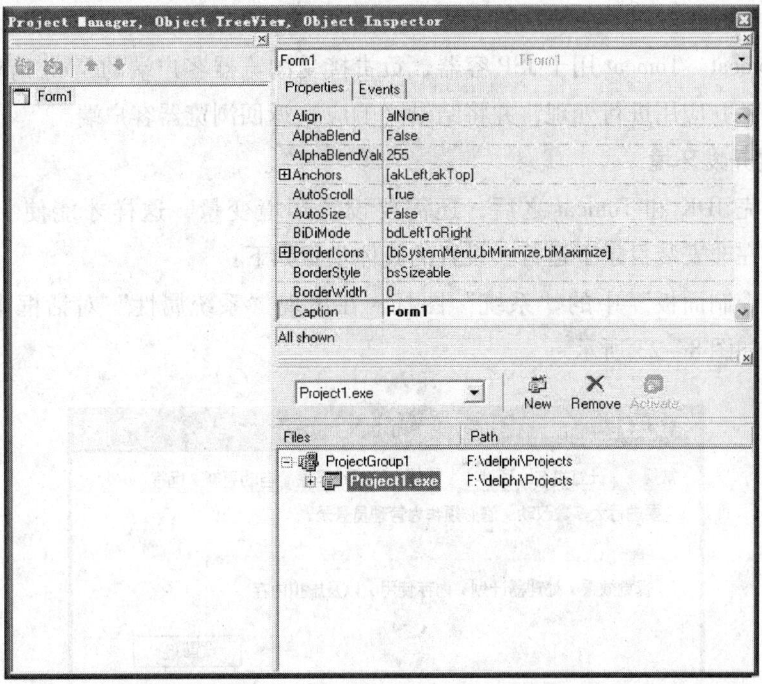

图 8－22　工程管理器、对象浏览器、对象查看器合并后的窗体

8.3　其他主流 Web 编程技术介绍

8.3.1　JSP 技术的简介

1. JSP 开发所需环境

与 Java 其他技术一样，JSP 技术同样是跨平台的技术。也就是说，在不同的平台、不同的操作系统下，都可以支持 JSP 应用的开发和运行。一般来说，JSP 应用开发需要运行环境和开发工具两个部分。运行 JSP 应用的软件一般称为应用服务器，也称 JSP 容器。本节选择 Windows 操作系统下免费的 Java 开发工具 JDK（Java Platform，Standard Edition Development Kit，Java 标准版软件开发包）和 JSP 容器 Apache Jakarta Tomcat 来搭建 JSP 开发平台，而 JSP 源代码的编辑则可以使用通用的文本编辑工具。

（1）Java SE Development Kit。不同的 Java 应用开发应有三个不同的开发工具包：Java SE（Java Platform，Standard Edition Development Kit，Java 标准版），Java ME（Java Platform，Micro Edition，Java 微型版）和 Java EE（Java Platform，Enterprise Edition，Java 企业版）。其中 Java SE 是标准开发版本，可开发包括游戏在内的商业应用软件。Java ME 是针对能力有限的小型设备高度优化的版本，用于开发诸如手机和个人手持数字设备（Personal Digital Assistant，PDA）的应用。Java EE 则是基于 Java SE 的企业版，

增加了对大型商业应用复杂特性的支持。

（2）Tomcat。Tomcat 用于 JSP 容器，负责接受浏览器客户端的 Web 请求，将请求传送给 JSP Web 应用进行处理，并将结果（响应）返回浏览器客户端。

2. 配置开发环境

在安装完 JDK 和 Tomcat 之后，还需要设置环境变量，这样才能使 JDK 工具和 Tomcat 可以在非安装目录下运行。设置的具体步骤如下：

双击“控制面板”中的“系统”图标，在出现“系统属性”对话框中选择“高级”标签。如图 8－23 所示。

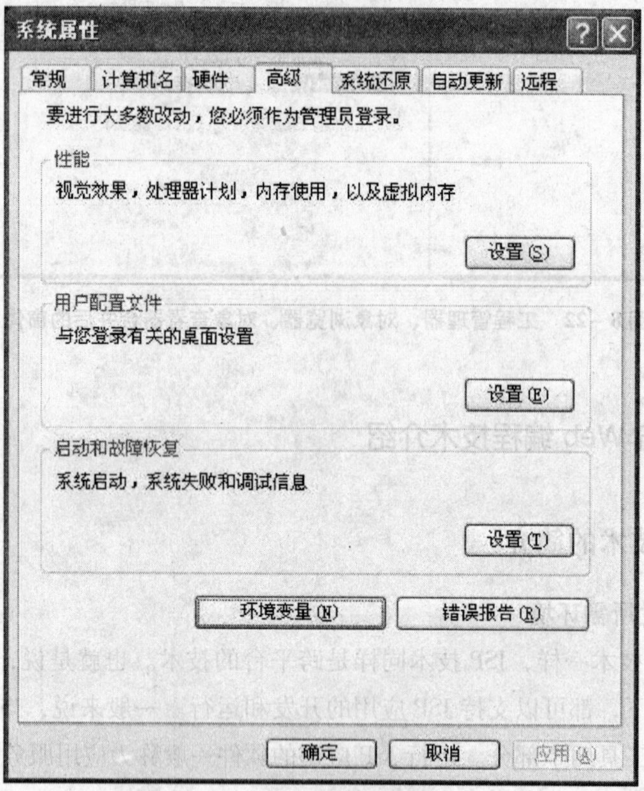

图 8－23　系统属性

单击“环境变量”按钮打开“环境变量”对话框，如图 8－24 所示。

单击“系统变量”部分的“新建”按钮。出现“新建系统变量”对话框时，输入 JAVA_HOME 并输入 JDK 的全路径，如 F:\JDK6。

在系统“环境变量”列表中找到变量 Path，双击 Path 打开“编辑”对话框。将光标移至变量值编辑框的末尾，输入：JAVA_HOME%\bin。完成后，单击“确认”，关闭所有对话框。

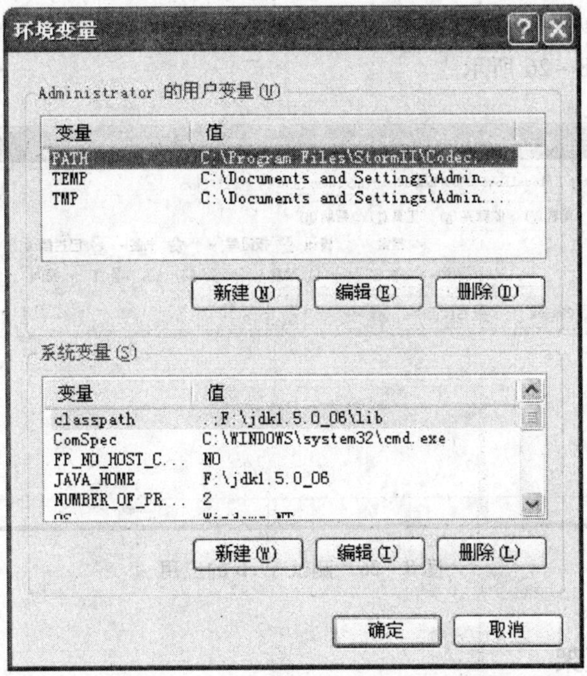

图 8－24 环境变量

3. 构建一个简单的 JSP

在 Tomcat 开发平台上构造一个名为“Hello，Beijing!”的 JSP 应用。

（1）创建目录结构。在 Tomcat 安装目录下，找到文件夹 webapps，在 webapps 下创建一个 hellobeijing 的新文件夹；之后，在 hellobeijing 下创建一个 WEB-INF 的文件夹。

（2）创建 JSP 页面。在 hellobeijing 文件夹下创建一个新的文本文件，命名为 Index. jsp。使用文本编辑器打开 Index. jsp，输入代码，如图 8－25 所示。

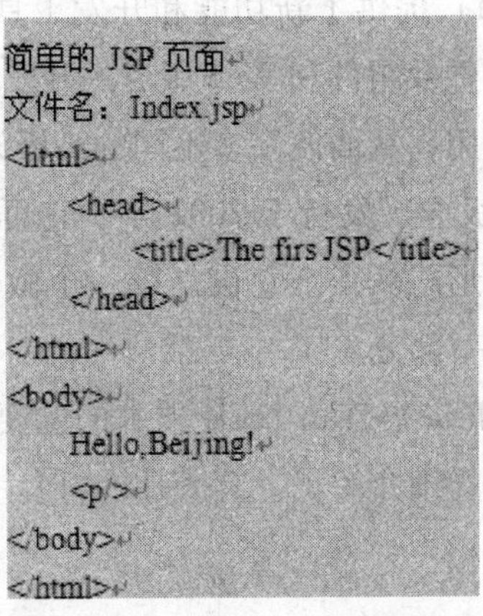

```
简单的 JSP 页面
文件名：Index.jsp
<html>
    <head>
        <title>The firs JSP</title>
    </head>
</html>
<body>
    Hello,Beijing!
    <p/>
</body>
</html>
```

图 8－25 简单的 JSP 页面代码

（3）测试运行。启动 Tomcat，在 Web 浏览器中使用 URL：http：//localhost：

2008/HelloBeijing/Index. jsp。

测试结果如图 8 – 26 所示。

图 8 – 26　测试 Web 的应用

8. 3. 2　. NET 框架

由微软开发的 . NET 框架是一个致力于敏捷软件开发（Rapid Application Development, RAD）、平台无关性和网络透明化的软件开发平台。. NET 在微软公司的战略中是为下一个 10 年对服务器和桌上型软件工程迈出的第一步。据微软公司声称，. NET 包含许多有助于 Internet 和 Internet 应用的敏捷软件开发技术。

. NET 框架是微软公司继 Windows DNA 之后的新开发平台。它以一种类似 Java 系统虚拟机的方式来运行和管理，以通过语言运行时（Common Language Runtime）为基础，支持多种语言（如 C#、VB. NET、C ++ 和 Python 等）开发。

. NET 也为编程接口（API）提供了新功能和开发工具。这些革新使得程序设计员可以同时进行 Windows 应用软件及组件和 Web 服务的开发。. NET 提供了一个新的面向对象的编程接口，而且非常通用，从而使许多不同的高级语言都被包含进来。

最初的 . NET 架构（1. 0 版本）发行于 2002 年。它可以在一个软件开发工具中以一个独立的可重新分发的包的形式获得。它也是第一个微软 Visual Studio . NET 发行版（Visual Studio . NET 2002）的一部分。

. NET 框架是 Sun 公司的 Java 语言和 J2EE 技术的主要竞争者，这两种技术有很多概念是互通的。在这里就不做详细介绍了，有兴趣的可参考相关书籍和资料。

8. 3. 3　PHP

PHP 是一种流行的开放源代码脚本语言。PHP 的名称来自于递归缩写：Hypertext Preprocessor。

PHP 主要用于服务器端应用程序及动态网页上，但是也可以用在命令行上，或是开发独立的图形用户接口（GUI）。

PHP 最初设计成了服务器端脚本语言，因此这是 PHP 应用最广的功能。在这个领域有许多竞争者，如 ASP .NET、Cold Fusion、JSP、Perl、Ruby on Rails 等。

在网络工业领域，PHP 是 LAMP 架构中的一部分（所谓的 LAMP 是指 Linux，Apache，My SQL 及 PHP 所组成的网络环境），这一架构提供了许多安全、可靠的网站应用程序。PHP 目前已经是全世界最受欢迎的服务器端脚本语言之一，其跨平台的特性让 PHP 广为流传，目前世界上有超过 2000 万台服务器安装了 PHP。

当在命令行级别上使用时，PHP 可用于分析文档和系统管理等工作。这些工作过去都是由其他脚本语言如 Perl、Python 和 awk 等来执行的。如果和诸如 GTK +、QT 这样的 GUI 函数库结合，PHP 还可以用在 GUI 应用程序的开发上，不过目前的应用还不普遍。

从 PHP 3 开始 PHP 有了基本的面向对象的特性，但直到 PHP 5 将面向对象部分重新改写后，PHP 的面向对象功能才算比较完善。现在 PHP 已经是一个有完整面向对象功能的语言了。

虽然 PHP 得到了广泛的应用，但仍然有许多的不足之处，主要有如下几个方面：

（1）PHP 不支持 Unicode 或是多字节字符集（例如：中文、日文和韩文是需要两个以上 ASCII 字符来表示的字符集）这导致了用 PHP 写的软件在国际语言化上遇到了相当多的困难。

（2）PHP 没有命名空间的设计，这降低了 PHP 语言设计上的弹性，也导致了函数名称过长的问题。

（3）PHP 函数命名规则非常混乱，许多函数功能类似，但却使用不同的函数名称和参数顺序。这导致编写 PHP 程序时需要做相当多的手册查询工作，初学者往往不知不觉地重新编写已经内建的函数，从而降低了开发的效率。

（4）有些 PHP 的扩展函数库不是线程安全的，这导致了 PHP 安装在诸如 Apache 2 这样的多线程服务器上会出现不稳定的状况。

9 物流信息系统数据库环境

内容提要：

数据库管理系统（Data Base Management System，DBMS）是一种操纵和管理数据库的大型软件，用于建立、使用和维护数据库。它对数据库进行统一的管理和控制，以保证数据库的安全性和完整性。用户通过 DBMS 访问数据库中的数据，数据库管理员也通过 DBMS 进行数据库的维护工作。它提供多种功能，可使多个应用程序和用户用不同的方法在同时或不同时刻去建立、修改和询问数据库。它使用户能方便地定义和操纵数据，维护数据的安全性和完整性，以及进行多用户下的并发控制和恢复数据库。

本章主要介绍了物流信息系统的数据库环境，介绍了 SQL 结构化查询语句、三种典型数据库系统。

学习要点：

通过这一章内容的学习，我们要达到这样几个目标：

（1）掌握结构化查询语句 SQL。

（2）理解 ODBC/JDBC。

（3）了解三种典型数据库系统。

9.1 关系数据库管理系统

网状和层次数据库已经很好地解决了数据集中和共享问题，但是在数据独立性和抽象级别上仍有很大的欠缺。用户在对这两种数据库进行存取时，仍需要明确数据存储的结构，指出存取路径。而后来的关系数据库（Relational Data Base）较好地解决了这些问题。

关系数据库管理系统 RDBMS 在 E. F. Codd 博士发表的论文《大规模共享数据银行的关系型模型》（*Communications of the ACM* 杂志 1970 年 6 月刊）基础上设计出来的。它通过数据、关系和对数据的约束三者组成的数据模型来存放和管理数据。三十多年来，RDBMS 获得了长足的发展，目前许多企业的在线交易处理系统、内部财务系统、客户管理系统等大多采用了 RDBMS。关系数据库以关系代数为坚实的理论基础，经过几十年的发展和实际应用，技术越来越成熟和完善。其代表产品有 Oracle、IBM 的 DB2、微软公司的 MS SQL Server 以及 Informix、ADABASD 等。

DB2 是 IBM 出口的一系列关系型数据库管理系统，分别在不同的操作系统平台上服务。虽然 DB2 产品是基于 UNIX 的系统和个人计算机操作系统，但在基于 UNIX 系统和微软在 Windows 系统下的 Access 方面，DB2 追寻了 ORACLE 的数据库产品。

Oracle 是关系型数据库管理系统，它功能强大、性能卓越，在当今大型数据库管理系统中占有重要地位。

9.2 结构化查询语句 SQL

1974 年，IBM 的 Ray Boyve 和 Don Chamberlin 将 Codd 关系数据库的 12 条准则的数学定义以简单的关键字语法表现出来，里程碑似的提出了 SQL（Structured Query Languague，SQL）语言。SQL 语言功能包括查询、操纵、定义和控制，是一个综合的、通用的关系数据库语言，同时又是一种高度非过程化语言，只要求用户指出做什么而不需要说怎么做。SQL 集成实现了数据库生命周期中的全部操作。SQL 提供了与关系数据库进行交互的方法，它可以与标准的编程语言一起工作。

在 SQL Server 数据库中，所有的数据存储都围绕表进行。如果要实施一个定制的 SQL Server 解决方案，掌握与 SQL Server 表密切相关的知识则非常重要。

9.2.1 什么是表

简单地说，表就是那些被称为列的相似数据的集合。表由行和列组成，表中的行有时叫做记录，代表一个单个实体的有关数据的集合。例如，在一个包含雇员信息的表中，一行将包括一个雇员所有的相关信息。表中的每行可以分为很多列。列代表记录中的一个信息片段。例如，你的雇员数据库里可能会有许多列，包括姓名、地址、电话号码和薪水。每个 SQL Server 数据库可容纳多达 20 亿个表，每个表中可以容纳多达 1024 列。行数和表的大小只受服务器中可用存储空间的限制。

9.2.2 设计表

当已经决定在数据库理存储什么数据，并把它分成几个逻辑部分作为表来存储时，就需要开始设计表。在设计表时，应考虑到以下几点：表和列怎么命名；各列将存储什么类型的数据；列是否接受 NULL 值。

1. 标志符

在 SQL Server 中，每个对象都有一个名字，即标志符。创建标志符的规则如下：

（1）标志符的长度不得多于 128 字符。如果对象名足够长可以充分描述对象，使用户能知道它是什么；如果对象名很短，则每次访问这个对象时，就不必输入极长的名字。

（2）标志符的每一个字符必须是字母（A ~ Z，a ~ z 以及其他语言的任何字母符号）、_（下画线）、@（at 符号）或 #（数字符）。以@符号开头的对象表示一个局部变量。以#符号开头表示一个局部零时表或存储过程。以##符号开头的对象是全局零时对象。最后，SQL Server 有许多以@@开头的函数。所以不要用@@作为任何对象名的开头，以避免与这些函数混淆。

（3）跟在首字符后面的可以是字符（A ~ Z，a ~ z 以及其他语言的任何字母符号）、数字（0 ~ 9 以及其他语言的任何字母符号）、@（at 符号）、#（数字符）、$（美元符）或_（下画线）符号。

（4）SQL Server 保留字（诸如命令字）不允许用。

（5）嵌入的空格或其他特殊字符不能在标志符中使用。

上面的规则相当简单，并且在创建标志符时给了用户较大的范围。但是，像所有规则一样，都有打破其他某些规则的方法。除了长度限制，其他任何限制，在使用定界标志符时，都有可能被打破。定界标志符的意思是，不管什么时候引用到哪个标志符，不论是在 SQL Server 中直接引用，还是通过一个应用程序引用，都必须以双引号“”或方括号［］把它们括起来。但是，最好遵守其命名规则。这样将会给其他数据库管理员以及使用这个数据库的开发人员省去很多的麻烦。

2. 数据类型

接下来就要决定在表中的每一列要存储什么类型的数据。例如，在跟踪订货表中，用户不想在订货数量列中存储“YES”这个词。因为这将不能进行任何计算，而且货运中心无法确认发什么货。用户可以通过告诉 SQL Server 在一列中存储什么类型的数据，来进行区别。每一列必须有一个已声明的数据类型。

9.2.3 创建表

在 SQL Server 中建表有两种基本的办法。用 SQL Enterprise Manager 或通过 SQL Query Analyzer 都可以创建表。本节将介绍这两种建表的方法。

1. 使用 SQL Enterprise Manager 创建表

使用 SQL Enterprise Manager 创建表最容易。这种方法允许通过 GUI（图形用户界面）创建全部的表。下面的步骤将在前面所建的数据库里创建一个表，此表的数据库结构如表 9－1 所示。

（1）打开 SQL Enterprise Manager，连接到存有相应数据库的服务器上。连接上后，单击服务器旁边的加号，在单击数据库名字旁边的加号，然后选择 Tables 选项。

表 9－1　　　　　　　　　　　商品数据库结构

字段名称	字段代码	类　型	长　度	键类别	备　注
产品代号	CBDM	CHAR	10	主键	
仓库编号	CKBH	CHAR	2	外键	
产品类别	CPLB	VARCHAR	50		
产品名称	CPMC	VARCHAR	100		
单　位	DW	VARCHAR	20		
进货计划价	JHJHJ	MONEY	8		
出库计划价	CHJHJ	MONEY	8		
期初库存	QCKC	REAL			
当前库存	DQKC	REAL			
最高库存	ZGKC	REAL			
最低库存	ZDKC	REAL			

（2）准备开始建立表。右击右边的面板，并选择“新建表”命令，结果如图 9－1 所示。

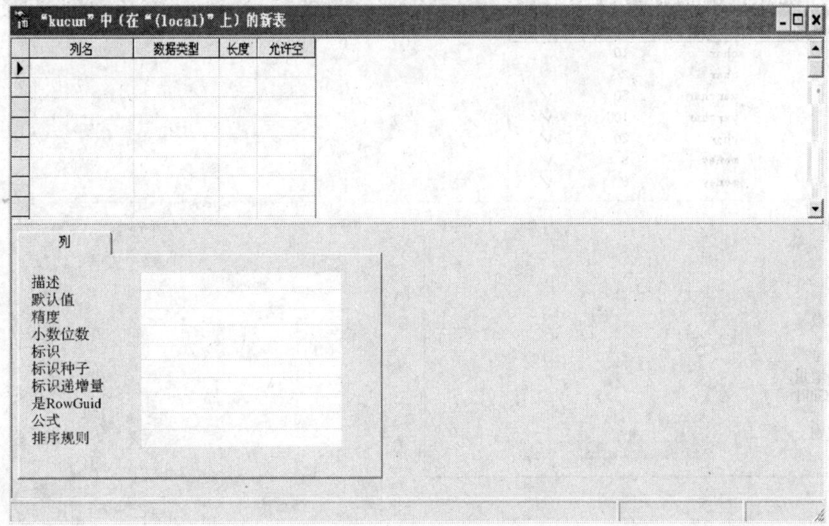

图 9－1　创建数据表

（3）单击图左上角的第 2 个按钮，弹出如图 9－2 所示的对话框。打开“表”选项卡，在“表名”文本框中输入新表的名称，其他选项采用系统默认的值不变，也可根据具体的情况进行设置。

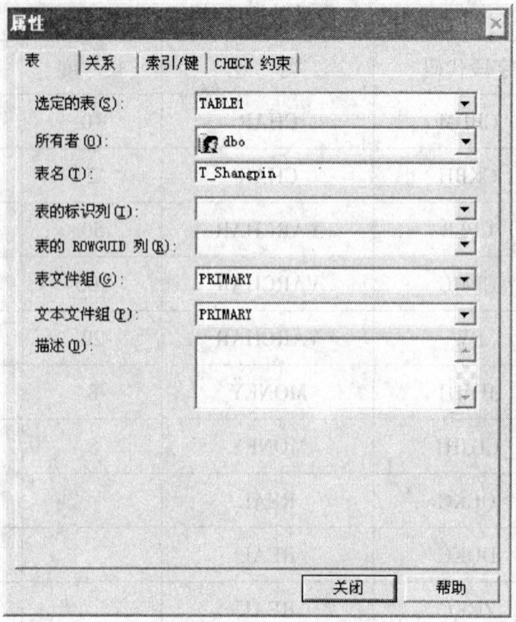

图 9－2　Table 选项卡

（4）在“新建表”窗口内，应该如图 9－3 所示的填写数据结构选项。确保已经从“允许空值”选项中去掉了勾号，因为该选项的默认状态是选中的。

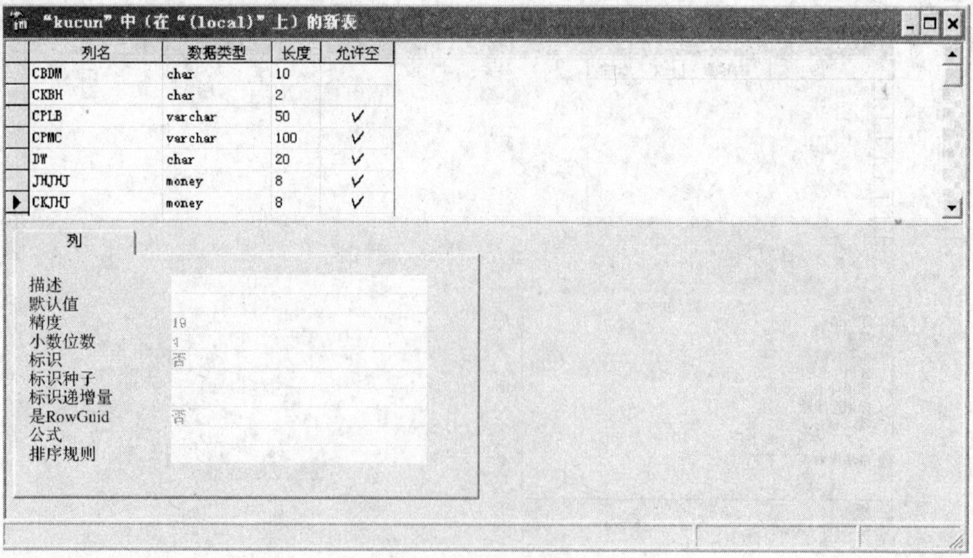

图 9－3　数据库表

（5）在填写完所有列后存盘，然后关闭这个窗口。

在“表”窗口的右边查找，你会看见这个新表，如图 9－4 所示。

尽管这种方法非常有用，但用它重复创建表时比较麻烦。换句话说，如果要在多

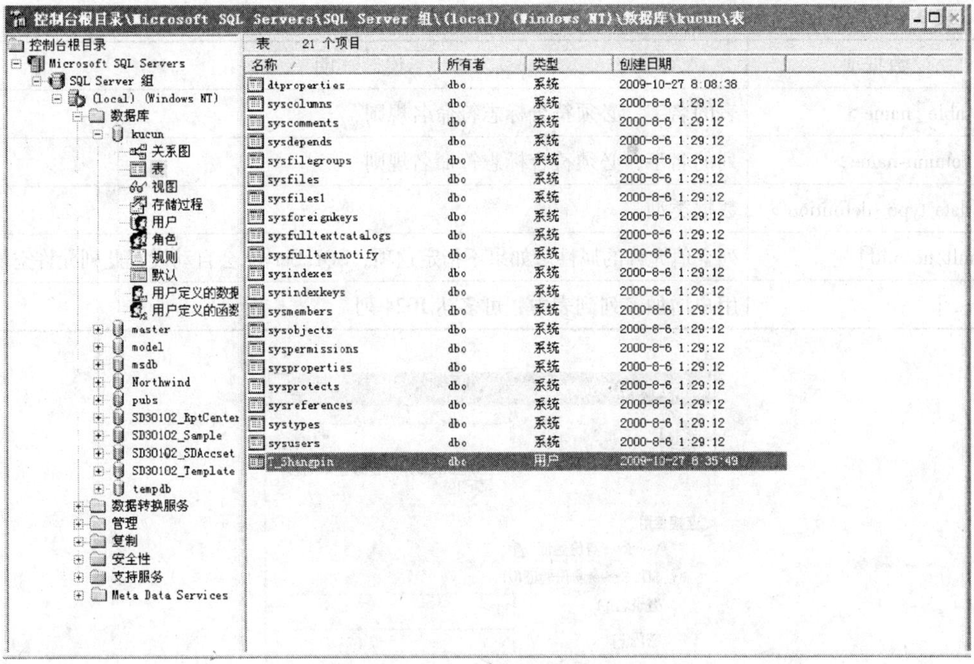

图 9－4 新建的表列在 Table 中

台服务器上安装这个数据库，一直依靠手工来创建表则很耗时。最好的方法是编写建表脚本，并用 SQL Query Analyzer 建立它们。

2. 使用 SQL Query Analyzer 创建表

建立一个准备重新分布的数据库时，最简单的方法就是使用脚本创建表，而不让系统中的每个潜在用户在 SQL Enterprise Manager 里一一创建所有的列，只需要告诉它们去运行脚本即可以了。要在 SQL Query Analyzer 创建表，则要数用 SQL 的命令 CREATE TABLE。

该命令的语法如下：

```
CREATE TABLE < table_ name >
(
 < column-name >  < data type_ definition > [null/on null],
[...]
)
```

对上面程序中的数据项所做的说明如表 9－2 所示。

接下来看一个使用 CREAT TABLE 命令创建表的例子，创建数据库表 T_ shangpin。

（1）选择“开始”|“程序”| Microsoft SQL Server 2000 | SQL Server Query Analyzer 命令，打开 Connect to SQL Server 对话框，如图 9－5 所示。

表 9－2　　　　　　　　　　　　数据项说明

数据项	说　明
< table_ name >	表的名字，必须符合标志符命名规则
< column-name >	列的名字，必须符合标志符命名规则
< data type_ definition >	数据类型
[null/no null]	列空值允许的属性。如果不指定这项，SQL Server 会自动设置此列允许空值
[...]	用户增加多列到表中，可多达 1024 列

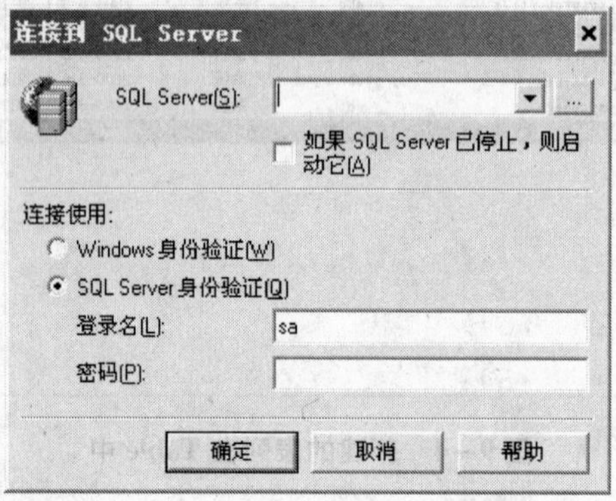

图 9－5　Connect to SQL Server 对话框

（2）登录到 SQL Server 上，并在创建 T_shangpin 表所用的脚本中输入如下内容：

```
CREATE TABLE T_shangpin
(
    CDBM   CHAR（10）        no null,
    CKBH   CHAR（2）         no null,
    CPLB   VARCHAR（50）     no null,
    CPMC   VARCHAR（100）    no null,
    DW     VARCHAR（20）     no null,
    JHJHJ MONEY             no null,
    CKJHJ MONEY             no null,
    QCKC   REAL             null,
    DCKC   REAL             no null,
    ZGKC   REAL             no null,
    ZDKC   REAL             no null,
)
```

（3）单击绿色的运行按钮，SQL Server 会返回以下信息：

The command（s）completed successfully.

（4）完成这些后，就可以关闭 SQL Query Analyzer 了。

9.2.4 修改表

正如我们所知，项目需求会经常需要修改。幸运的是，在创建表以后，可以很容易地修改它。但是，应注意以下几点：

（1）如果可能，应在表里没有数据时修改表。尤其是当修改数据类型或增加一列，且该列不许 NULL 值。

（2）如果增加一列到含有数据的表时，用户一定要保证自己增加的列允许空值，这是因为数据库理已有的行此列中不会包含值。

（3）如果在表里改变已经含有数据的列的数据类型，就要保证数据类型兼容。例如，如果列中存在的数据是字符数据，则需要把该列更改成字符数据类型。如果该类型不兼容，更改将会失败。例如，不能把图像数据转换成字符数据。

9.2.5 删除表

许多时候都要删除不在使用的表。删除一个表后，不能执行 Undo（恢复）命令。找回被删除表的唯一方法就是恢复数据库，这要在已做好备份的前提下进行。同建立表和修改表一样，可以通过 SQL Enterprise Manager 或通过 SQL Query Analyzer 都可以删除表。

9.2.6 SQL 的数据查询

数据查询是数据库的操作核心。SQL 语言提供了 SELECT 语句进行数据库的查询，该语句具有灵活的使用方式和丰富的功能。其一般格式为：

SELECT ［ALL | DISTINCT］ <目标列表达式>［<目标列表达式>］

FROM <表名或视图名>［<表名或视图名>］

［WHERE <条件表达式>］

［GROUP BY <列名 1>［HAVING <条件表达式>］］

［ORDER BY <列名 2>［ASC | DESC］］

整个 SELECT 语句含义是：根据 WHERE 子句的设定条件，从 FROM 子句制定的基本表或视图中找出满足条件的元组，在按目标列表表达式规定的属性列选出元组中的对应属性值形成结果表。如果有 GROUP 子句，则将结果按 <列名 1> 的值进行分组，该属性列值相等的元组为一个元组。如果 GROUP 子句带 HAVING 短语，则只输出满足制定条件的组。如果有 ORDER 子句，则结果按 <列名 2> 的值升序或降序方式排序。

SELECT 语句能表达所有的关系代数表达式。

9.3 ODBC/JDBC 介绍

9.3.1 ODBC 介绍

1. ODBC 简介

开放数据库互连（Open Data Base Connectivity，ODBC）是目前使用最广泛的结构化数据访问接口。通过 ODBC，程序员可以访问 50 多种不同的数据库，其中包括市场上的许多主流数据库。如 MS SQL Server、Oracle、Sybase、Informix 及 DB2 等。ODBC 基于 SQL，并把它作为访问数据库的标准。这个接口提供了最大限度的相互可操作性，一个应用程序可以通过一组通用的代码访问不同的数据库管理系统。ODBC 管理器负责安装驱动程序、管理数据源，并帮助程序员跟踪 ODBC 的函数调用。在 ODBC 中，应用程序不能直接存取数据库，它必须通过管理器和数据库交换信息。动态配置 ODBC 数据源能够通过 ODBC 数据源的配置，在程序中，根据程序安装的环境，自动配置数据库连接。接下来介绍一种在程序中通过修改 Windows 注册表的办法动态地配置 ODBC 数据源的方法。数据库访问技术通过 ODBC，可以很方便地编写 C/S 两层体系结构下的数据库应用程序，能够满足很多的现实需求。另外，随着计算机技术的发展，三层或四层体系结构也开始被提出来，并应用在具体的实际中。程序通过它可以同时访问不同类型的数据库管理系统。Microsoft 以一组驱动程序的形式提供 ODBC，它们可以在一些前端应用上运行。后端系统支持是向 IBM、Oracle、Paradox 和其他数据库系统提供。这些驱动程序可以被软件开发商们再开发，也可以与一些应用程序打包。ODBC 的研究主要是基于 Microsoft 的企业环境下对工业标准数据库的访问，Microsoft 公司在提供 Windows 和 Windows 应用程序作为基本客户平台方面主要优势。

2. 配置 ODBC 数据源

用户的 ODBC 应用程序是连在 ODBC 数据源上的，而不是针对任何特殊的数据。在本地机上应用程序的 ODBC 数据源是由 ODBC 数据源管理器配置的。在 Windows 中这个管理器可以在控制面板中找到。ODBC 数据库管理器在安装数据库软件时会自动安装。下面介绍 ODBC 的配置步骤。

①打开“我的电脑”窗口，双击“控制面板”图标，打开如图 9－6 所示的对话框。

②双击“管理工具”图标，打开如图 9－7 所示的对话框。

③双击“ODBC 数据源”图标，打开如图 9－8 所示对话框。

④单击“系统 DSN”标签，打开如图 9－9 所示的选项卡。

⑤单击“添加”按钮，打开如图 9－10 所示的对话框。

图 9－6　控制面板窗口

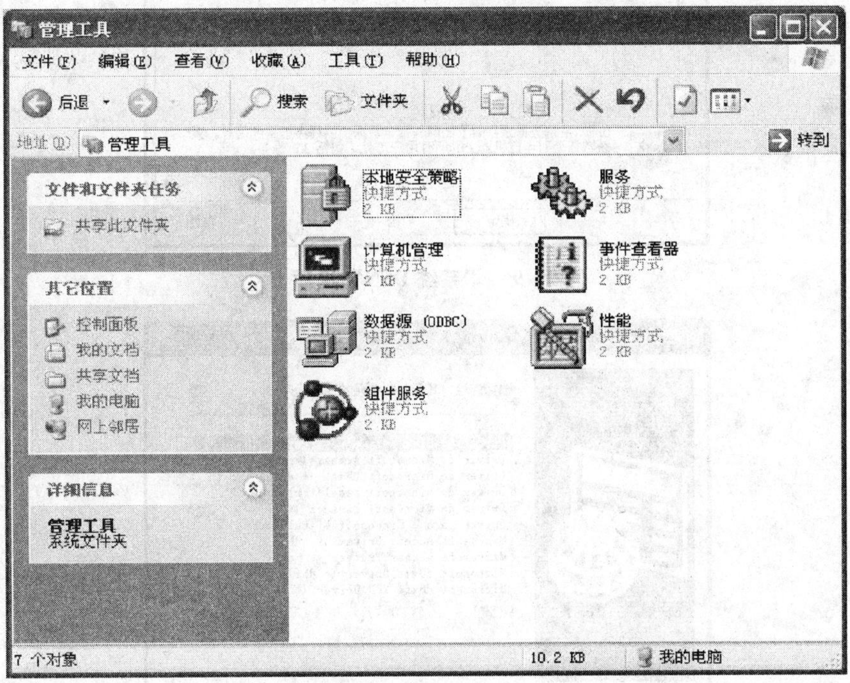

图 9－7　数据源图标

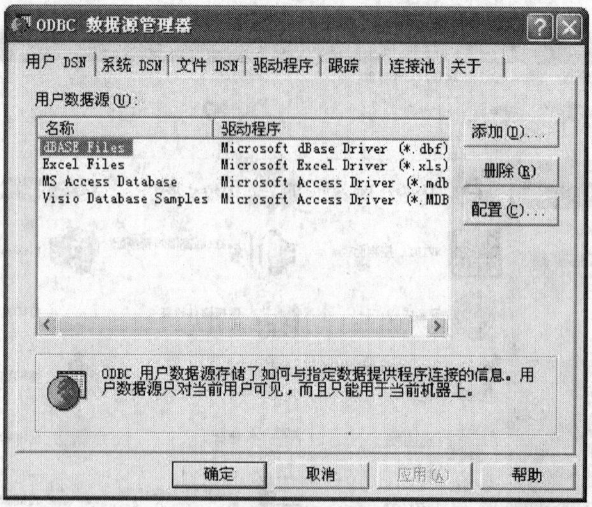

图 9－8　“ODBC 数据源”对话框

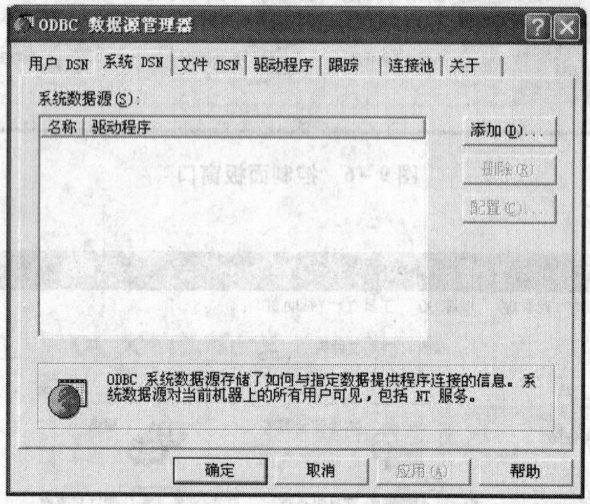

图 9－9　“系统 DSN”选项卡

图 9－10　创建数据源对话框

⑥选择 Microsoft Access Driver（＊.mdb）（以 Microsoft Access 为例介绍），然后单击“完成”按钮，打开如图 9－11 所示的对话框。

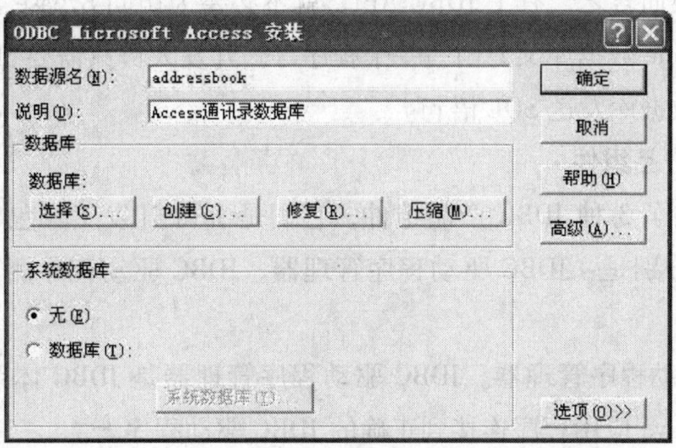

图 9－11　Microsoft Access Driver 安装对话框

⑦填写数据源名称和描述后，单击“确定”按钮，打开如图 9－12 所示的对话框。

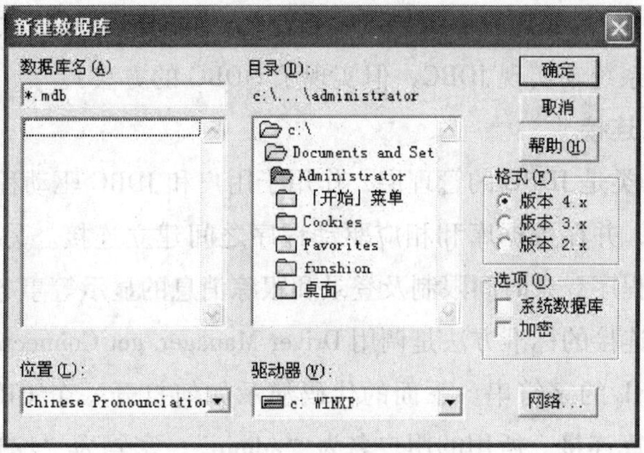

图 9－12　选定数据库对话框

⑧找到新建的数据文件后，单击“确定”按钮，关闭“Microsoft Access Driver”安装对话框。

9.3.2　JDBC

Java 数据库互联（Java Data Base Connectivity，JDBC）是支持基本 SQL 功能的一个通用低层的应用程序编程接口（Application Programming Interface，API），它在不同的数据库功能模块的层次上提供了一个统一的用户界面。这使得开发人员只用面对简单的数据库界面进行操作，使得独立于 DBMS 的 Java 应用的开发工具和产品成为可能，同时也提供了多样化的数据库连接方式。

JDBC 为软件开发人员提供了一个访问数据库的标准的 API，使他们能够用纯 Java API 来编辑数据库的应用程序。有了 JDBC，向各种关系数据库发送 SQL 语句就是一件很容易的事了。换而言之，有了 JDBC API，就不必要为访问 Sybase 数据库专门写一个程序，为访问 Oracle 数据库又专门写一个程序等。开发人员只需要 JDBC API 写一个程序就可以向相应数据库发送 SQL 语句。

1. JDBC 的产品组件

Java Soft 提供了 3 种 JDBC 产品组件，它们是 Java 开发工具包（JDK）的组成部分，这 3 种组件分别是：JDBC 驱动程序管理器、JDBC 驱动程序测试工具包和 JDBC-ODBC 桥。

（1）JDBC 驱动程序管理器。JDBC 驱动程序管理器是 JDBC 体系结构的支柱。它的主要作用是把 Java 应用程序连接到正确的 JDBC 驱动程序上。

（2）JDBC 驱动程序测试工具包。JDBC 驱动程序测试工具包用于测试程序是否符合 JDBC 标准。

（3）JDBC-ODBC 桥。JDBC-ODBC 桥是使用 ODBC 驱动程序可被用做 JDBC 驱动程序。它的实现为 JDBC 的快速发展提供了一条途径，同时它能够提供访问某些不常见的数据库系统（这些系统未实现 JDBC，但实现了 ODBC 的方法）。

2. 建立 JDBC 连接

Driver Manager 类是 JDBC 的管理层，作用于用户和 JDBC 驱动程序之间。它可以跟踪可用的驱动程序，并在数据库和相应驱动程序之间建立连接。另外，Driver Manager 类可处理诸如驱动程序登录时间限制及登录和跟踪消息的显示等事务。

与数据库建立连接的标准方法是调用 Driver Manager. get Connection（）方法。该方法接受含有某个 URL 的字符串。下面的代码演示如何打开一个 URL 是“jdbc：odbc：warehouse”的数据库连接。所用的用户名为“admin”，密码为“123456”；

String url =“jdbc：odbc：warehouse”；

Connection con = Driver Manager. getConnection（url，“admin”，“123456”）。

9.4 SQL Server/Sybase/Oracle 介绍

9.4.1 SQL Server 介绍

SQL Server 是一种高效的关系数据库系统，它与 Windows NT/2000 及 Windows 9x 等操作系统紧密集成。这种安排是 SQL Server 能充分利用操作系统所提供的特性。对于今天复杂的 C/S 系统来说，SQL Server 是一种很好的选择。下面介绍几种基本的工具。

1. SQL Server 组织管理器

SQL Server 组织管理器（Enterprise Manager）允许 SQL Server 和 SQL Server 对象的企业级的配置和管理。SQL Server 提供了有力的调度引擎、管理警告能力以及内建的复制管理接口。用户还可以用 SQL Server 组织管理；管理注册和用户权限；创建脚本；管理 SQL Server 对象的备份；支持数据库和事务日志；管理表、视图、存储过程、触发器、索引、规则、系统设定值和用户自定义数据类型；创建纯文本的索引、数据库图表和数据库维护计划；把 SQL Server 组织管理作为服务器软件的一部分安装在运行 Windows NT/2000 操作系统的计算机上，组织管理也可以作为客户机组织管理软件的一部分安装在 Windows NT/2000 操作系统上。用户还可以从 SQL Server 组织管理的图形用户界面安装数据转换服务（Date Transformation Service）。

2. SQL Server 查询分析器

SQL Server 查询分析器（SQL Server Query Analyzer）是一个图形界面的查询工具，它允许用户可视化分析一个查询计划，也可以同时执行多个查询，查看数据并获取索引建议。SQL Server 查询分析器提供 shoeplan 选项，它用来报告由 SQL Server 查询优化器（SQL Server Query Optimizer）选用的数据检索方法。

3. SQL Server 描述器

SQL Server 描述器（SQL Server Profiler）实时捕获服务器活动的连续记录。SQL Server 描述器允许用户监视由 SQL Server 产生的时间、基于用户制定的规则过滤事件，并把跟踪记录输出到屏幕、文件或表中。使用 SQL Server 描述器，用户可以重演以前捕获的事件。这个程序可以帮助应用程序开发者找出降低应用程序性能的事务，这有利于基于文件结构的应用程序移植到 C/S 结构，因为这种移植的最后一步涉及应用程序在新的 C/S 环境下的应用问题。

4. SQL Server 性能调整工具

Microsoft SQL Server 2000 包括以下几个工具，它们可以协助数据库管理员进行性能调整：

（1）SQL Server 剖析器。SQL Server 剖析器记录了发生在数据库服务器上的活动细节信息。SQL Server 剖析器可以被用来观察和记录一个或多个在 SQL Server 运行查询的用户，并提供大量可配置的性能信息，包括 I/O 统计器、CPU 统计器、加锁查询、Transact-SQL 和 RPC 统计值、索引和表扫描、产生的警报和错误、数据库对象建立或放弃、连接建立、断开、存储过程操作及游标操作等。

（2）SQL Server 查询分析器。前面已经介绍过。

（3）性能监视器。Windows NT/2000 性能监视器提供关于运行在数据库服务器上的 Windows 和 SQL Server 操作的信息。在性能测试遇到以后分析文件的情况下，应该记录所有可用的计数器。配置性能监视器以记录所有计数器到日志文件，并同时在另一种模式下监视最感兴趣的计数器，诸如图形模式。这样，所有的信息被记录了，但在性能运转发生时，最感兴趣的计数器也呈现在不混乱的性能监视器中。

9.4.2 Sybase 介绍

Sybase 数据库系统从 1992 年 11 月开始开发，经过几年的开发已形成成型的产品。Sybase 具有很强的稳定性和灵活性，是一种高效的数据库管理系统。

1. 产品的组成

SQL Server 10（数据库管理信息系统的核心）、Replication Server（实现数据库移动和同步）、Backup Server（网络环境下的快速备份服务器）、Omini SQL Gateway（异构数据库库关）、Navigation Server（网络上可扩充的并行处理服务器）、Control Server（数据库管理员服务器）等。

2. Sybase 数据库的开发特点

属于 C/S 体系结构，提供了在网络环境下各节点数据库的互访。能适应 OLTP（On Line Transaction Processing）要求，能为数百万用户提供高性能的要求。采用单进程多线索（Single Process and Multi-Threaded）技术进行查询，节省系统开销，提高内存利用率。支持存数过程，客户只需要通过网络发出执行请求，就可马上执行，有效地加快了数据库的访问速度，明显减少网络通信量，极大地改善了网络环境的运行效率，增加数据库的服务容量。虚拟服务器体系结构与对称多处理器（SMP）技术结合，充分发挥多 CPU 硬件平台的高效性。数据库管理系统 DBA 在线调整监控数据库的性能。提供日志与数据库的镜像。通过存储和触发器由服务器制约数据的完整性。多种安全机制对表、视图、存储过程、命令进行授权。分布式事务处理采用 2PC（Two Phase Commit）技术访问支持 image 和 text 的数据类型，为工程数据库和多媒体应用提供了良好的基础。

3. Sybase 的开发工具

Data Workbench、Visual Query Language（图形查询语言）、Report Workbench（报表系统）、Internet SQL（交互式 SQL 环境）、Data Entry（快速录入数据）、Apt Workbench、Embeded SQL、SQR Workbench（开放式报表系统）、Easy SQR（基于菜单的报表生成器）、SQR 4GL（第 4 代语言报表生成器）、SQR Debug（调试工具）、SQL-Execute（动态表格配置）、Gain Momentum（面向对象的多媒体开发平台，可编辑动画、声音、位图等）。

9.4.3 Oracle 简介

Oracle 是关系数据库的倡导者和先驱，是标准数据库语言的产品。自从 1979 年推出以来，它受到社会的广泛关注。近 20 年来，Oracle 不断地将先进的数据库技术融入其中，并极有预见性地领导着数据库技术的发展。

Oracle 在数据库管理、数据库完整性检查、数据库查询性能、数据库安全性方面都有极强大的功能。并且它在保密机制、备份和恢复、空间管理、开放式连接以及开发工具方面提供了不同的手段和方法。总之，Oracle 成为不同用户、开发者及管理者不可多得的优秀软件。

Oracle 产品结构及组成，Oracle 系统是由以 RDBMS 为核心的一批软件产品构成，产品架构轮廓如图 9 – 13 所示。

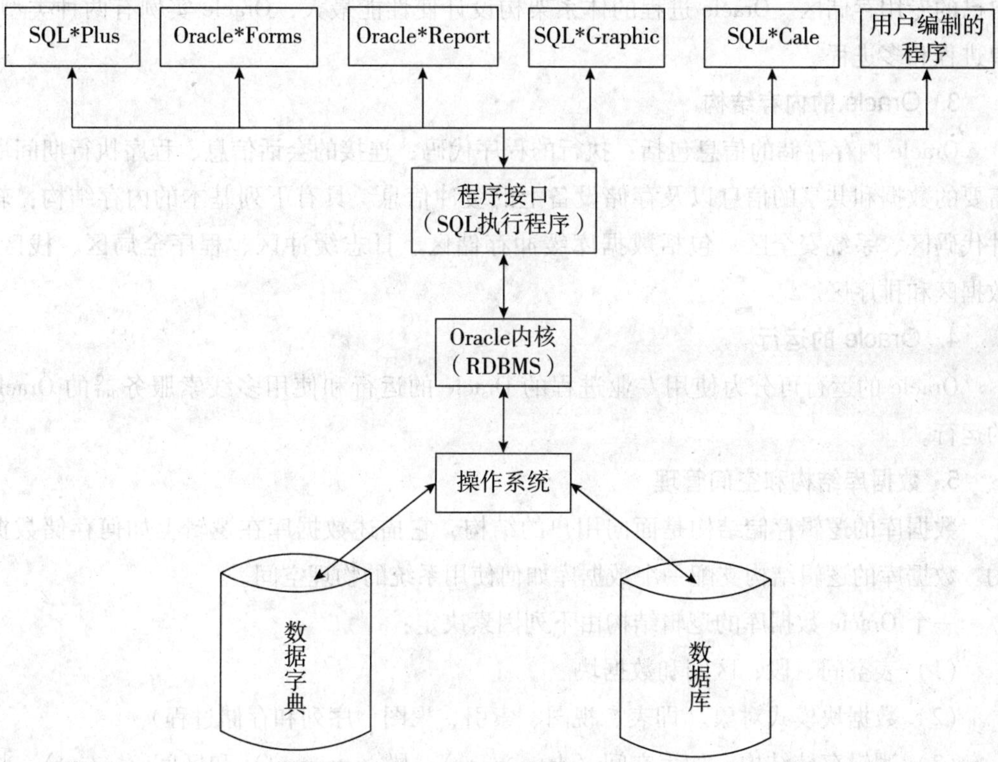

图 9 – 13　Oracle 产品结构

Oracle 9i 是 2000 年 10 月在 Oracle Open World 上发布的，它为 Oracle 数据库、应用服务器和开发工具引进了许多新的功能。Oracle 9i 是业界第一个完整和简单地用于互联网的新一代智能化的、协作各种应用软件的基础架构。Oracle 9i 实际上是指 Oracle 9i Database、Oracle 9i Application Server 和 Oracle 9i Developer Suite 的完整集成。Oracle 数据库产品具有良好的兼容性、可移植性、可连接性和高生产率，并且 Oracle RDBMS 具有良好的开放性。

Oracle 9i 的基本工具如下：

1. Oracle 企业管理器

Oracle 提供了 OEM 这样一个管理框架，将 DBA 所要用到的应用工具和所要做的管理工作集成在一个综合的管理控制平台，通过使用 OEM、DBA 可轻松地实现管理完整的 Oracle 环境，包括数据库、IAS 服务器、应用程序和服务；诊断、修改和优化多个数据库管理网络上来自多个位置的不同网络节点和服务；通过网络监控数据库服务器和事件，与其他管理员共享任务；将相关的服务器组合在一起，便于对任务的管理；启动集成 Oracle 和第三方工具。

2. 进程结构

进程是操作系统中的一种机制，它可执行一系列的操作步骤。一个进程通常有它自己的专用存储区。Oracle 进程的体系架构设计使性能最大，Oracle 实例有两种类型：单进程和多进程。

3. Oracle 的内存结构

Oracle 内存存储的信息包括：执行的程序代码，连接的会话信息、程序执行期间所需要的数据和共享的信息以及存储设备上的缓冲信息。具有下列基本的内存结构：软件代码区、系统安全区、包括数据库缓冲存储区、日志缓冲区、程序全局区、栈区、数据区和排序区。

4. Oracle 的运行

Oracle 的运行可分为使用专业进程的 Oracle 的运行和使用多线索服务器的 Oracle 的运行。

5. 数据库结构和空间管理

数据库的逻辑存储结构是面向用户的结构，它描述数据库在逻辑上如何存储数据的。数据库的逻辑结构支配一个数据库如何使用系统的物理空间。

一个 Oracle 数据库的逻辑结构由下列因素决定：

（1）表空间、段、区间和数据块。

（2）数据块模式对象（即表、视图、索引、聚图、序列和存储过程）。

（3）逻辑存储结构，如表空间（data space）、段（segment）和区间（extent），将支配一个数据库的物理空间如何使用。模式对象用它们之间的联系组成了一个数据库的关系设计。

6. 数据库物流存储结构

Oracle 数据库的内部结构即 Oracle 数据库结构，它包括数据的逻辑结构和物流结构，两者是相互关联的。逻辑结构是数据概念上的组织，如数据库或表；而物理结构则是实际的数据存储单元，如文件数据块。

Oracle 的物理存储结构主要包括：一个或多个数据文件（data file）；两个或更多的重做日志文件（redo log file）；一个或多个控制文件（control file）。

7. Oracle 事务管理器

在 Oracle 中一个事务是由一个可执行的 SQL 语句开始，一个可执行的 SQL 语句产生对实例的调用。在事务开始时，被赋给一个可用回滚段，记录该事件的回滚段。一个事务可在下列任何一种情况下出现结束：

（1）当 COMMIT 或 ROLLBACK（没有 SAVEPOINT 子句）语句打出。

（2）一个 DDL 语句被执行。在 DDL 语句执行前、后都隐式的提交。

（3）用户撤销对 ORACLE 的连接（当前事务提交）。

（4）用户进程异常终止（当前事务回滚）。

8. 触发器的介绍

数据库触发器是存储在数据库中的过程，当表被修改时它隐式的被激发（执行）。在 Oracle 中允许在对表发出 Insert、Update、Delete 语句时隐式的执行所定义的过程，这些过程为数据库触发器。触发器存储在数据库中，并与所相关表分别存储。触发器可在表上定义。在许多情况下触发器用于提供高级的数据库专用系统，来补充 Oracle 的标准功能。

9. 数据字典的使用

数据字典是 Oracle 数据库的最重要部分之一，是由一组只读的表及其视图所组成。它提供有关数据库的信息，可提供的信息如下：Oracle 用户的名字；每一个用户所授权的特权和角色；模式对象的名字（表、视图、快照、索引、聚集、同义词、序列、过程、函数包及触发器等）；关于完整性约束信息；列的默认值；有关数据库中对象的空间分布及当前使用情况；审计信息（如谁存取或修改对象）。

10　电子商务环境及物流信息系统网络

内容提要：

电子商务通常是指在全球各地广泛的商业贸易活动中，在因特网开放的网络环境下，基于浏览器/服务器应用方式，买卖双方不谋面地进行各种商贸活动，实现消费者的网上购物、商户之间的网上交易和在线电子支付以及各种商务活动、交易活动、金融活动和相关的综合服务活动的一种新型的商业运营模式。

本章主要介绍了电子商务的定义和我国电子商务的发展概况，并介绍了基于客户机/服务器和浏览器/服务器的系统网络结构，并简单介绍了分布式计算与网格计算。

学习要点：

通过这一章内容的学习，我们要达到这样几个目标：

(1) 了解电子商务的定义及我国电子商务的发展概况。

(2) 理解客户机/服务器和浏览器/服务器的系统网络结构。

(3) 了解分布式计算与网格计算。

10.1　电子商务发展的环境和前景分析

10.1.1　电子商务的分类

电子商务有狭义和广义之分，狭义电子商务定义为，主要利用 Internet 从事商务活动。广义的电子商务定义为，使用各种电子工具从事商务活动。电子商务包括以下几种分类：

(1) B2B (Business to Business)。商家（泛指企业）对商家之间的电子商务，商家对商家之间的电子商务，即企业与企业之间通过互联网进行产品、服务、信息的交换。通俗的说法是指进行电子商务交易的供需双方都是商家（或企业），它们使用 Internet 的技术或各种商务网络平台，完成商务交易的过程。B2B 的典型是阿里巴巴、中国制造网、慧聪网等。

(2) B2C (Business to Consumer)。企业对消费者之间的电子商务，即企业通过互联网为客户提供一种新型的购物环境——网上商店，消费者通过网络在网上购物并进行网上支付。

（3）C2C（Consumer to Consumer）。消费者对消费者之间的电子商务。C2C 同 B2B、B2C 一样，都是电子商务的集中模式之一。不同的是 C2C 是用户对用户的模式，C2C 商务平台就是通过为买卖上方提供一个在线交易平台，是卖方可以主动提供商品网上拍卖，而买房可以自行选择商品进行竞价。C2C 的典型是淘宝网。

（4）B2M（Business to Marketing）。指面向市场营销的电子商务企业（电子商务公司或电子商务是其重要营销渠道的公司）。B2M 电子商务公司根据客户需求为核心而建立起的营销型站点，并通过线上和线下多种渠道对站点进行广泛的推广和规范化的导购管理，从而使得站点作为企业的重要营销渠道。

另外还有两类：

（1）B2A（Business to Administrations）。是指企业与政府机构进行的电子商务。

（2）C2A（Consumer to Administrations）。是指消费者对行政机构的电子商务。这类电子商务目前还没有真正地形成。

10.1.2 国内外电子商务的发展概况

电子商务作为现代服务业中的重要产业，有“朝阳产业、绿色产业”之称，具有“三高”、“三新”的特点。“三高”即高人力资本含量、高技术含量和高附加价值；“三新”是指新技术、新业态、新方式。人流、物流、资金流、信息流“四流合一”是对电子商务核心价值链的概括。电子商务产业具有市场全球化、交易连续化、成本低廉化、资源集约化等优势。

电子商务按照参与主体和客户的不同，可分为多种形式，但目前看，B2B、B2C、C2C 是主要形式，其中 B2B 是最主要的应用形式。按照贸易主导主体，可分为销售方控制型、购买方控制型和中立第三方控制型。

1. 全球电子商务发展概况

纵观全球电子商务市场，各地区发展并不平衡，呈现出美国、欧盟、亚洲“三足鼎立”的局面。

美国是世界最早发展电子商务的国家，同时也是电子商务发展最为成熟的国家，一直引领全球电子商务的发展，是全球电子商务的成熟发达地区。欧盟电子商务的发展起步较美国晚，但发展速度快，成为全球电子商务较为领先的地区。亚洲作为电子商务发展的新秀，市场潜力较大，但是近年的发展速度和所占份额并不理想，是全球电子商务的持续发展地区。

全球 B2B 电子商务交易一直占据主导地位，从 2002 年至今，呈现持续高速增长态势，2007 年全球 B2B 交易额达到 8.3 万亿美元，预计在未来几年将保持 40% 以上的增长率，到2010年B2B交易额将达到26万亿美元，比2002年增长30多倍。

2. 我国电子商务发展概况

我国电子商务发展呈现典型的块状经济特征，东南沿海属于较为发达地区，北部和中部属于快速发展地区，西部则相对落后。

自2005年以来，我国电子商务市场交易额稳定增长，2007年我国电子商务市场规模突破17000亿元。未来3年，仍是我国电子商务投资规模持续增长和爆发的时期，我国电子商务投资市场将迎来新一轮的发展高潮。一方面，2007年国家“十一五”电子商务发展规划的颁布标志着政府推动电子商务的总体布局已经形成；另一方面，电子商务在企业的应用成效以及对经济、社会发展的推动作用日益明显。

2007年我国B2B电子商务交易额约为12500亿元，比2006年增长25.5%。目前B2B市场的集中度较高，在综合类网站中，阿里巴巴已占近乎7成份额。2007年我国B2C网站总收入约为52.2亿元，同比增长33.5%。B2C是传统企业开展电子商务的主要形式，随着网络购物环境的好转以及企业（特别是大中型企业）电子商务化程度的提升，在总体规模上B2C将会有一个长足的发展，并成为未来网购的主流。2007年我国C2C交易额约为410.4亿元，同比增长90%；C2C是目前我国网购的主要形式，但普及率还较低，不到网民总数的3成。

3. 我国电子商务发展趋势

（1）电子商务的发展环境将不断完善，发展动力持续增强。随着市场经济体制进一步完善，推进经济增长方式转变和结构调整的力度继续加大，发展电子商务的需求将会更加强劲。电子商务将被广泛应用于生产、流通、消费等各领域和社会生活的各个层面。这将促使全社会电子商务的应用意识不断增强，有关电子商务的政策、法律、法规将不断出台，电子商务发展的政策、法律环境将不断完善。同时，也促使物流、信用、电子支付等电子商务支撑体系建设更全面地展开，从而使得电子商务发展的内在动力持续增强。

（2）电子商务应用将达到新的广度和深度。随着《电子商务发展“十一五”规划》的实施，电子商务在国民经济各部门中将得到进一步的推广和应用。电子商务交易额呈现稳定持续增长态势；在区域发展方面，长三角、珠三角和环渤海等东南沿海的电子商务在继续高速增长的同时，辐射力也逐渐提高，将促进东部和中西部地区之间的协调发展；在企业应用方面，在国家、各级政府的政策引导下，在电子商务服务业的协助下，将促进企业由非支付型电子商务向支付型电子商务、协同电子商务的发展，深化企业应用水平。

10.2 客户机、服务器结构

客户机、服务器（Client/Server）结构通常应用于计算机网络环境下，它把客户端和服务器端分开来，每一个连到网络上的客户或服务器都可以被称为“节点”。最基本的客户机、服务器结构只包含两类节点：客户和服务器，它有时也被称为两层（Two-tier）结构。在这种结构中，设备可以共享文件和资源。

每一个客户端软件的实例都可以向一个或多个连在网络上的服务器发送数据访问请求。在服务器端，服务器接受这些请求，对它们进行处理，然后将处理的结果返回客户端。客户机、服务器结构在各种网络应用中得到广泛的应用，虽然这些应用的表现形式各异，但它们的本质是一样的。例如，常见的客户端包括网络浏览器，FTP 客户端，电子邮件客户端程序和网络游戏客户端程序，常见的服务器包括 Web 服务器、FTP 服务器、电子邮件服务器和数据库服务器等。

客户机、服务器结构如图 10－1 所示。

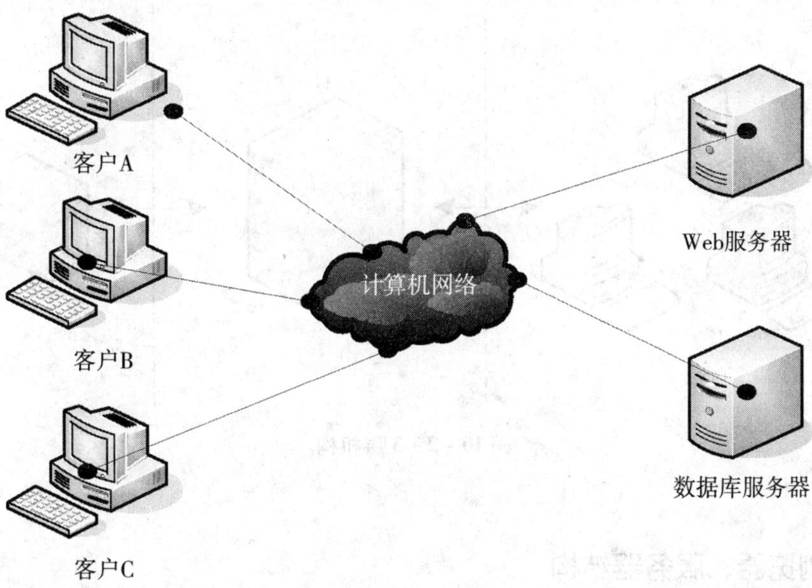

图 10－1　客户机、服务器结构

客户端的特性如下：

（1）客户端是发出请求的一方。

（2）需要等待并且接收响应。

（3）同一时刻通常只连接数量不多的服务器。

（4）通常使用图形界面与最终用户打交道。

服务器的特性如下：

（1）服务器是接收来自客户端请求的一方。

（2）被动响应请求而不是主动联系客户。

（3）在接收到请求后，处理请求并返回结果。

（4）通常在同一时刻需要处理来自客户的大量请求。

（5）通常不直接与终端用户打交道。

在一些比较复杂的应用中，简单的二层结构不能满足应用的需要，由此衍生出了多层结构（Multi-tiered Architecture），如3层结构（Three-tier Architecture）。在3层结构中，应用系统包括3种类型的节点：客户端、处理客户端请求的应用服务器端和存储数据的数据库服务器端，如图10－2所示。由于大多数的应用系统都比较复杂，所以3层结构成为了应用最广泛的C/S结构。比3层结构具有更多层次的结构被称为N层结构（N-tier Architecture）。

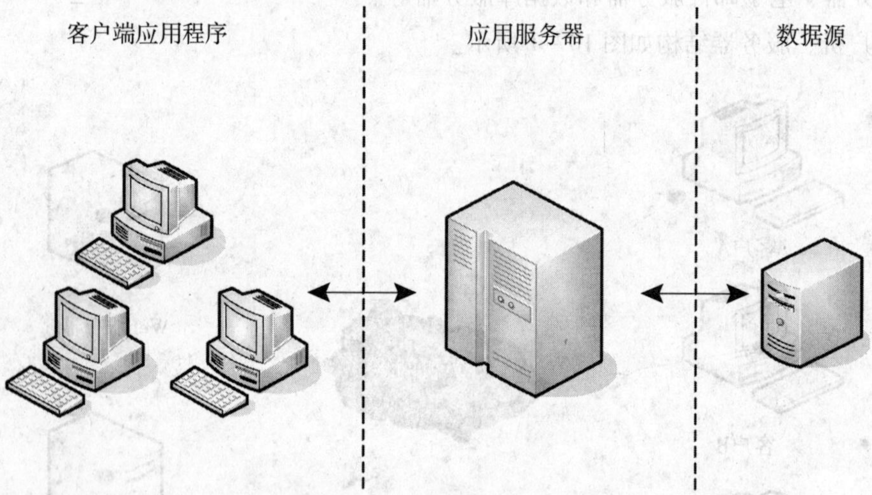

图10－2　3层机构

10.3　浏览器、服务器结构

浏览器、服务器（Browser/Server）结构是随着Internet技术的兴起，对C/S结构的一种变化或者改进的结构。在这种结构下，用户界面完全通过WWW浏览器实现，一部分事务逻辑在前段实现，但是主要事务逻辑在服务器端实现，形成所谓3层结构。B/S结构，主要是利用了不断成熟的WWW浏览器技术，结合浏览器的多种Script语言和Active X技术，用通用浏览器就实现了原来需要复杂专用系统才能实现的强大功能，并节约了开发成本，是一种全新的系统构造技术。随着Windows 98/2000

将浏览器技术植入操作系统内部，这种结构更成为当今应用系统的首先体系结构，如图 10－3 所示。

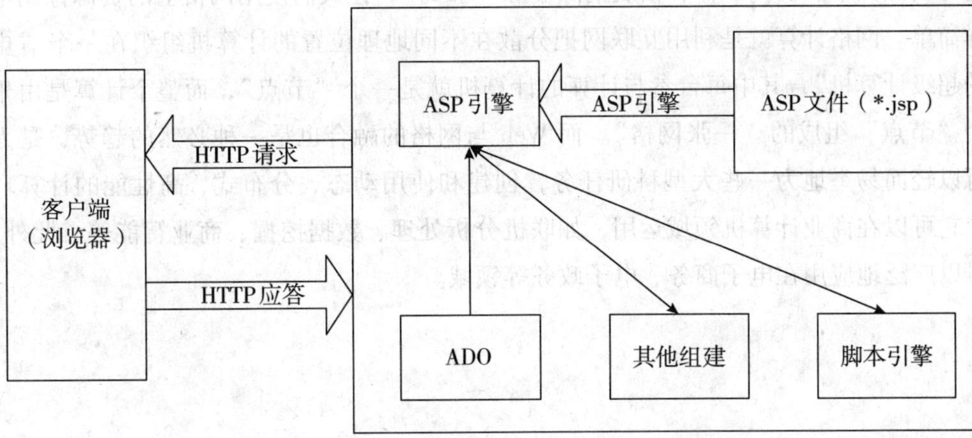

图 10－3　B/S 结构示意

B/S 结构使用到的技术有：ASP（或 JSP）技术、HTML、VB Script（或 Java Script）语言、使用 ASP/JSP 访问数据库。微软公司退出 IIS 的一个组件在站点的 Web 服务器上解释脚本，可产生并执行动态、交互式、高效率的站点服务器应用程序。

ASP/JSP 的特点很多，程序无须编译、易于生成、独立于浏览器、面向对象、于任何 Active X Scripting 语言兼容。ASP/JSP 的功能强大，处理由浏览器传送到服务器的输入表单，访问和编辑服务器的数据库、读写站点服务器的文件，实现计数器、取得浏览器信息、VBS/JS 结合 HTML 快速产生程序、扩充功能强。可用任何文笔编辑器或网页编辑器建立。

10.4　分布式计算与网格计算

分布式计算是近年提出的一种新的计算方式。所谓分布式计算就是在两个或者多个软件之间互相共享信息，这些软件既可以在同一台计算机上运行，也可以在通过网络连接起来的多台计算机上运行。分布式计算是一门计算机科学，它研究如何把一个需要非常巨大的计算能力才能解决的问题分成许多小的部分，然后把这些部分分给许多计算机进行处理，最后把这些计算结果综合起来得到最终结果。

分布式计算与构建模型的发展是分不开的。现在已经相继形成的三大构件模型：CORBA/CCM、COM/DCOM、J2EE/EJB。CORBA 是一种面向对象的构件技术，CCM 是 CORBA3.0 提出的组件对象模型，而 DCOM 是基于分布式计算的组建对象模型；J2EE 是 SUN 提出的基于服务器端运行提供构件平台，EJB 运行与 J2EE 的构件模型。

网格是利用互联网把地理上分布的各种资源连接成一个逻辑整体，就像一台超级计算机一样，为用户提供一体化信息和应用服务，虚拟组织最终实现在这个虚拟环境下进行资源共享和协同工作，彻底消除资源“孤岛”，让人们使用网格上的资源像用电一样简单。网格计算就是利用互联网把分散在不同地理位置的计算机组织在一个“虚拟的超级计算机”，其中每台参与计算的计算机就是一个“节点”，而整个计算是由千万个“节点”组成的“一张网格”。而 Web 与网格的融合也是一种必然的趋势，是人们可以轻而易举地为一些大型科研任务，创建和使用动态、分布式、高性能的计算环境。它可以在商业计算机领域运用，如联机分析处理、数据挖掘、商业智能等。此外，它可以广泛地应用在电子商务、电子政务等领域。

第 4 篇

管　理　篇

11 物流信息系统项目管理与质量管理

内容提要：

项目管理是指为一个建设项目进行从概念到完成的全方位的计划、控制与协调，以满足委托人的要求，使项目得以在所要求的质量标准的基础上、在规定的时间内、在批准的费用预算内完成。简而言之，项目管理就是追求投入产出比最大化。信息系统的质量管理不仅仅是项目开发完成后的最终评价，而是在信息系统开发过程中的全面质量控制，包括系统分析、系统设计、系统实现的软件、文档、开发人员和用户培训的质量控制。

本章主要介绍了物流信息系统开发过程中的项目管理和质量管理的有关基础理论，并简单介绍了物流信息系统开发过程中的风险类型和抗风险措施。

学习要点：

通过这一章内容的学习，我们要达到这样几个目标：

(1) 了解物流信息系统开发中的组织管理和计划管理。

(2) 理解物流信息系统开发中的质量管理。

(3) 掌握物流信息系统开发中的风险类型及防范措施。

11.1 物流信息系统项目管理

项目管理将抽象的需求规格进行归纳、裁减和整理，形成一个可实施的、可验证的、可度量的过程，并通过一系列的活动实现预定的结果。专业目标（功能、质量、生产能力等）、工期（时间）目标和费用（成本、投资）目标共同构成了项目管理的目标体系。一般来说，目标、成本、进度三者是互相制约的。当进度要求不变时，质量要求越高或任务要求越多，则成本越高；当不考虑成本时，质量要求越高或任务要求越多，一般进度越慢；当质量和任务的要求都不变时，进度过快或过慢都会导致成本的增加。项目管理的目的是谋求（任务）多、（进度）快、（质量）好、（成本）省的有机统一。

11.1.1 物流信息系统项目管理的特点

物流信息系统项目管理具有以下特点：

（1）物流信息系统项目的目标是不精确的，任务的边界是模糊的，质量要求更多是项目团队来定义的。

（2）物流信息系统项目进行过程中，客户的需求会不断被激发，被不断地进一步明确，导致项目的进度、费用等计划不断地被更改。

（3）物流信息系统项目是智力密集、劳动密集型的项目，受人力资源影响较大，项目成员的结构、责任心、能力和稳定性对信息系统项目的质量以及是否成功起决定性作用。

下面主要从物流信息系统的计划、进度、成本、人员、文档、质量监测、对外关系等角度来具体论述物流信息系统的项目管理。

11.1.2 信息系统开发项目的立项与鉴定

物流信息系统建设项目管理可以分为立项与可行性研究、项目实施管理、项目鉴定3个阶段。

物流信息系统建设的前期过程可分成两个步骤：第1个步骤是进行初步调查，提出项目建议书。一旦项目建议书被主管部门批准后，该项目就被正式列入计划，也就是通常所说的项目立项。第2个步骤主要是进行可行性研究，即进入正式研究阶段。项目能否正式实施还有待于可行性研究报告是否能通过主管部门的审批。

1. 立项工作的主要内容

在立项工作上，单位业务管理人员需要提出设计的系统目标、解决问题的范围、系统的功能和性能、运行环境、设计费用和完成时间等。立项是进行系统分析工作的前提。一般来讲，信息系统的立项工作应由本单位的有关人员来完成，如果本单位或本部门没有这方面的人员，可通过“任务委托书”形式委托有关研究单位来完成。

立项工作要达到以下4个目标：

（1）向上级部门阐述采用计算机建立系统的原因及其优点，并得到上级领导的肯定。

（2）使本单位的全体员工都能知道采用计算机建立新系统的情况，并能获得支持与理解。

（3）估算出资源需求、预期的时间与进度，以及所需要的投资。

（4）为建立新系统确定项目开发组织和人员配备。

2. 立项工作的任务

立项工作是开发信息系统的首要工作，也是最基本的工作。立项工作的任务是：

（1）摸清本单位目前现有的人力、物力情况。

（2）根据国际、国内发展趋势设想出本单位业务发展趋势。

（3）设想新系统建立后的工作机构。

（4）向上级部门提交申请报告。

（5）如果需要委托其他单位参与，则应写出任务委托书。

3. 立项工作的原则

要使立项工作科学化，必须遵循一定的原则，这些原则大体可归纳为信息原则、预测原则、系统原则、可行原则和实惠原则。

（1）信息原则。要求信息正确、完整、及时，有充分的依据。

（2）预测原则。立项是建立在预测基础上的，对过去的、现在的以及未来的发展动向必须清楚。

（3）系统原则。立项必须强调系统性，要考虑整个系统和相关系统，说明其作用。

（4）可行原则。立项必须可行。立项必须符合科学技术发展规律和经济发展规律。

同时还要注意：不能只强调需要而不考虑可能；不能只考虑成功的因素和有利的因素，而不考虑不利的因素和失败的风险。只有两者兼顾，才能使立项建立在可靠、可行的基础上。

（5）实惠原则。所谓实惠，就是指花费的代价小，取得的效果大。实惠主要表现在经济效益、环境影响和社会效益 3 个方面。要求立项者对这三者以及它们之间的关系有一定的洞察能力。

4. 立项报告的主要条目

立项报告一般由两大部分组成。第 1 部分内容包括：课题题目，课题负责人和他们担负的工作；办事机构，参加单位，协作单位。第 2 部分内容包括：课题来源，课题开发研究的目的和意义，目前现状和发展趋势，课题具体开发研究的内容，课题完成时间，总课题经费概算等。

11.1.3 信息系统开发的组织管理

工作人员组织着眼于系统分析、系统设计、系统实施中的具体工作，如工作计划、编制预算、人员组织等。

1. 系统开发的人员组织工作

开发物流信息系统的组织和人员的结构是否合理，直接影响系统开发的速度和质量。合理的开发机构一般根据开发工作的需要、工作性质的分类和职能设置，可设立领导组、开发组、应用组、维护组及资料组。每个组均配备特定职责范围和符合专业素质要求的技术人员。典型的开发组织人员结构如图 11－1 所示。

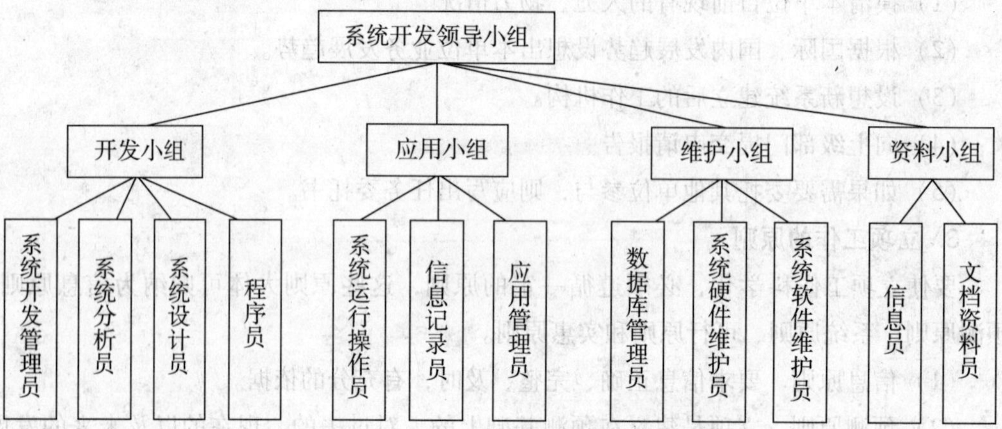

图 11－1　系统开发领导小组人员结构

2. 系统开发工作的组织

系统开发的组织工作要按照系统开发的总体规划、系统分析、系统设计、系统实施与评价的过程来进行。其任务就是合理地配置人、财、物等资源，高质量地按时完成各阶段的工作内容，保证整个系统开发工作的成功。

11.1.4　信息系统开发的计划管理

物流信息系统计划管理需要解决以下 4 个方面的内容：

（1）物流信息系统的总目标和发展战略。总目标规定物流信息系统的发展方向，发展战略则提出具体的步骤和每步应达到的子目标，同时还应制定出衡量具体工作完成的标准。

（2）了解用户单位当前物流信息系统及其管理状况，包括软件、硬件设备、人员、各项费用、开发项目的进展以及应用系统的情况，同时，对用户单位当前的组织结构、业务流程、管理制度等进行分析。

（3）对相关信息技术发展进行预测，提高技术选型和产品选型的正确性。

（4）将整个物流信息系统划分为多个子系统进行独立开发再最终集成，这样可以降低系统的复杂性并使程序结构清晰。在系统划分前，需要按系统构成对系统分解，分析各子系统之间的依赖关系和相互需要进行的数据传递。

此外，还需要确定各子系统的开发顺序，对物流信息系统生命周期的各阶段费用、人力、进度等进行估算和安排。

11.2 物流信息系统质量管理

11.2.1 信息系统开发的质量管理

物流信息系统的质量管理不仅仅是项目开发完成后的最终评价，而是在物流信息系统开发过程中的全面质量控制，包括系统分析、系统设计、系统实现的软件、文档、开发人员和用户培训的质量控制。国际上从20世纪70年代初就开始研究软件的质量控制问题，随着软件质量领域知识的增长，一些流行和重要的国际标准纷纷出台。ISO 9000和CMM（Capability Maturity Model）就是其中最具代表性的成果。

1. ISO 9000

ISO 9000系列国际标准为企业建立质量体系，并提供质量保证的模式，其目标是：被业界普遍接受，与当前技术协调，适应未来协调发展，适应未来技术的发展。ISO 9000系列标准自从1987年发布以来，已经陆续发布了十几个相关的标准和指南，形成了质量管理和质量保证标准体系，目前已被世界各国普遍接受。我国1992年采用ISO 9000系列标准制定了GB/T 19000—1994系列标准。该标准颁布实施后，为我国的企业同国际接轨奠定了基础，受到了各行业、企业的极大关注。ISO 9000系列标准包含了综合的质量管理概念和指南，是现代质量管理和质量保证理论的结晶，也是实践经验的总结。同时，它在消除国际贸易中的技术壁垒，提高企业素质，开展质量认证工作及保护消费者利益等方面起到了越来越大的作用。

在ISO 9000系列中，ISO 9001是一个可以适用于所有行业的质量管理标准。尤其是2000版的ISO 9001，将产品的实现过程流程化，并以模块化的形式对生产组织的管理体系、管理职责、资源、产品实现、测量与改进等提出了质量管理的要求，更加适合软件行业软件开发、生产的维护。我国依照ISO 9000族标准的方式建立了我国的质量保证标准族GB/T 190000。中国作为ISO 9000认证的国际互认发起国之一，成功地通过了首批国际同行评审，成为具有国际认证资格的国家之一。同时，在国家和政府的大力推动下，已建立了规范化的认证机构和审核员管理制度，确保了我国认证行业的国际地位。这些都为建立基于ISO 9000的软件质量保证平台奠定了坚实的社会基础。随着软件质量管理和认证工作在中国IT业的开展，其支撑技术的研究、支撑工具的开发也日益引起人们的重视。

2. 软件过程能力成熟度模型——CMM

（1）CMM概述。软件过程能力成熟度模型（CMM）是美国软件工程研究所开发的用于描述有效软件过程中关键成分的框架，是国际标准ISO/IEC TR 15504：1998“信息技术—软件过程评估”的基础。CMM的核心是把软件开发视为一个过程，并根据这一原则对软件开发和维护进行过程监控和研究，以使其更加科学化、标准化。

CMM 的实施目标如下：

①通过提高劳动力的能力来提高软件组织的能力。

②确保软件开发能力属于组织而非个别人。

③使员工个人动机与组织保持一致。

④使组织能留住关键人才。

（2）CMM 模型的内容。CMM 模型为软件企业的过程能力提供了一个阶梯式的进化框架，阶梯共有 5 级。第 1 级实际上是一个起点，任何准备按 CMM 体系进化的企业都自然处于这个起点上，并通过这个起点向第 2 级迈进。除第 1 级外，每一级都设定了一组目标，如果达到了这组目标，则表明达到了这个成熟级别，可以向下一个级别迈进。

CMM 模型的 5 个等级如图 11－2 所示。

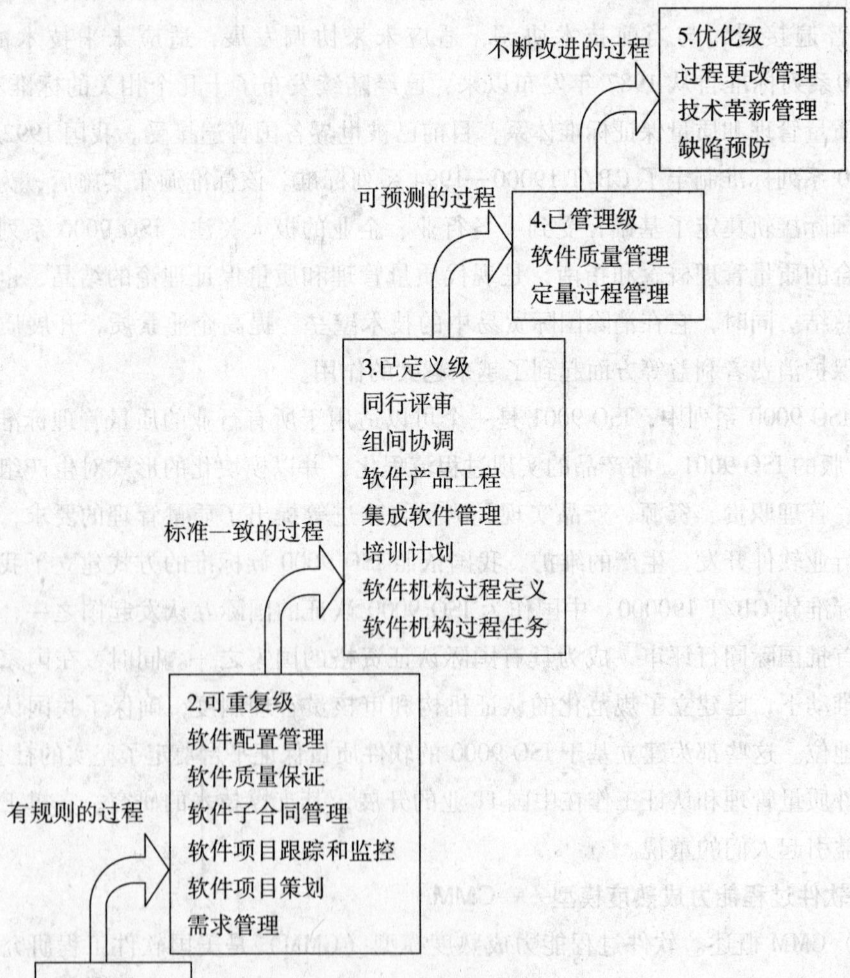

图 11－2　CMM 模型的 5 个等级

①初始级。其特点是软件过程无序、没经过定义；成功取决于软件人员的个人素质。

②可重复级。其特点是已建立基本的项目功能过程，以进行成本、进度和功能跟踪，并能使具有类似应用的项目能重复以前的功能。

③已定义级。其特点是管理活动和工程活动两方面的软件工程均已文档化和标准化，并已集成到软件机构的标准化过程中。

④已管理级。其特点是已采用详细的有关软件过程和产品质量的度量，并使软件过程和产品质量得到定量控制。

⑤优化级。其特点是能及时采用新思想、新方法和新技术以不断改进软件过程。

其中，从第1级上升到第2级称为“有规则的过程”；从第2级上升到第3级称为“标准一致的过程”；从第3级上升到第4级称为“可预测的过程”；从第4级上升到第5级称为“不断改进的过程”。

CMM为软件企业提供了控制开发和维护软件过程、培养优秀的软件工程和管理文化等方面的指导，为企业不断提高整体业务素质和开发水平指明了方向。如何帮助软件企业的管理者和工程师理解ISO 9000和CMM，引导企业建立标准化的生产过程和管理过程，进行工作流和文档流的控制和管理，以及实施软件过程和软件质量的度量技术等，都是目前急需解决的问题。

3. CMM模型的实施过程

企业实施CMM的步骤如下：

（1）提高思想认识，了解必要性和迫切性。

（2）确定合理的目标。

（3）进行CMM培训和咨询工作。

（4）成立工作组。

（5）制定和完善软件过程。

（6）内部评审。

（7）初期评估。

（8）正式评估。

（9）根据评估的结果改进软件过程。

CMM评估是为了评价当前的水平，找出问题所在，指导如何改进和了解软件承包商的软件能力。目前针对CMM开发出许多的评估方法，其中公认评估方法有两个：一个是用于内部过程改进的CMM评估称为CBA - IPI方法；另一个是用于选择和监控分承包方的CMM评估，称为SCE方法。这两种方法基于不同的目的，但评估的结果应一致。评估包括3个阶段：准备阶段、现场阶段和报告阶段。

CMM的精髓是“持续改进”，系统开发效率和质量是一个复杂系统工程问题，必须以超前的视野预见过程实施中可能遇到的要素（包括特定的设计、作业方式以及与之相关联的成本要素），并借助先期规范制约各种手段进行预期调整，同时结合相应的效果计量和评估方法，确保实际过程以预期的低成本运作。着眼于软件过程的CMM模型是持续改进的表现，模型中蕴涵的思想就是防止项目失败的思想，也就是“持续改进”。

11.2.2 信息系统开发的风险管理

物流信息系统是随着物流业的发展而兴起的。人们给予它很高的期望，希望它的成长给稀缺各种资源的人类社会创造一种新的生活和生产方式，以这种方式，人们可以以更少的资源换取更高的生活和生存质量。尽管我们已经拥有大量的分析工具来帮助我们进行物流信息系统建设中的过程控制，但是仍有太多的风险无法避免。

1. 风险类型

物流信息系统的风险类型可从不同的维度分类，表11－1是基本的风险类型。

表11－1 风险的类型

分类维度	类 别
一般风险	自然风险、意外事故、经济风险、技术风险、政治风险和社会风险
整合风险	供应链管理的风险、文化整合等
物流信息系统风险	开发的5阶段都有一定的风险，特别是系统安全风险、人员接受程度的风险

2. 抗风险的措施

风险管理方法除上述方法以外，还包括：风险限制，即通过合同和交易的标准化限定企业潜在的风险；风险结合，即不同企业对相同的风险缔结某种协定，将这种风险排除出去，如缔结价格、生产限额和竞争限制等协定排除竞争风险和倒闭风险等。风险的防范如表11－2所示。

表11－2 风险的防范

方法类别	方 法
管理控制方法	风险避免、风险防止、风险分离、风险分散
财务处理方法	费用的控制和成本的管理
综合方法	工程控制方法

第5篇

案　例　篇

12 典型的物流信息系统设计方案介绍

内容提要：

本章主要介绍了各类典型的物流信息系统设计方案。包括第三方物流信息管理系统、第四方物流信息管理系统、供应链管理信息系统、货代业务信息系统和企业物流信息门户的设计。

学习要点：

通过这一章内容的学习，我们要达到这样几个目标：

（1）了解各种典型的物流信息系统设计方案的概念。

（2）掌握第三方物流信息管理系统、第四方物流信息管理系统、供应链管理信息系统、货代业务信息系统、企业物流信息门户设计方案的基本结构和模块设计。

（3）理解有关知识、概念和方法在物流信息系统设计中的应用。

12.1 第三方物流信息管理系统方案设计

工商企业越来越重视与其他公司，包括与顾客、原材料供应商及各种类型的物流服务供应商的紧密合作。这一现象是由供应链活动中的公司努力建立相互之间更有意义的关系所引起的，结果导致许多公司成为供应链成员“扩展”物流组织的过程中的一员。

扩展物流组织至公司边界之外的方法之一，就是采用第三方或合同物流服务。“第三方”这一词来源于物流服务提供者作为发货人（甲方）和收货人（乙方）之间的第三方这样一个事实。物流服务公司在货物的实际物流链中并不是一个独立的参与者，而是代表甲方或乙方来执行的。第三方物流企业可广义地定义为提供部分或全部企业物流功能服务的一个外部提供者。这一广义的定义是为了把提供运输、仓储、销售物流、财务等服务的提供者都包括在内。目前，提供这类服务的企业数量大增，并有继续增加的趋势。

12.1.1 第三方物流信息管理系统概述

所谓第三方物流信息系统，是第三方物流企业为实现其经营目标，对与其物流服务相关信息的收集、加工、处理、储存和传递过程进行有效控制和管理，并为企业提供服务信息分析和决策的人机系统。

第三方物流信息系统可按以下 3 种方式进行分类：

（1）按第三方物流企业服务范围的不同分类。按第三方物流企业服务范围的不同，可将系统分为专项第三方物流信息系统和综合第三方物流信息系统。

所谓专项第三方物流信息系统，就是指仅能提供单一或基本物流服务功能的第三方物流企业的物流信息系统。例如，运输企业的物流信息系统（只提供运输服务）、仓储企业的物流信息系统（只提供仓储服务）等。

所谓综合第三方物流信息系统，是指能够提供综合一体化的物流服务功能的第三方物流企业的物流信息系统。这种类型的物流信息系统主要是建立在多功能的综合物流服务基础上的。如宝供物流的综合物流信息系统、捷利物流的综合物流信息系统等。

（2）按物流环节分类。按物流环节分类可以分为仓储管理系统、配送管理系统、运输管理系统等。

（3）按物流管理要求分类。按物流管理要求分类可以分为货物追踪系统、车辆运行管理系统、求车求货系统等。

12.1.2 第三方物流信息管理系统的典型方案

第三方物流信息管理系统总体功能结构如图 12－1 所示，相关功能模块可根据具体需求进行取舍。部分功能解析如下：

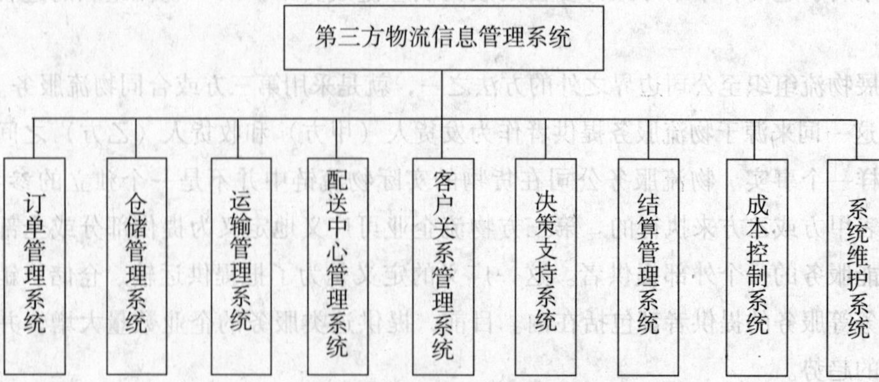

图 12－1 第三方物流信息管理系统总体结构

1. 订单管理系统

订单是现代企业运作的重要驱动力，采购、设计、制造、销售等一系列工作都围绕订单展开，因此订单处理对于物流中心而言至关重要。同时，订单处理能力也是客户服务的重要一环，订单处理的速度和质量直接影响整个物流活动的成本和效率。快速、准确、高效的订单处理能力不仅可以使企业以较高的客户服务水平来抓住客户，而且可以为企业节约流动资金，削减费用。相反，缓慢、低效、差错多的订单处理不仅使企业的客户服务水平低，容易失去现有和潜在的客户，而且将使企业背负更高的运输、库存成本，占用更多流动资金。可见，订单处理能力与企业的竞争能力是密切相关的。

订单管理系统是企业根据自身市场特点、客户特征、经营性质和业务流程开发的一套综合订单处理系统，使订货信息流得到系统、高效、准确的管理。设立订单管理系统是为了处理物流中心从接到顾客订单到完成顾客订单需求过程中所有有关客户与订单的资料集结、核查、分析、维护、单据处理等工作。订单管理系统主要可以提供物流中心订单拣取、客户服务查询及异常处理等服务，使顾客可以适时、适地、适量、准确地收到货品，并对顾客提供订购货品的即时消息。此外，当缺货时，也可以依制定原则调货、分货，并对缺货的订单进行处理，使客户的损失降到最低，提高顾客满意度。

订单管理系统的主要功能模块如图 12－2 所示。

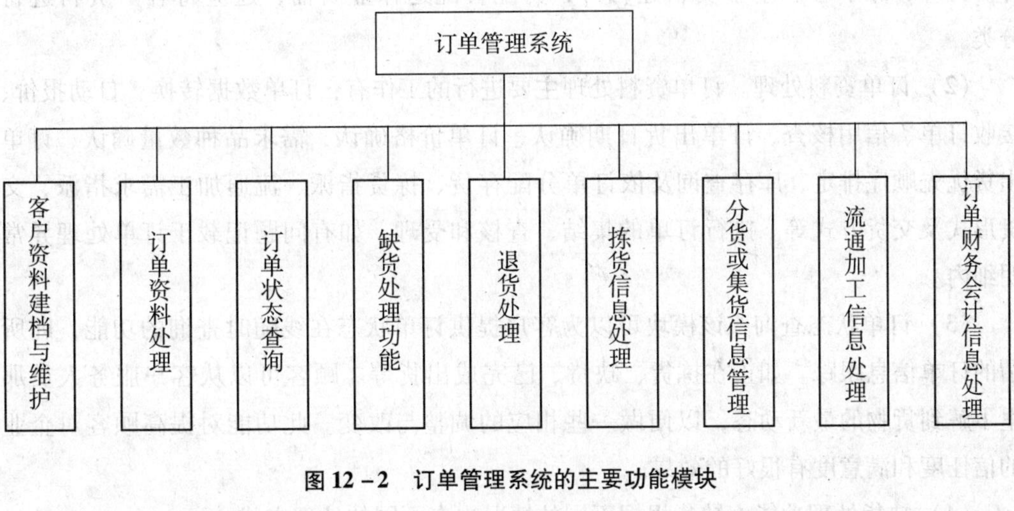

图 12－2　订单管理系统的主要功能模块

订单管理模块在收到订单后，同时分别发出拣货信息、分货或集货信息、流通加工信息，以支持拣货实体作业、分货或集货实体作业、流通加工实体作业；然后出货经顾客退货的信息传给退货信息模块；订单完成后，发生应收款账信息给财务会计信息模块；若是发生货品库存短缺情形，则应通知采购信息模块，进行采购作业。综上所述，订单信息管理模块与其他模块的关联如图 12－3 所示。

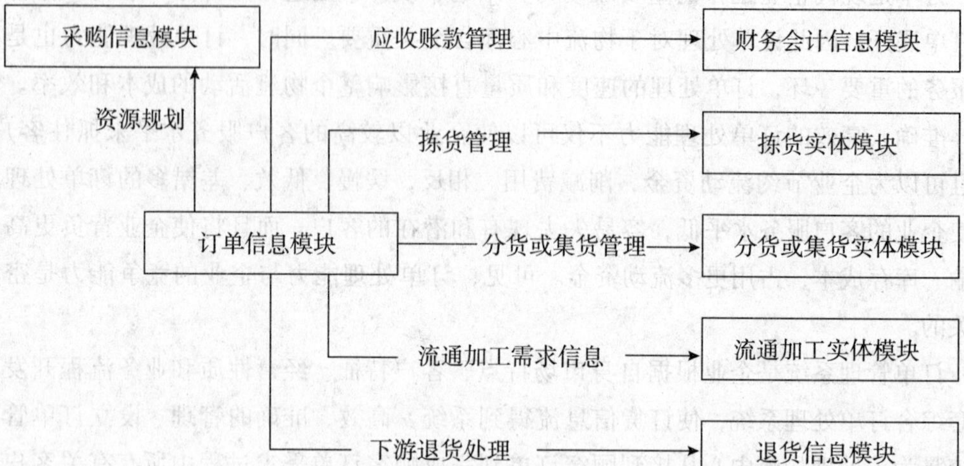

图 12－3　订单信息模块

下面对图 12－2 中的订单管理系统的功能模块分别作介绍：

（1）客户资料建档与维护。订单信息管理模块中的客户资料基本包括：客户形态、客户信用等级、负责人、统一编号、联系地址与电话、交易限额、付款方式、发票与送货地址、上期结欠、销售业绩与备注、配送区域分类、收货时段、建档与交易日期等。另外，除了客户基本资料建档外，为配合配送作业所需，还应将客户资料进行分类。

（2）订单资料处理。订单资料处理主要进行的工作有：订单数据转换、自动报价、接收订单、信用核查、订单出货日期确认、订单价格确认、需求品种数量确认、订单出货优先顺序排定、库存查询及依订单分配存货、拣货指派、流通加工需求指派、交货形式及交货方式等。执行订单的集结、查核和受理，如有问题记载于订单处理异常明细内。

（3）订单状态查询。该模块可以为客户提供订单状态在线随时查询的功能，即所谓的订单信息跟踪。如正在拣货、缺货、已完成出货等。顾客可以从客户服务人员那里了解到货物的最新动态，以便做一些相应的调整与改变。此功能对提高顾客对企业的信任度和满意度有很好的效果。

（4）缺货处理功能。缺货根据不同的情况也有不同的处理方式：

物流中心动管区库存不足，但是保管区还有存货。此时的缺货处理由库存储位模块处理，即由现场作业人员将所欠的货品种类及数量的信息送至保管区，保管区依指示进行补货。

物流中心已无此品种存货。此时的缺货处理由采购信息模块处理，即将缺货的商品与订单资料上传至采购信息模块，由采购人员进行采购活动。并且此时应将缺货信息即时通知客户，依客户要求处理，如决定是先将现有库存货物交付并在交货单上注明缺货品种和数量，还是等补货到后再交货等。

（5）退货处理。若交付的商品由于物流中心或上游供应商的原因不满足客户要求，遭客户退回，应将其退货资料一并退回物流中心，并按情况作出诸如修正、换货或不送商品的处理，并将此信息传给退货信息模块。例如，像书籍或杂志的退货率非常高，为三成到四成，此时，一个完备的退货处理系统就显得非常重要了。

（6）拣货处理。每一张客户的订单中都至少包含一项以上的商品，拣货信息就是要指导拣货人员或系统如何正确且迅速地集合顾客所订的商品并取出。拣货信息的输出有打印拣货单据和输出拣货信息到拣货实体模块。拣货单据中的主要信息就是商品出库指示资料，它是拣货的依据。拣货资料的类型需配合物流中心的拣货策略及拣货作业方式来加以设计，以提供详细并有效的拣货信息。

（7）分货或集货信息管理。拣货完成后，由于拣选作业方式的不同，就要进行分货或集货处理。如采用的是批量拣选，则必须按照订单要求的数量和品种进行分货。该分货或集货信息模块将再按照订单信息进行分货或集货信息处理，打印出相应的分货或集货单，并将处理好的信息传给分货或集货实体模块进行执行。

（8）流通加工信息处理。当客户对商品有特殊的包装、分装或贴标等要求时，应将相应的信息输入该信息处理模块，由该模块经处理后传至流通加工实体模块进行执行，以适应顾客的个性化要求。

（9）订单财务会计信息处理。该模块主要是记录和统计在各个订单业务中所涉及的有关诸如应收付款、已收付款、成本核算等信息，使公司即时地了解运营情况。另外，因为一般物流中心很少随货收款，而是一段时间内积累到一定数额后一并结账，这样订单财务会计信息模块还可以避免产生过多的呆账。

2. 仓储管理系统

仓储管理系统（Warehouse Management System，WMS）是一种专门追踪和管理仓储中一切活动的软件。仓储管理系统在整个物流信息系统中，运用实时数据收集和关系型数据库技术，并以全面性的配销循环营运观点，协助企业管理库存的有效产出。以一组软件工具管理库存流量，人工和相关资源，同时提供增强的仓储功能。物料仓储管理与运输或配送服务就是物流系统的两大重心。

仓储管理系统可以对所有的包括不同地域、不同属性、不同规格、不同成本的仓库资源，实现集中管理。采用条码、射频等先进的物流技术设备，对出入仓货物实现联机登录、存量检索、容积计算、仓位分配、损毁登记、简单加工、盘点报告、租期报警和自动仓租计算等仓储信息管理。支持包租散租等各种租仓计划，支持平仓和立体仓库等不同的仓库格局，也可向客户提供远程的仓库状态查询、账单查询和图形化的仓储状态查询。

仓储管理系统的主要功能模块如图 12－4 所示。

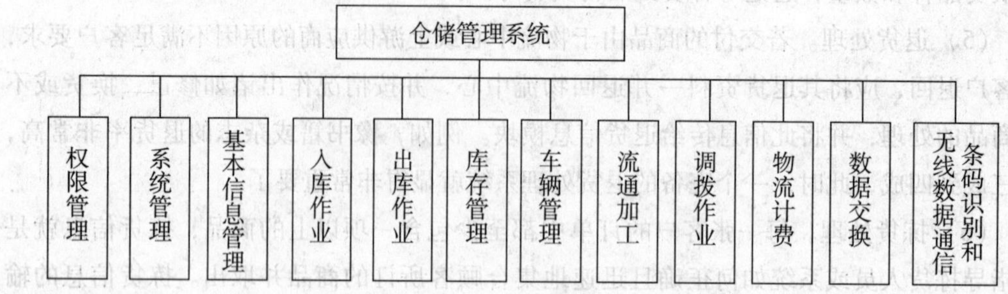

图 12－4　仓储管理系统的主要功能模块

（1）权限管理。权限管理提供对安全管理的支持。可以包括用户权限管理、日志管理等内容。

（2）系统管理。

①参数设定：系统初始化和运行时的一些重要数据的设定。

②历史资料处理：对系统运行中积累的历史数据做备份和删除处理。

③日结处理：对一天的进、出、存、退等进行汇总与统计，生成需上传下行的文件及完成文件的发送。

（3）基本信息管理。基本信息是系统的基础数据。包括区域资料、货主资料、仓位资料、报表查询等内容。

（4）入库作业。WMS 实现了可视的入库订单队列，可优化人力作业安排和月台管理可对未知的加急收货或复杂的入库订单进行查询。多张入库订单综合处理，减小了收货站台操作的复杂性。能够支持多个公司、部门、仓库设施，最大限度提高资产的利用率。可灵活地接收如采购单、转仓单、产品转移单、客户退货等多种类型的入库订单。收货时使用移动 RF 条码扫描设备确保了库存的精确性。能够处理尚未在入库订单队列的产品。能够使用用户定义的代码收取过期、破损的货品，可对一张入库订单多次收货。对规定的货品记录批号和到期日以确保先进先出的库存周转。货品和包装的组合可配置超过 4 个测量单位（如单品、内包装、箱、托盘）以方便收货、物料处理、货运。将打印的与货品相关的条码标签贴在入库货品上，以提供对库存跟踪的需要。

入库作业处理正常入库和客退作业。正常入库作业，根据销售部门的入库指示（预先通知或不通知），将良品放置于良品库（区），不良品放置于待处理区、不良品库、退货主区，每日入库结束后打印入库管制表反馈给销售部门。如果须接货，还应包括从第三地将商品运送到物流中心的过程。客退作业包括两种：直接退货和销售退货，系统对这两种退货方式作出不同的管理。对于直接退货，系统自动产生客退通知单。入库作业中可以对检验报告未达的商品进行“待检作业”，以确保这些商品不会进入正常出货作业中。

(5) 出库作业。出库作业，依据销售部门的出货指示（出货通知单）的要求，再经物流中心确认、配车、拣货、出货后，库存量相应减少，出货后还应输入回单资料及拒收原因，完成后打印配送管制表，以告知销售部门每日配送完成情况。

在对出货通知单进行确认后，在进行配货作业前，可以进行“货权转移”作业，对货主之间的库存根据出货通知单来平衡。

(6) 库存管理。

①库存调整：批号调整、存量调整、存量已调整表、存量已调整表商品汇总表、调整原因汇总表、调整原因分析表。

②移位和退厂：移（仓）位单输入、移（仓）位单确认、移（仓）位表、退厂单输入、退厂单确认、已退厂表。

③盘点作业：WMS根据某一货品和（或）仓库区域确定的最大容量，定期自动生成周期盘点。

④查询报表：商品存量查询表（汇总或明细）、商品异动汇总表、商品异动分析表、商品异动查询。

(7) 车辆管理。包括车辆基本资料、运行资料等。

(8) 流通加工。加工单输入、加工单确认、加工单删除、加工单状况查询和统计。

(9) 调拨作业。依货主指示，将货物从某一物流仓库调拨到他处物流仓库。

(10) 物流计费管理。第三方物流为货主提供的进、出、存等作业发生的费用均按事先签订的合约执行，合约中约定的收费内容和计费规则（物流计费）需在本模块中预先设定和输入，日结作业时系统会按设定的内容和规则对当日发生的业务进行计费。当约定发生变化时需在物流计费中作及时的调整。

(11) 数据交换。

①可与货主计算机系统进行数据交换（包括EDI数据）。

②货主可通过Internet查询其托管货物的进、出、存等信息。

(12) 条码识别和无线数据通信。在系统中使用先进的无线通信（RF）技术和激光条码识别技术，库位和货物的识别条码化，使仓库货物的进库、出库、装车、库存盘点、货物的库位调整、现场库位商品查询等数据实现实时双向传送，做到快速、准确、无纸化，大大提高效率、将人为的出错率降到最低，从而降低仓储的成本费用。

3. 运输管理系统

运输管理系统（Transport Management System，TMS）是基于网络环境开发的支持多网点、多机构、多功能作业的立体网络运输管理软件。TMS采用先进的软件技术实现计算机优化辅助作业，特别是对于网络机构庞大的运输体系，TMS 能够协助管理人员进行资源分配、作业匹配、路线化等操作。

TMS 与流行的 RF、GPS 或 GIS 系统可以实现无缝连接，在充分利用条码的系统内可以实现全自动接单、配载、装运、跟踪等。在车辆管理系统中，主要为配送管理、车辆管理、车队成本管理。该系统是对托运单的车辆分配，分配之后的出车、回车，以及油料物料管理等一系列在货物由仓库到运送点发生的业务以及由之形成的成本进行管理，以达到车辆配送的最优化和车队成本的最低化。

运输管理系统的主要功能模块如图 12 – 5 所示。

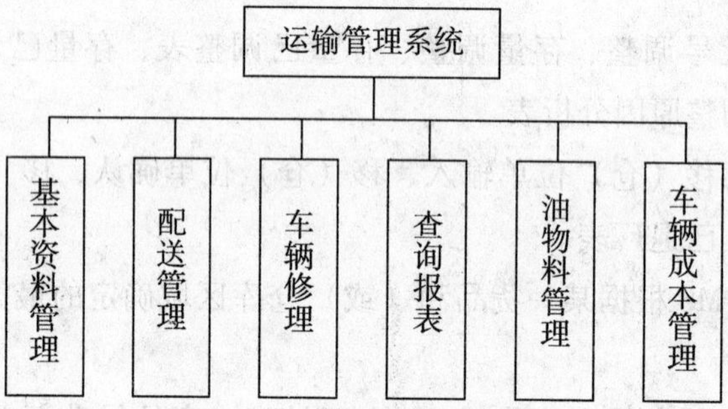

图 12 – 5　运输管理系统框架

（1）基本资料管理。对送货地区、送货点、行车路线、车辆资料、运输组织、人员资料、托运商/承运商资料、托运商运费合约等进行管理。其中车辆资料指车辆种类、车辆规格。

（2）配送管理。包含一些相关的车辆管理基本资料、车辆配送、接单、调度、跟踪与反馈、费用管理、作业优化、账单管理等。

（3）车辆修理。车辆在日夜的运行中会不断地磨损、毁坏。为了避免车辆的中途换车，车辆必须在一定的时限内对车辆进行保养、维修。在车辆零件达到使用极限时，对之进行更换。如果设定了车辆重要零部件的报警天数，系统将自动提醒用户更换该零部件。

（4）查询报表。在查询报表中系统列出了常用的一些报表，如果客户有特殊的要求我们可以进行定制。车辆作业汇总、分析表查出一段时间内的出车资料。对它完成的不同出车任务的件数、重量和体积进行分析比较，然后用户可根据此表了解这辆车的作业使用率，以后的配车由此进行参照。

车辆费用汇总、分析表查出一段时间内某辆车发生的一切费用。用户就可参照事先制订的指标进行比较，形成对这辆车费用进行控制，以达到节约成本的目的。此外还包含当日作业安排表、修理工修理报表。

（5）油物料管理。TMS 系统支持多个库存组织。库存组织的划分可以有多种标准，例如，多个物料仓库或者自有物料、代管物料库等。系统中有油物料供应商、油物料分类、油物料基本资料等相关的基本资料。

（6）车辆成本管理。车队在日常的运营中会产生不同形式的成本支出。对一个车队来说控制它的日常运营成本是产生效益的主要手段和途径。因此如何控制这些成本，使它在可能的情况下到最低点，是车队最关心的问题。

在 TMS 系统中，对成本进行的管理模块占着相当一部分的比重。制定一套比较可行的方案对这些成本进行分析、汇总及控制，在成本与业务不相冲突的前提下，优化客户的成本支出是十分重要的。

4. 配送中心管理系统

配送是一种特殊的、带有现代化色彩的物流活动。从经济学配置的角度来看，它是指以现代送货的方式实现资源的最终配置的经济活动。从配送的实施形态角度来看，它是按照用户订货的要求，在配送中心或其他物流节点进行货物配备，并以最合理方式送交用户。

配送中心管理系统采用大集中的管理模式，使得各个业务点的信息高度共享，增强了企业决策的及时性和客观性，帮助企业实现数字化管理，从功能上满足长途货运与区域配送两类业务，并支持铁路、水运、航空运输方式的联运。配送中心管理系统重点解决物流活动过程中的核心问题，如运输过程的监控与信息反馈、运输车辆的安排、运输成本核算等。这种系统可以大幅度地简化物流的环节，提高运输效率，降低运输成本，最终提高企业的综合效益。

配送中心管理系统的主要功能如图 12－6 所示。

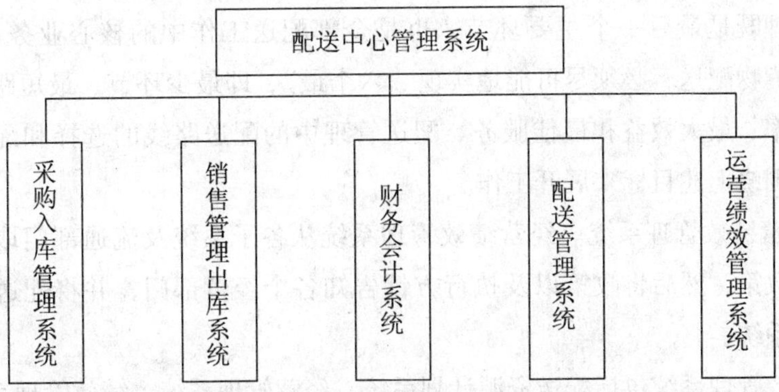

图 12－6　配送中心管理的主要功能

（1）采购入库管理系统。采购入库管理系统处理厂商相关作业，包括商品实际入库、根据入库商品内容做库存管理、根据需求商品向供货厂商下订单。

采购入库管理系统的工作内容包括入库作业处理、库存控制、采购管理系统、应付账款系统。

（2）销售管理出库系统。销售出库管理系统是处理与下游客户的相关作业，包括订单接收、商品出库作业、商品运输管理等作业。销售管理系统包括：订单处理系统，销售分析与销售预测系统，拣货规划系统，包装、流通加工规划系统，仓库管理系统，应收账款系统等。

（3）财务会计系统。财务会计部门对外主要以采购部门传来的商品入库数据核查供货厂商送来的催款数据，并据此付款。由厂商或由销售部门取得出货单来制作应收账款催款单并收取账款。会计系统还制作各种财务报表提供给经营绩效管理系统做参考。财务会计系统主要包括一般会计系统与人事工资管理系统，其系统如表 12 - 1 所示。

表 12 - 1　财务会计系统构成

子系统	功　能	子系统	功　能
一般会计系统	会计总账	人事工资管理系统	人事资料管理
	分类账		工资报表
	财务报表		印制工资单
	现金管理		与银行工资转账系统
	支票管理		人力评估与人力使用建议
	银行自动转账系统		

（4）配送管理系统。配送管理系统包括：派车计划，货物追踪管理系统，运输调度计划，车辆保养维修、燃料耗材管理系统，出货配送系统。

配送管理既是最后一个主要环节，也是全部配送工作中的核心业务。要想合理、经济地进行货物配送，必须尽可能地实现“六个最”，即最少环节、最短距离、最低费用、最高效率、最大效益和最佳服务。配送管理中的配送路线的选择和配送车辆的安排都要紧紧围绕上述目标来展开工作。

（5）运营绩效管理系统。经营绩效管理系统从各子系统及流通部门取得信息，制定各种经营政策，然后将政策以及执行方针告知各个经营部门，并将配送中心的数据提供给相关系统。

经营绩效管理系统包括配送资源计划系统、经营管理系统、绩效管理系统等。

5. 客户关系管理系统

客户关系管理（Customer Relationship Management，CRM）通过对客户资料的收集、分类、存档、检索和管理，全面掌握不同客户群体、客户性质、客户需求、客户信用等客户信息，以提供最佳客户服务为宗旨，为客户提供方案、价格、市场、信息等各种服务内容，及时处理客户在合作中遇到的各类问题，妥善解决与客户合作中产生的问题，培养长期的、忠诚的客户群体，为企业供应链的形成和整合提供支持。

CRM 以“客户关系一对一理论”为基础，旨在改善企业与客户之间关系的新型管理机制。“客户关系一对一理论”认为，每个客户的需求是不同的，只有尽可能地满足每个客户的特殊需求，企业才能提高竞争力。每个客户对企业的价值也是不同的，通过满足每个客户的特殊需求，特别是满足重要客户的特殊需求，企业可与每个客户建立起长期稳定的客户关系，客户同企业之间的每一次交易都使得这种关系更加稳固，从而使企业在同客户的长期交往中获得更多的利润。

使用 CRM 概念和技术，企业能快速收集、追踪和分析每一个客户的信息，进而了解整个市场走势，并确切地知道谁是客户、谁是客户的客户、什么是客户的需要、客户需要什么样的产品和服务、如何才能满足客户的要求，以及满足客户要求的一些重要限制因素。CRM 还能观察和分析客户行为对企业收益的影响，使企业与客户的关系及企业赢利都实现最优化。

客户关系管理系统的系统框架，如图 12－7 所示。

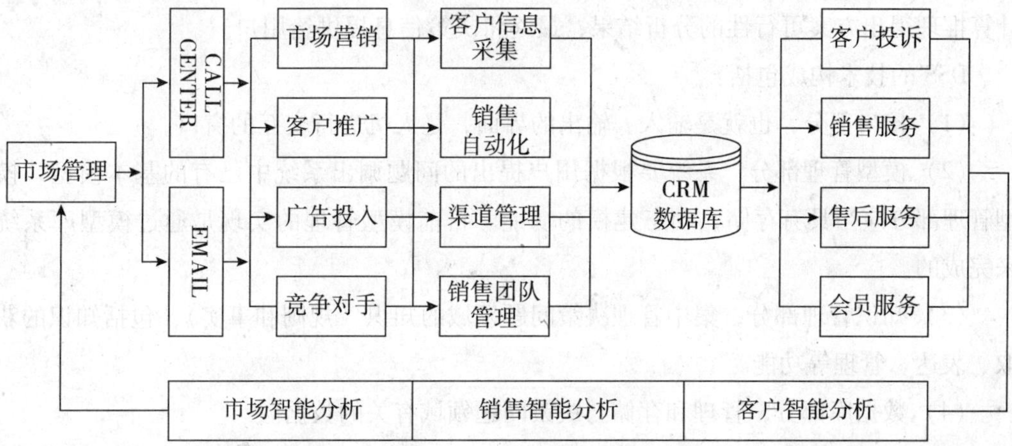

图 12－7　客户关系管理系统的系统框架

6. 决策支持系统

决策支持系统（Decision Supporting System，DSS）是以管理科学、运筹学、控制论和行为科学为基础，以计算机技术、仿真技术和信息技术为手段，针对半结构化的决策问题，支持决策活动的具有智能作用的人机系统。该系统能够为决策者提供决策所需的数据、信息和背景材料，帮助明确决策目标和进行问题的识别，建立或修改决策模型，提供各种备选方案，并且对各种方案进行评价和优选，通过人机交互功能进行分析、比较和判断，为正确决策提供必要的支持。

DSS 的概念结构由会话系统、控制系统、运行及操作系统、数据库系统、模型库系统、规则库系统和用户共同构成。最简单和实用的三库 DSS 逻辑结构（数据库、模型库、规则库）如图 12－8 所示。

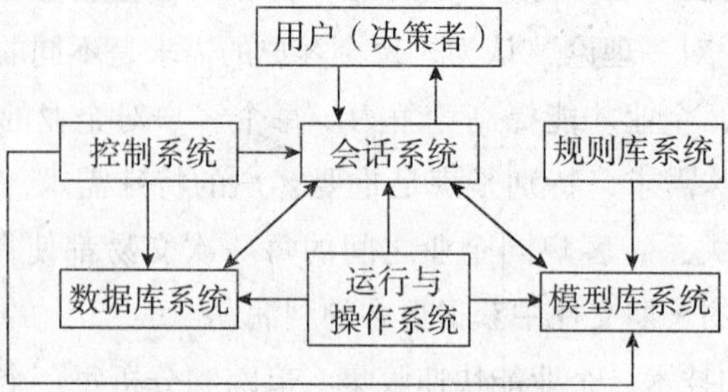

图 12－8　DSS 三库逻辑结构

DSS 运行过程可以简单描述为：用户通过会话系统输入要解决的决策问题，会话系统把输入的问题信息传递给问题处理系统，然后问题处理系统开始收集数据信息，并根据知识机中已有的知识来判断和识别问题，如果出现问题，系统交互式会话系统与用户进行交互对话，直到问题得到明确；然后系统开始搜寻问题解决的模型，通过计算推理得出方案可行性的分析结果，最终将决策信息提供给用户。

DSS 的技术构成包括：

（1）接口部分，也就是输入、输出的界面，是人机进行交互的窗口。

（2）模型管理部分，系统要根据用户提出的问题调出系统中已有的基本模型，模型管理部分应当具有存储、动态建模的功能。目前模型管理的实现是通过模型库系统来完成的。

（3）知识管理部分，集中管理决策问题领域的知识（规则和事实），包括知识的获取、表达、管理等功能。

（4）数据库部分，管理和存储与决策问题领域有关的数据。

（5）推理部分，识别并解答用户提出的问题，分为确定性推理和不确定性推理两大类。

（6）分析比较部分，对方案、模型和运行结果进行综合分析比较，得出用户最满意的方案。

（7）问题处理部分，根据交互式会话识别用户提出的问题，构造出求解问题的模型和方案，并匹配算法、变量和数据等，运行求解系统。

（8）控制部分，连接协调系统各个部分，规定和控制各部分的运行程序，维护和保护系统。此外技术构成还包括咨询部分、模拟部分、优化部分等。

DSS 的主要特点有如下几个方面：

（1）系统的使用面向决策者，在运用 DSS 的过程中，参与者都是决策者。

（2）系统解决的问题是针对半结构化的决策问题，模型和方法的使用是确定的，但是决策者对问题的理解存在差异，系统的使用有特定的环境，问题的条件也不确定和唯一，这使得决策结果具有不确定性。

（3）系统强调的是支持的概念，帮助加强决策者作出科学决策的能力。

（4）系统的驱动力来自模型和用户，人是系统运行的发起者，模型是系统完成各环节转换的核心。

（5）系统运行强调交互式的处理方式，一个问题的决策要经过反复的、大量的、经常的人机对话，人的因素如偏好、主观判断、能力、经验、价值观等对系统的决策结果有重要的影响。

从物流信息系统的功能结构可知，物流信息系统的功能除了包括各项物流活动中的交易和管理控制之外，还包括各项物流活动中的决策分析和战略计划的控制。在物流信息系统中，可以借助 DSS 将信息资源、模型以及计算机技术加以融合，辅助决策者进行有关的物流决策。

DSS 以管理科学、行为科学、控制论等现代科学为基础，以计算机技术、通信技术、人工智能技术等先进的科学技术为手段。因而，DSS 运用到物流领域，必将促进人们进一步研究物流中的理论问题、整理分析专家们的经验；同时也促使人们探索现代理论与技术在物流中的应用问题，以推动软科学在物流业中的深入应用，从而也对物流业的发展作出一定贡献。

7. 结算管理系统

对企业所有的物流服务项目实现合同价格一条龙管理，包括多种模式的仓租费用、运输费用、装卸费用、配送费用、货代费用、报关费用、三检费用、行政费用、办公费用等费用的计算，根据规范的合同文本、货币标准、收费标准自动产生结算凭证，为客户以及物流企业（仓储、配送中心、运输等企业）的自动结算提供完整的结算方案。

8. 成本控制系统

成本控制是指对系统内各单位的成本情况进行计算、分析、比较，形成对比分析报告。该子系统对物流的各项成本进行控制，并分析其产生的效益和消耗的成本之间的关系，为企业分析和评价现有的经营管理策略以及下一步的调整提供依据。

9. 系统维护系统

该子系统提供对安全管理的支持，包括数据备份、数据恢复、系统设置、系统工具箱、文档管理等内容。

12.2 第四方物流信息管理系统方案设计

第四方物流（Fourth Party Logistics，4PL）是一个供应链的集成商，它对公司内部和具有互补性的服务供货商所拥有的不同资源、能力和技术能力进行整合和管理，并提供一整套供应链解决方案。又称为“总承包商”或“领衔物流服务商”。第四方物流强调对整个供应链体系中的资金流、信息流和物流承担中介的作用，达到对供应链的整体最优化的目的。

12.2.1 第四方物流概述

第四方物流的本质就是集成，依靠对第三方物流供应商、咨询公司和技术公司的组织和协调，对资源进行有效的整合，为客户提供独特的和广泛的供应链解决方案，解决第三方物流的各自为政、物流企业专业化分工所引起的无法应付电子商务环境下对物流的广泛而又复杂的需求的问题，以保证供应链每个环节协同配合，真正帮助电子商务企业实现持续低成本运作。

对4PL我们可以从以下5方面理解其意义：

（1）4PL组织是一种结合了外包（Outsourcing）和内包（Insourcing）优势，对供应链的资源进行整合和管理，提供最大限度的整体利益的解决方案。4PL是指在专业物流公司依靠复杂的信息技术与其顾客的制造、分销数据进行连接，对客户的供应链业务提供专门化的管理。除了对客户的特定物流活动进行控制和管理外，还针对物流流程提出规划方案，通过电子商务将整个流程汇总起来。这种新模式的出现可以有效地实现对企业供应链的全方位管理，使物流企业与其客户之间的战略伙伴关系得以有效建立和稳固。

（2）4PL既非是委托企业全部物流和管理服务的外包，也非是完全由企业自己管理和从事物流，而是一种中间状态，这一点与3PL的外包性质是有所不同的。之所以如此，其原因在于物流业务的外包有一定的优势，例如，它能节省委托企业在非核心业务或活动方面的精力和时间、改善顾客服务、有效地降低某些业务活动的成本以及简化相应的管理关系等。但是与此同时，企业内部的物流协调与管理也有它的好处，即它能够在组织内部培育物流管理的技能，对客户服务水准和相应的成本实施严格的控制，并且与关键顾客保持密切的关系和面对面的沟通。正是出于以上两方面的考虑，4PL并没有采用单一的模式来应对企业物流的要求，而是将两种物流管理形态融为一体，在统一的指挥和调度之下，将企业内部物流与外部物流整合在一起。

（3）4PL组织往往是主要委托客户企业与服务供应组织（如3PL、IT服务供应商以及其他组织）之间通过签订合资协议或长期合作协议而形或的组织机构。在4PL中，主要委托客户企业反映了两重身份：一是它本身就是4PL的参与者，因为4PL运作的业务中包含了委托客户企业内部的物流管理和运作，这些活动是需要企业直接参与，并且加以控制的；二是主要委托客户企业同时也是第四方的重点客户，它构成了第四方生存发展的基础或市场。由于上述两重身份所决定，因此在4PL组织中，主要委托客户企业不仅有资本上的参与，而且它们也将内部的物流运作资产、人员和管理系统交付给第四方使用，第四方在使用这些资产、系统的同时，向主要委托客户企业缴纳一定的费用。

（4）4PL 是委托客户企业与众多物流服务提供商或 IT 服务提供商之间的唯一中介。由于 4PL 要实现委托客户企业内外物流资源和管理的集成，提供全面的供应链解决方案，因此仅仅是一个或少数几个企业的资源是无法应对这种要求的。它势必在很大程度上广泛整合各种管理资源，这样 4PL 内部可能在企业关系或业务关系的管理上非常复杂。但是，尽管如此，对于委托客户企业而言，它将整个供应链运作管理的任务委托给的对象只是 4PL。所以，任何因为供应链运作失误而产生的责任一定是由 4PL 承担，而不管实际的差错是哪个具体的参与方或企业造成的，这就是 4PL 全程负责管理的典型特征。

（5）4PL 的形成大多是在 3PL 充分发展的基础上产生的。从前面的几个内涵可以看出，4PL 的管理能力应当是非常高的，它不仅要具备某个或某几个业务管理方面的核心能力，更要具备全面的综合管理能力和协调能力，其原因是它要将不同参与企业的资源进行有机整合，并根据每个企业的具体情况，进行合理安排和调度，从而形成 4PL 独特的服务技能和全方位、纵深化的经管诀窍，这显然不是一般的企业所能具备的。从发展的规律看，4PL 的构成主体除了主要委托客户企业外，高度发达和具有强大竞争能力的 3PL 才是 4PL 孕育的土壤，这些企业由于长期以来从事物流供应链管理，完全具有相应的管理能力和知识，并且目前优秀的 3PL 已经在从事各种高附加价值活动的提供和管理，具备了部分综合协调管理的经验，所以这类企业才有可能发展成为 4PL。相反，如果没有 3PL 市场的充分发展，特别是优秀 3PL 企业的形成和壮大，4PL 是很难形成的，这不是通过简单的企业捏合就能实现的。这里有必要强调的是，有些人将提供信息解决方案的 IT 服务供应商或企业软件供应商等同于 4PL，这是完全错误的观点。虽然 4PL 中往往有 IT 方案供应商的参与，也需要建立大量的信息系统。但是 4PL 是一种全方位物流供应链管理和运作服务的提供商，而且它与委托客户是一种长期持续的关系，双方牢牢地捆在一起，并且具备集成各种管理资源的能力，这不是单一的 IT 服务供应商所能涵盖的。

4PL 的主要作用在于利用虚拟的互联网络平台，汇集众多仓储、运输、3PL 等合作伙伴，并根据企业需要选择每一个环节的最合适的合作伙伴，通过互联网收集和传递信息，建立客户定制的一体化的最优的虚拟供应链。进入 21 世纪，欧美一些国家相继出现许多类似的物流组织，正日益成为一种帮助企业实现持续运作成本降低和区别于传统业务外包的真正资产转移的外部力量，为顾客提供独特和广泛的供应链解决方案。随着物流社会化、专业化分工日趋加深，4PL 组织对经济的发展所起促进的作用日益增大，有着广阔的发展前景。

12.2.2 第四方物流管理系统中技术应用

4PL 管理系统是一个由多种信息技术、管理技术和多种设施组成的复杂系统，根据国外的一项调查研究表明，在接受调查的管理人员中，80% 的人认为信息技术的应用是推进 4PL 管理系统的关键，有 87% 的企业计划在当前的基础上增加信息技术上的投资。调查还了解到，改进整个 4PL 的信息精度、及时性和运行速度，被认为是提高 4PL 绩效的必要措施。基于这种考虑，4PL 管理战略的一个重要内容就是建立一个 4PL 运行的高效信息支持平台。要想成功地实现对 4PL 的管理，需要许多 IT 管理系统的支持，4PL 管理系统比较先进的 IT 信息技术有数据仓库和数据挖掘等。

1. 数据仓库及其对 4PL 管理系统支持的相关概念

被誉为数据仓库之父的 W. H. Inmon 将数据仓库定义为："数据仓库是一个面向主题的、集成的、相对稳定的和随时间变化的数据集合，用于支持管理决策。"其目的就是解决企业遇到的"企业应用蜘蛛网"问题，并更好地支持管理决策。数据仓库技术，简单地说，就是将企业内外部的数据进行全面的集成、清洗和整理，去除一些纯事务性的数据，将企业数据按主题放置到一个"仓库"中，然后在此基础上建立各种决策支持的数据为企业服务。

数据仓库中的数据是经过整理的、面向主题的、集成的、历史的和不可修改的，所存储的数据量非常大，存储时间长，包括了企业内、外部产生的所有有用的数据。一个数据仓库包含多个处理流程，它们需要不同的技术来支持。首先，需要将批处理和事务处理数据从数据库中抽取出来。然后进行整理，清除掉冗余数据，补充空白和遗漏的地方，并将这些数据组织成一致的格式。最后将它们存入关系数据库中，供人们使用。企业可利用这些数据和报表工具（包括在线分析处理 OLAP 工具、统计建模工具、GIS 及数据挖掘工具等）对数据进行整理和挖掘。

4PL 数据仓库将数据建立在同一个平台上，使相关业务间的成员建立在共同的数据基础之上，通过数据交换和集成技术，依据确定的业务准则有效地解决 4PL 成员之间的数据源和数据的不一致性问题，并借助于数据挖掘技术来建立适合各个成员的数据集合。4PL 数据仓库处理数据是高效的，当数据仓库接收到最新市场（或原始）数据后，立刻结合已经集成的、汇总的历史数据，采用多种预测方法（如线性回归、趋势线法、时间序列等）对下游成员的需求进行预测分析，然后数据仓库将所有市场数据、零售商预测数据和分销商的历史数据结合，进行分销商的供需预测分析，以此类推。为此，即使在对远离终端客户的供应商进行预测分析时，市场（或原始）数据也是完整的，供应商几乎和零售商同时获得预测信息，这使预测的准确率和效率会大大提高。

2. 数据仓库对 4PL 管理系统的支持

数据仓库对 4PL 管理系统支持的内容包括：

（1）数据仓库的建立。数据仓库的建立是为了满足数据分析和4PL决策支持的需要而建立的一个良好的数据组织和管理环境，需要考虑到诸多因素，如目标、结构、数据内容、技术、功能和应用等。因此，必须有一套有效的方法，将合适的数据模、合理的技术和准确的应用设计结合起来，才能成功地建立起数据仓库。建立数据仓库，要遵守如下的规则和程序：

①建立数据仓库的目标要与企业的经营目标一致，用明确的需求驱动数据仓库，让它为实现企业的目标服务。

②要创立一个业务驱动型的信息结构，使数据仓库的数据与企业目标的需求保持一致。通过建立模型，检测数据仓库中包含的数据能否有效支持目标，可以验证其包含的数据是否正确，是否还缺少数据等。

③设计数据仓库的总体架构，在这个架构中，信息是以表格形式按照不同的主题分组保存的，例如，市场信息包含在一组有效数据表中，而销售收入存放在另一组数据表里，根据这些信息可以对产品的分类进行获利分析。

④创建一个动态的数据中心，数据中心是应用一套丰富的商业规则对数据仓库的信息进行修饰、加工，从而产生一个目标分析结果的处理中心，这些应用程序建立于数据仓库基础之上，并随着商业的变化不断演进。

⑤建立数据仓库的原型来提高数据的质量和有效性，一些数据的质量不够高、不够完整和全面，原型能协助使用者解释数据完整性问题，进一步研究如何使用它们，将有用的数据清理出来，预测哪些数据还需要清理，并且制订出分期实施的计划。

严格遵循这些规则和步骤，就能够建立起一个数据仓库，数据仓库在企业的决策支持、获利分析、知识的获取和分发方面都起着重要的作用。它使决策得以加强和准确，企业发展处于良性状态，更易于把握潜在商机，并作出使速反应。

（2）数据仓库的作用。数据仓库的主要作用是对数据进行处理以提高它们的质量，使企业从日常事务处理过程中记录的数据能够更好地用于更高层次的分析和得到更有效的利用，如支持客户与市场分析、支持企业或4PL的获利分析、支持财务与成本分析、支持4PL决策管理等。完成一项数据仓库的数据使用任务如同完成一个产品从设计到使用的整个周期。表12－2描述了这两个过程的对比。

表12－2　　产品的生产制造过程与数据仓库的数据处理过程的对比

	产品的生产制造	数据仓库的数据处理
目　的	为客户和消费者提供他们所需的产品	为某些分析目标提供它们所需的面向主题的、集成的、相对稳定的和随时间变化的数据集合
库　存	存货：维护存货和过多的存货会导致效率低下、高昂成本	孤立的数据维护起来成本昂贵，只有将其转变成能传递给用户使用的知识，这些数据才有用

续 表

	产品的生产制造	数据仓库的数据处理
设　计	设计蓝图和原材料：对产品进行概念描述和设计，研究和确定需要什么原材料生产出最好的产品	模型和数据元：对应用目标进行建模描述，研究和确定需要什么数据，哪些数据更能满足目标需求，并将这些数据集合成数据元
生　产	部件：将这些原材料制成部件	主题数据仓库：将数据元组合成主题数据仓库
组　装	产品：将部件装配成产品	数据中心：由主题数据仓库生成数据中心
销　售	分销渠道：产品经由各种渠道销售出去	分销途径：数据通过各种途径（因特网、内部网、报告、计算机程序等）分销出去
产品完善	产品使用过程：反馈、改进、升级、增强、淘汰	数据使用过程：调用增强、升级、废弃

（3）数据仓库与4PL的关联。在企业信息化管理中，ERP（或其他的MIS系统）的管理思想和模式基本上都是基于一种“面向事务处理的、按顺序逻辑来处理事件的管理，为它们完成数据处理和存储的是数据库；反过来，数据库又为日常业务处理过程提供操作型数据。这些管理系统均不能对企业和4PL的运行提供决策和对无法预料的时间和变化快速作出反应，而企业必须根据动态多变的需求作出正确的判断，然后作出决策，这就必须经常地、快速地根据新的决策去改变产品、服务的策略和计划。有了数据仓库的数据支持，管理人员可以通过对对象的分析，按照设定的目标去寻找一种最佳的方案，能够紧跟甚至超前于市场的需求变化，快速作出正确的决策，并以最快的速度执行这些变化。因此，需要更高层次的管理功能和数据类型来满足企业和4PL的新的需求。

在4PL管理系统中，先将底层事务处理系统（ERP或4PL的执行系统SCE等）所处理的、存放在数据库中的操作型数据经过抽取，在数据仓库中识别、整理、清洗和集成，转化为面向主题的分析型数据，再在数据仓库基础上建立各种分析。由于4PL管理还有一部分数据来自于企业内部其他系统和企业外部，数据仓库也必须融合其他业务和系统的信息，然后为SCM提供服务。这样，数据库与数据仓库在4PL中各司其职，数据库为底层的事务处理和业务执行提供和存储数据，完成日常事务的处理和4PL计划的执行；而数据仓库则为SCM聚合和提供所需的数据，来完成分析、计划、优化和决策任务。

有了基于这种结构的数据仓库系统，就可以建立各种商业智能分析和应用，可以针对企业或4PL的各环节、各业务进行分析，如对供应商、客户、成本、财务、产品和服务等进行交叉多维分析，还可以进行一些高级的数据挖掘分析等来完成4PL优化和决策，为企业或4PL创造竞争优势。

（4）数据仓库对4PL的支持。

①数据仓库是4PL决策和优化的基础，为它们提供了数据支持。任何好的决策和优化都需要高质量的数据支持，一个决策和优化的正确程度取决于所使用的数据的准确程度。随着竞争的加剧，需要在更短的时间内作出准确的决策，这就需要在短时内能够尽可能多地获得相关信息。同时，为了使决策更加科学，需要跨越的决策分支也变得越来越大，因此需要有自动数据分析工具，以帮助减少精确分析大量数据所需的时间。同时，在进行4PL的计划制订过程中，数据仓库也对APS、CSP、LPS等4PL的计划子系统提供了分析数据。

②数据仓库是CRM的基础，它可用来巩固客户数据、检验客户数据（如对真假货的辨别、对信用卡真伪的鉴别等），为市场赢利和竞争的分析、产品重新配置的分析、利润核心的发掘以及公共资产的管理等提供高质量的数据。对于零售商来说，数据仓库有助于确定客户的数据特征，如人口构成和购买习惯、确定购物方式等；对于制造商来说，可以利用数据仓库的数据对自己生产的产品、产品的市场销售分布、使用产品的客户等诸多主题分析提供高质量的数据，来确定其产品和市场定位、销售策略；对于银行来说，数据仓库有助于确定最有效益的客户和最忠诚的客户，对赢利和风险进行分析等；对于保险公司来说，可用数据仓库的数据进行索赔分析、开发新服务的分析、客户优劣分析和风险分析等；对于电信公司来说，可用数据仓库的数据来预测客户消费趋势和走向，以及潜在市场容量和商机等。

③数据仓库是产品设计的基础，数据仓库可以为产品设计提供产品数据、市场数据和客户使用数据，使设计人员能够紧跟市场和客户的需求与偏好，对产品、原材料和零部件以及其他因素进行设计分析，在尽量降低成本的情况下，为客户开发出一流的产品和服务。

④数据仓库是企业理财的基础，它为企业的获利能力、产品的获利能力、市场区域的获利能力，以及它们组合的综合获利能力分析提供有效的数据，以实现企业资源的有效利用和低成本、高产出的运行；而成本分析也将借助它实现深层次地挖潜，进一步地降低成本；它还支持财务业务的资金分析和风险分析，这些都将有利于企业更好地理财。

⑤数据仓库为生产制造提供了强有力的支持，生产环节可以利用数据仓库的有效数据来对过去几年的生产情况、排产进度、工艺路线和流水线运行以及产品的质量进行比较和分析，找出什么因素能导致生产率提高、成本的下降和质量提高；研究出它们的变化趋势，以及这些变化趋势对整个利润有什么效果等，以此改进生产和质量控制过程，提高产量、降低成本。

此外，数据仓库还为SRM、LIS、HR系统和这些业务环节提供了支持作用，帮助它们改进业务处理过程和削减成本，提高效率。其实，数据仓库对4PL上的所有环节都具有支持作用，企业或4PL一旦运用好数据仓库，将会获得意想不到的收益。

12.3 供应链管理信息系统设计

供应链管理信息系统可以帮助企业优化工作流程，与各个供应商和销售商建立良好的沟通，减少物流环节，提高工作效，优化企业资源配置，并且能够使企业对市场反馈的信息作出快速的反应，帮助企业根据以前的数据对市场进行预测分析。

12.3.1 供应链管理信息系统概述

1. 基于电子商务的供应链管理信息系统

当前的供应链系统正面向全球化、信息化、一体化的方面发展，通过信息技术的应用，供应链中的节点企业能更好地实现信息共享，加强在供应链中的联系。IBM公司认为，电子商务是一种存在于企业与客户之间、企业与企业之间及企业内部的联系网络。在供应链管理中，企业可以运用ERP系统、企业间信息流动的EDI/Internet技术、收集零售消费信息的条码与POS系统、共享数据库等多种电子商务的应用技术，来改善对供应、生产、库存、销售的监控，与供应商、分销商和客户建立更快捷、更方便、更精确的电子化联络方式，实现信息共享管理决策支持。可见，要构建一个通畅（迅速、准确）、运营高效的供应链管理信息系统，必须有3种基本技术系统的支撑：一是企业内部的ERP系统；二是企业间的EDI/Internet技术；三是流通和物流活动中的条码技术和POS系统。

（1）建立支持供应链管理的基础业务执行ERP。ERP是通过一元化管理企业整体的经营资源，消除业务的浪费，最大限度地利用资源的软件系统。具体地讲，就是把采购、生产、销售、会计等企业基础业务统一起来，实现多基础业务流程的密切衔接，最终达到实际处理多基础业务的信息系统。实现供应链管理的前提是供应链上的成员间能够通过实时处理共享信息。以不准确的信息为基础，无论制订怎样精密的计划，最终也会产生纠纷。

（2）搭建支持供应链上企业间信息流动的EDI。将需求信息和供应信息等迅速地传播给供应链上各相关企业，并共享这些信息是供应链管理得以顺利运转的基本保证。为此，需要使信息电子化，并要构筑一个能进行通信交换的EDI（电子数据交换）系统。因此，企业EDI的搭建就要通过通信路线，采用标准的规定（尽可能得到广泛认同的各种规定）。在计算机间交换不同组织间的交易信息。利用EDI，企业间不仅能迅速地交换信息，而且能通过电子数据储存供应链上各企业的信息，使之达到信息共享。

（3）强化流通和物流活动中的条码技术和POS系统。条码是用一组数字来表示商品的信息。为了能迅速准确地识别商品，自动读取有关商品的信息，在流通和物流活动中，条码技术被广泛应用。条码是有关生产厂家、批发商、零售商、运输业者等经济主体进行订货和接货、销售、运输、保管、出入库检验等活动的信息源，由于在活动发生时便能即时读取信息，因此，便于及时捕捉到消费者的需要，提高商品销售效益，也利于促进物流系统提高效率。因此，各相关企业之间要通过网络迅速而高效地交换商品信息，就必须使用通用的条码。

POS 系统（销售时点信息系统）是通过自动读取设备（如收银机）在销售商品时直接读取商品销售信息，如商品、单价、销售数量、销售时间、销售店铺、购买客户等，并通过通信网络和计算机系统传至有关部门进行分析以提高经营效率的系统。利于 POS 系统，各相关企业都可以活用供应链上的需求数据。对于零售商，可以把这些信息用于把握哪些是畅销品，哪些是滞销品，并进行最有效地活用卖场空间的商品储备及提供最佳的商品储备方案上；对于批发商而言，可以把这些信息用于为零售商提供最合适的商品补给上；对于制造商，可以把这些信息用于制订生产计划，通过准确地把握过去的需求，进行今后需求的预测，以及根据预测提出适当的生产计划方案并加以实施，通过分析 POS 数据能防止因盲目生产而出现的产品库存损耗的发生；另外，这些信息还可广泛用于促销效果评测和产品开发上等。

2. 供应链管理信息系统的特点

虽然制造业、零售业等行业供应链管理系统的特点不尽一致，但它们信息系统的共同特征可归纳如下：

（1）Internet 上实时可视化跟踪查询；综合运用 GIS、GPS 等技术来实现物流过程的在线跟踪查询，增强供应链中合作伙伴之间的相互服务。

（2）虚拟库存的管理。供应商可以将全国各地的仓库（自己管辖的或委托中转的）和运输途中的舱位视为虚拟的统一仓库进行集中管理和调拨。

（3）对产成品供应链全过程的监控系统将分散在零售商、经销商、第三方物流等处的信息有机集成在一起，完整地跟踪产成品从生产车间到零售货架之间的各个环节，使供应商得以迅速了解销售动态，以便确定进一步的生产计划、销售计划和市场策略。

（4）电子商务。实现供应商与第三方物流、仓储与运输之间的电子订单处理和结算处理，提高客户响应速度，降低错误率。

（5）有效地支持配送、包装、加工等物流增值业务、管理对货物的包装、拆箱、拼箱等计费服务，并同时记录每次服务的账目情况。

（6）针对问题的管理。集中反映所有非正常业务中的问题，使总部的业务管理人员可以了解每一笔延期签收、残损、退货等非正常业务的具体信息，以便动态地定位物流服务中的问题成因。

（7）有效支持门到门的物流业务。无论经过多少种运输方式，多少中转环节、是否进行分货集货操作，都能确保对同一批次、同一目的地产品的识别。因而可以保证运输、仓储等各职能部门之间的协调一致，准确、及时地完成每一笔包括多个操作环节的门到门物流指令。

12.3.2 供应链管理信息系统的典型方案

1. 企业内供应链信息系统结构

企业内供应链信息系统的结构模型如图 12－9 所示，这些结构还与企业间信息系统（Internet－Organizational Information System，IOIS）链接，形成一种企业内外数据的交流。一个企业的供应链不只是与供应链上其他企业的链接，还与关系到企业生产和发展的各种环境因素相链接。

（1）各层的功能。

①供应链管理作业层。在该层中，供应链管理进行物流管理、仓储管理等实质性操作。这些具体操作是根据“商业应用层”中的“商业决策、管理、控制”的信息进行的。不同的行业有不同的软件支持具体的作业过程。

②电子数据处理层。它是将“供应链管理操作层”中实质性操作过程的数据和信息，通过各种收集数据的子系统，如 EOS、POS、EDI 等，收集到数据库中来。通过数据库管理系统管理收集和存储这些数据。通过分类、排序、综合分析的数据挖掘过程，形成有用的商业信息、商业知识、商业模型等。这些结构化的信息、知识和模型可供“商业应用层”调用，在企业的决策、管理、控制过程中发挥作用。

③商业应用层。该层是信息系统的目的，所有数据收集、存储、提取后，如果没有商业应用都将毫无意义。它包括决策支持系统、报表系统、随机查询系统、在线分析处理系统等多种可视化应用系统。“商业应用层”对企业的整体运营、操作起着决策、管理、控制作用，图中对“供应链管理操作层”的箭头，表示最后作用于这个层次。

（2）内部供应链管理信息系统的特点。

①整个供应链管理信息系统建立在企业内部网（Intranet）的平台上，并通过外联网（Extranet）向企业外扩展，形成企业间的信息系统（IOIS）。同时，企业还通过外联网与环境的各种要素进行链接。

②供应链管理信息系统是一个反馈调节的闭环生态系统。

③3 个层次的每个细节部分都有赖于各种应用软件的支持。

2. 企业间供应链管理系统结构

21 世纪的市场竞争异常激烈。要获得竞争优势，要生存、发展，企业必须增强自己适应环境的能力，对环境快速反应能力。因此，企业应充分利用现代信息技术，在优化内部管理的基础上，更要构建好企业间的系统。

（1）IOIS 概念。以前，两个企业间都必须手动处理或用其他的媒介处理（如邮件）业务上的联系，而现在则可以通过企业间的系统来进行处理。利用计算机在网络上

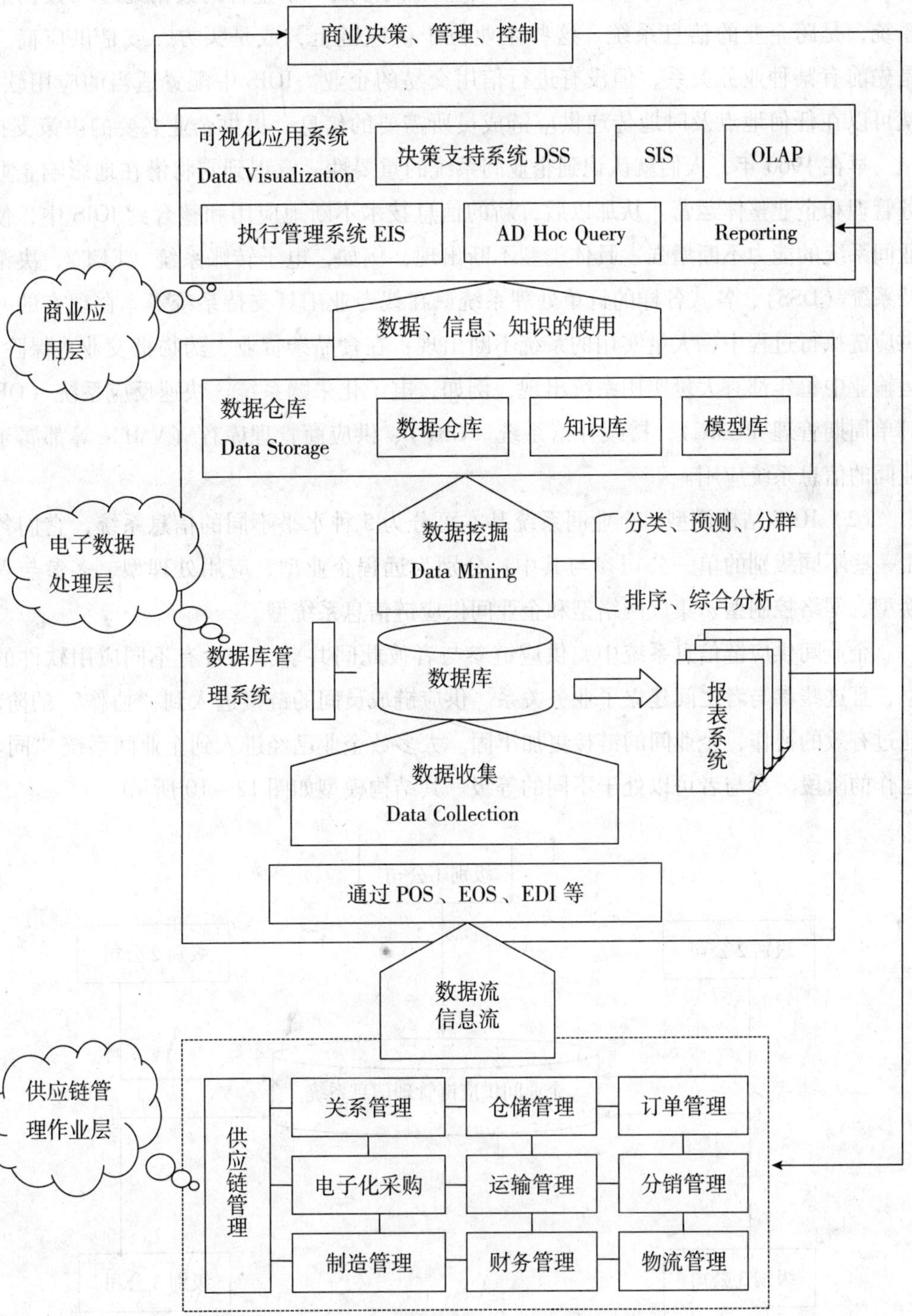

图 12－9 供应链管理中的 MIS 模型

形成自动化的电子链接，处理订单、订单审核、装运信息跟踪、存货水平检查、交易转账等业务活动。企业间信息系统，有时也被称为跨组织系统（IOS）。IOS 是基于信息技术之上跨企业的系统，是两个或多个企业间形成一个整合的数据处理和数据通信系统，是跨企业的信息系统。这些企业位于供应链上，或是买方，或是供应商，或是先前有某种业务关系，但没有进行信用交易的企业。IOIS 中配置适当的应用软件，就可以在任何地点及时地传递供应链成员所需要的信息，提供企业必要的决策支持。

早在 1960 年，人们就认识到企业间系统的重要性，意识到它将潜在地影响企业业务管理和企业整体运营。从那以后，新的信息技术不断地应用和整合到 IOIS 中，使企业间系统的能力不断增强，具体类型不断出现，例如，电子转账系统（EFT）、决策支持系统（DSS）、各式各样的订单处理系统、在线专业工具支持系统等。在现有的一些供应链执行过程中，大量实用的系统不断出现：在食品杂货业、药物批发业、保险业、运输业中每年都有大量实用系统出现，例如，电子化采购系统、快速反应系统（QR）、订单周期管理（OMC）、持续补给系统（CRP）、供应商管理库存（VMI）等都属于企业间的信息系统应用。

（2）IOIS 结构模型。企业间系统基本可分为 5 种水平不同的信息系统，它们各自由一些不同级别的单一公司参与其中。分别为远程企业型、应用处理型、多参与者交换型、网络控制型、集成网络型和企业间供应链信息系统型。

企业间供应链信息系统中，供应链参与者彼此间共享一个含有不同应用软件的网络，且这些参与者之间建立了业务关系。供应链成员间的链接进入到“协作”的阶段，通过有效的协作，企业间的链接更加牢固。大多数企业已经进入到企业间系统“同步”运作的阶段。参与者可以处于不同的等级。其结构模型如图 12－10 所示。

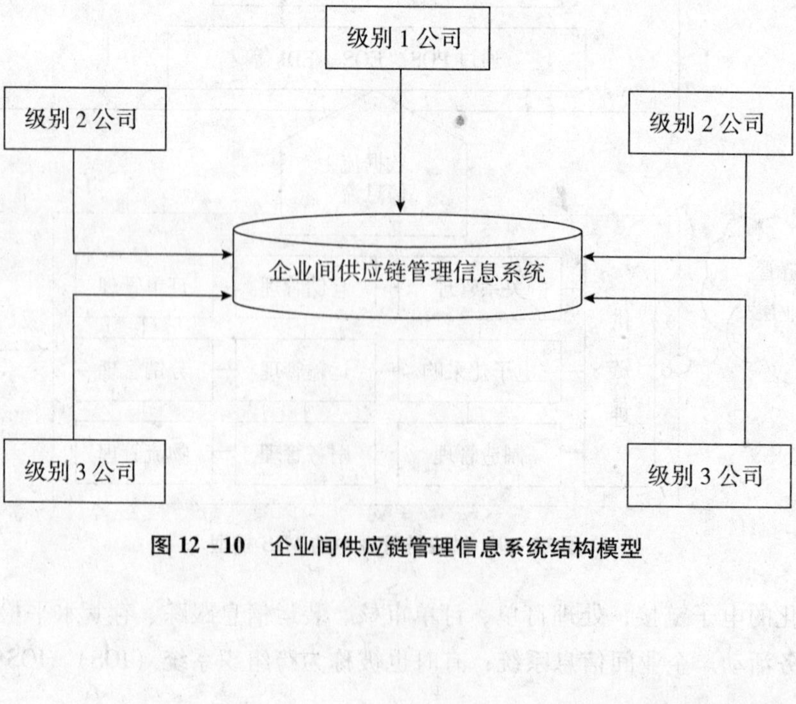

图 12－10　企业间供应链管理信息系统结构模型

3. 基于 Internet/Intranet 供应链集成模式

实施供应链管理的企业在构建信息系统时，要正确处理各种关系，并充分考虑各种因素的影响程度。根据企业所处的环境、自身条件和营销策略，建立一种现代化企业的管理信息系统，这包括企业经营观念、方式、手段的转变。一般企业可以通过高速数据专用线连接到 Internet 骨干中，通过路由器与自己的 Intranet 相连，再由 Internet 内主机或服务器为其内部各部门提供存取服务。在供应链企业的管理信息系统中，计算机可以既是 Internet 的节点，又是 Intranet 的节点，它们之间范围的界定由服务范围和防火墙限定，基于 Internet/Intranet 的供应链企业信息组织与集成模型如图 12－11 所示，这也就是基于供应链管理的 Internet/Intranet 集成化管理信息系统的网络模型。

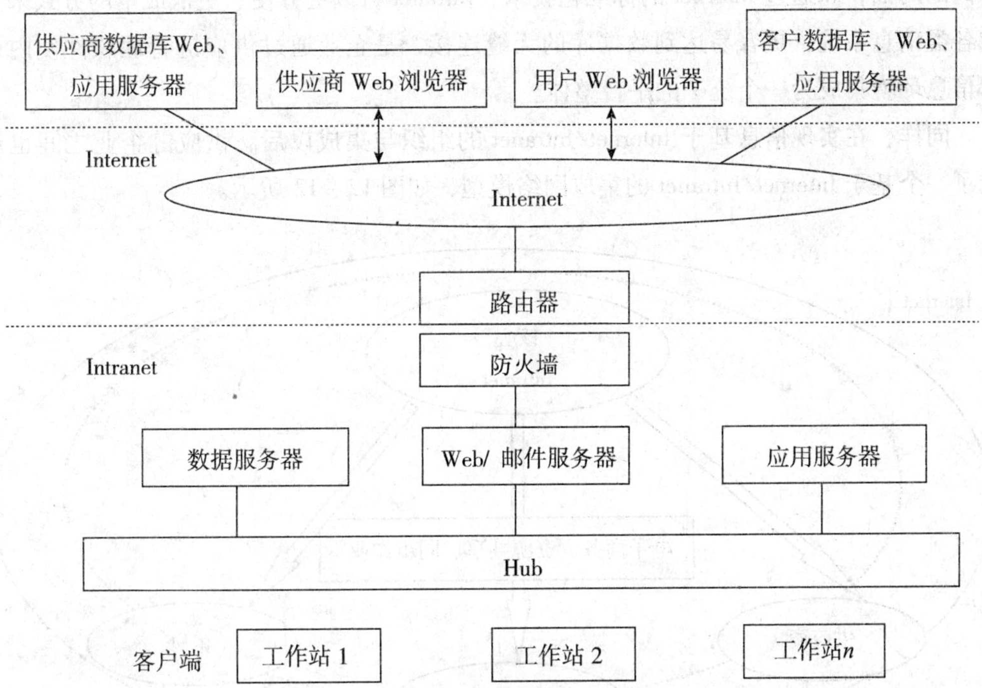

图 12－11　基于 Internet/Intranet 的供应链企业信息组织与集成模型

根据该结构，可以在供应链企业中充分利用 Internet 和 Intranet，建立 3 个层次的管理信息系统。

（1）外部信息交换。企业首先应当建立一个 Web 服务器（Internet 和 Intranet 软件的主要部分）。通过 Internet，一方面，完成对企业在不同地域的分销商、分支机构、合作伙伴的信息沟通与控制，实现对重要客户的及时访问与信息收集；另一方面，可以实现企业的电子贸易，在网上进行售前、售中、售后服务和金融交易。这一层的工作主要由企业外部的 Internet 信息交换来完成的。企业需要与交换对象签订协议，规定信息交换的种类、格式和标准。

（2）内部信息交换。管理信息系统的核心是企业的 Intranet，因为企业的实物处理、信息共享、协同计算都是建立在 Intranet 上的，要与外部交换信息也是以 Intranet 组织的信息为基层的。因此，企业建立了硬件框架之后的关键工作就是要决定在 Internet 上共享信息的组织形式。信息处理系统主要完成数据处理、状态统计、趋势分析等任务。它们大部分由企业部门内部独立的个人计算机应用系统组成，主要设计企业内部所有部门的业务流程。

（3）信息系统的集成。集成化供应链管理环境下，要实现企业内部独立的信息处理系统之间的信息交换，就需要设计系统之间信息交换的数据接口。以往企业各部门的信息系统之间往往由于系统结构、网络通信协议、文件标准等环节的不统一而呈现分离的局面，而通过 Internet 的标准化技术，Intranet 将以更方便、更低成本的方式来集成各类信息系统，更容易达到数据库的无缝连接，是企业通过供应链管理软件使内外部信息环境集成为一个统一的平台整体。

同样，在实现信息基于 Internet/Intranet 的组织与集成以后，供应链企业之间也形成了一个基于 Internet/Intranet 的集成网络模型，如图 12－12 所示。

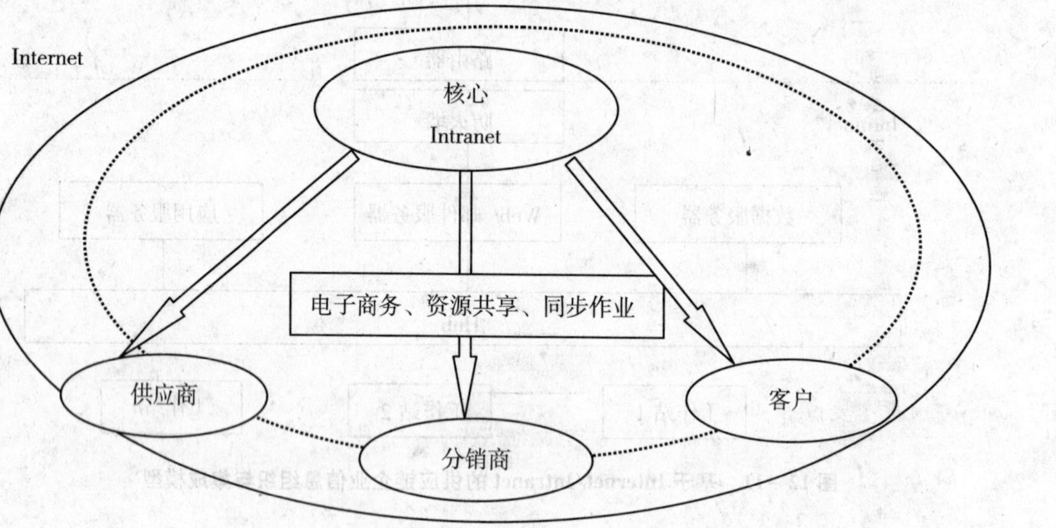

图 12－12　基于 Internet/Intranet 的供应链企业网络模型

4. 供应链管理系统构建的关键技术

在供应链管理系统中，最核心的研究内容之一是，随着动态联盟的组成和解散，如何快速地完成系统的重构，这不可避免地要求各联盟企业的信息系统也进行重构。如何采用有效的方法和技术，实现对现有企业信息系统的集成和重构，保证它们和联盟企业的其他信息系统之间的信息畅通，是供应链信息系统要重点解决的问题。供应链管理系统的另一项核心研究内容是多种异构资源的优化利用。在跨企业的生产计划调度和资源控制方面，联盟内各企业的信息系统往往是异构的。如何有效地利用这些资源，支持它们之间的协同工作，是供应链管理系统必须解决的关键问题。

敏捷供应链管理的研究与实现是一个复杂的系统工程，它涉及很多思想和技术的应用，包括统一的动态联盟企业建模技术、分布计算技术、对 Legacy 系统的封装技术、软件系统的可重构、Internet/Extranet 环境下动态联盟企业信息的安全保证等关键技术。

（1）统一的动态联盟企业建模和管理技术。为了使敏捷供应链系统支持动态联盟的优化运行，支持对动态联盟企业的 BRP 过程进行验证和仿真，必须建立一个能描述企业经营过程及其和产品结构、资源领域与组织管理相互关系，并能通过对产品结构、资源领域和组织管理的控制和评价，来实现对企业经营过程的管理和优化的集成化企业模型。在这个模型中，将实现对企业三流（信息流、物料流、资金流）、三要素（组织、技术、资源）的统一定义和管理。

（2）分布计算技术。由于分布、异构使动态联盟企业信息集成的基本特点，而 CORBA 和 Web 技术是当前解决分布、异构问题的最重要代表，因此，必须解决如何在 CORBA 和 Web 环境下开展供应链的管理和运行的问题。

对比 Web 和 CORBA 技术可以看出，它们由很强的互补性。Web 适合于处理非结构化的数据，能轻易地把大量不同类型的数据和信息资源组织起来，以简单统一的方式供最终用户访问；CORBA 适合处理结构化的数据，适合处理逻辑复杂的分布式交互操作。把它们结合起来，就能实现更好的分布式服务。

（3）软件系统的可重构技术。阻碍实现软件重构的根本原因之一在于传统软件的系统设计方法，因此可以采用新型的软件设计方法。同时可以采用软件代理技术，一组软件代理可以在相互不可见的情况下进行协同工作，共同来完成一项比较复杂的有关某一主题的工作。软件代理具有一定的智能性，它可以响应环境的变化，进行自我调整，并对环境产生影响。

（4）对 Legacy 系统的封装技术。供应链管理的一项基本功能是能够集成 Legacy 系统，因此，对 Legacy 系统的封装是敏捷供应链的一项关键技术。无论是对国内自行开发 ERP 系统的封装，还是对国外 ERP 系统的封装；无论是对一个复杂应用系统的封装，还是对一个简单信息系统的封装，都有一个基本的要求，那就是要保证封装后的 Legacy 系统继续正常运行。

（5）Internet/Extranet 环境下动态联盟企业信息的安全保证。动态联盟中结盟的成员企业是不断变化的，为了保证联盟的平稳结合和解体，动态联盟企业网络安全技术框架要符合现有主流标准，遵循这些标准，保证系统的开放性与互操作性。

12.4 货代业务信息系统设计

从长远的眼光看，货运代理行业作为现代物流的重要环节，充分利用现代信息技术和网络技术的发展，采用信息技术改造传统的操作方式，将货代企业纳入物流供应链中的信息链中，从技术角度扩大货代企业的发展空间，是货代企业未来发展的方向，货运代理行业建立计算机信息管理系统成为当务之急。

12.4.1 货代业务信息系统的概述

迈入21世纪，沿海港口城市物流业务发展迅速，行业竞争越来越激烈，物流公司服务质量的好坏和内部管理水平的高低已成为能否赢得市场的重要因素。能否快速处理物流供应链当中大量烦琐的数据，做到信息处理的自动化、规范化，越来越成为货运代理企业的核心竞争能力。

针对货代行业的特点，基于业务运作和财务管理的基本流程，结合企业的发展方向和运作模式，将业务处理、财务结算、基础数据、客户管理、单证管理、统计分析等功能，优化为规范、精确的操作流程，利用信息技术、自动化技术、网络技术、电子商务技术整合成为完整的电子商务环境下货代企业信息化解决方案。可以肯定，在未来的货代市场竞争中，信息系统的应用程度和应用水平，将直接影响货代企业的整体竞争能力和生存能力。

在新形势下，如何用最低的成本、最快的方式来实现扩张战略与转型，是摆在众多国际货代企业面前的严峻问题。目前我国国际货运代理企业已有不少拥有一定网络或正在组建自己的网络，但绝大多数内部信息化建设非常落后，缺乏对网络有效的管理，缺乏对内部操作规范控制，也不能为客户提供基本的信息化服务，这就从根本上制约了企业的发展和转型。因此，从目前来看，加快建设企业信息系统建设，应该是国际货代企业发展的一个重要战略决策。而一个完整的信息交换系统包括很多部分，但其中的核心是业务管理信息系统，所以我们下面重点讨论一下，什么样的业务管理信息系统最适合国际货代企业发展需要。应该说，合适的管理系统，必须具备这样几个条件：

1. 清晰的管理流程

管理流程是企业为了规范管理业务作业而制定一个标准的操作流程。目前大部分中小型货运代理企业大部分采用的是一人一票负责到底的业务管理机制。

这种操作流程的主要特点是，一个业务人员从市场开拓到完成业务操作全程负责到底。其最大的好处是业务关系简单，业务人员各自独立，可以根据完整的业务流程完成情况和实际利润情况，对业务人员进行管理和考核。但采用这种方式由于业务人员需要完成从揽货到订舱、报关等全部环节，造成工作不专业，各环节没有科学合理的分工，操作不标准，对内工作效率比较低，对外形象、标准、服务都不统一，而且由于业务人员掌控业务各个环节，容易造成流动性大等问题。

这种业务流程模式也被称为个体户联合的管理模式，适应于中小型的货运公司中。比较规范的大中型的国际货运公司的管理流程一般采用的流程化垂直分工的办法。

这种管理流程是将国际货运业务按照各个环节性质的不同采取不同的岗位由专人负责的办法来进行管理和监控的，比如，市场营销人员只管市场，操作人员只管订舱、单证处理，报关人员只管报关，费用处理人员只管费用，商务人员只管代理、合约等，这样公司部门划分明确，分工明确，操作专业化、标准化，在规模比较大的公司是必须采取的工作流程。

2. 跨地域的管理能力

国际货运企业在跨地域扩张的过程中面临的最大问题就是信息的共享和管理过程的监督控制，如果这两点做不好会使企业的运营成本上升，而且快速扩张失控会导致灾难性的后果，所以好的信息系统能够解决以下两方面的问题：

(1) 跨地域的集团化管理。好的信息系统必须支持总公司作为信息中心来进行数据集中和数据分析，以支持总公司成为商务处理中心、决策分析中心。实现监控管理中心的职能，以保证企业的高速扩张在可以控制的范围之内，同时实现企业规模经营和集团化采购。

(2) 跨地域的数据交换。好的信息系统必须支持全网络内部的数据交换和信息共享，以便确保在系统内部的数据共享，以达到降低业务处理成本和提高效率的目的，如果达不到这一点，高速扩张就同样无法实现。

要实现以上两点，需要解决两方面的问题：一是数据的集中与分发技术；二是系统内部必须按照货运企业的运行特点建立数据管理集中与分发技术问题应该是比较容易解决的，互联网的出现为数据传输提供了很多的传输方式，如 EDI 技术、数据库同步技术、如邮件打包传输、Web 数据集中等。国际货运代理企业要根据自身的行业特点选择合适的数据传送技术方式，就目前的国内网络环境来说选择数据库同步传输是比较合适的，因为这种技术成本低，完全自动完成数据的分发和收集，而且数据传输也非常及时。当前出现了以 Web 方式 B/S 结构来构建跨地域的管理信息。但这种 B/S 结构的系统对一些业务量大，操作处理频率高的公司来说，这种方式很难实现高效运作、方便处理的目的，而且复杂的统计分析的功能也很难实现。

3. 电子商务服务能力

高速的跨地域扩张要求企业具有为客户提供远程服务的能力，应该有一套良好的电子商务平台。通过平台，客户可以查询它的所有货运信息，实现客户货物跟踪、费用跟踪、单据跟踪。同时商务平台实现对客户零距离的业务咨询、寻价、网上业务委托等。公司内部人员可以通过商务平台，实现远程公司管理和远程业务查询和业务交接等。另外，国外代理或收货人也通过平台来完成业务处理。通过现代 Internet 技术实现总公司、分支机构、客户、代理等的无缝连接。

4. 未来的延伸能力

前面已经提到国际货运代理企业的转型必然导致网络越来越大，服务能力和业务范围越来越宽。这样，企业在选择信息系统时就必须考虑公司未来的发展问题。一个好的国际货运代理企业管理信息系统，应该能够从简单的进出口货运代理管理，延伸到其他各种物流环节的操作。这就要求信息系统具有延展能力，或者说这个软件服务商未来能够提供这种扩展，如果自身的软件系统或提供信息系统的软件供应商不能做到这一点，这个系统迟早会滞后于企业发展而淘汰出局，最终的结果是所有的前期信息建设投资宣告失败。

当务之急是建立一个适合自己公司业务操作和快速发展模式的信息系统。当然，任何一个企业需要引进一个适合的信息系统不是易事，因为这个信息系统对内必须涵盖企业的运作模式、企业的业务处理流程、企业的标准操作模式、企业的管理理念以及深层的企业文化，而且信息系统的组建是一个长期的过程，投资也不低。所以，企业在引进信息系统时一定要选择专业的，有拓展性的信息系统软件，而且要有逐步融合、逐步改进和逐步完善的过程准备。一旦一个信息系统在企业中进行了良好的运作，不仅让企业在管理和服务上一个大大的台阶，而且更能加速企业的发展壮大，只有这样货代企业才能在激烈竞争的货运运输市场中立于不败之地。

12.4.2 货代业务信息系统的典型方案

货代业务信息系统的基本功能包括：

1. 基础数据管理

（1）国家：维护和查询指定条件下的国家和地区信息。

（2）币种。

（3）汇率。

（4）港口。

（5）电子词典。

（6）航线：维护业务操作中收录的航线信息。

（7）货物种类：维护业务处理过程中，涉及货物信息。

（8）费用种类。

（9）运价管理。

（10）银行账号：维护业务处理过程中，涉及银行账号信息。

（11）集装箱定义：维护集装箱的箱型信息。

2. 客户服务管理

（1）客户资料：客户信息添加、修改、删除，客户类型设置，联系人信息维护客户信息清单打印等。

（2）快速的客户资料和服务记录查询。

（3）客户正发生业务的动态跟踪。

（4）公司运价底价、销售价及客户历史报价查询。

（5）业务员访客记录及成功率分析。

（6）报价快速制作平台及报价单即时发送。

（7）客户投诉及处理反馈。

（8）市场计划及实施情况跟踪。

3. 业务操作

（1）进口业务操作：对每一笔进口业务的接单、订舱、拖装及场装、报关、报检、签单等操作进行跟踪。

（2）出口业务操作：对每一笔出口业务的接单、订舱、拖装及场装、报关、报检、签单等操作进行跟踪。

4. 财务结算

（1）单票审核。

（2）实际收付。

（3）账单管理。

（4）货代发票。

（5）费用核销。

①全面管理应收，应付账单的对账和销账情况，提高财务的准确性和效率。

②加入费用功能：在货运账单结算过程中遇到客户的一笔费用分两次或更多次才付清时，实现部分销账功能，以实现对账单的多次销账。

③移出费用功能：核销已经处理的账务核销完成功能。

5. 单证管理

单证管理是指对货主提供的各类文件资料进行登记、管理。

6. 统计分析

（1）业务统计：根据船公司、航空公司、目的港代理、委托人、业务员、操作员、配载公司等分类统计，并可以自定义明细清单。

（2）收付统计：根据海运、空运、陆运收支和收佣、退佣等分类统计，并可以自定义明细清单。

（3）箱量统计：根据日、月、年、季度、业务类型、部门、人员等分类统计，并可以自定义明细清单。

（4）利润统计：根据船公司、航空公司、目的港代理、部门、操作人员、销售人员、业务类型等进行人民币、美元、佣金等利润分析统计，并可以自定义明细清单。

（5）统计图表：根据业务人员、操作人员、相关公司等统计出箱量、利润等，并绘制图表。

（6）个性化报表等。

7. 系统管理

实现对系统运行参数、操作风格的灵活设定。并可对多级用户权限管理（支持树形权限结构），实现复杂的内部权限设定。

12.5 企业物流信息门户设计

所谓企业信息门户（Enterprise Information Portal，EIP）是一个应用框架，它将企业的所有应用和数据集成到一个信息管理平台之上，并以统一的用户界面提供给用户，使企业可以快速地建立企业对企业和企业对内部雇员的信息通道；企业信息门户是一个基于 Web 的应用系统，它使企业能够释放存储在内部和外部的各种信息，使企业员工、客户、供应商和合作伙伴从单一的渠道访问其所需要的个人化信息。

12.5.1 企业信息门户的概述

企业信息门户是企业信息系统的应用框架，它通过及时地向用户提供准确的信息，优化企业运作和提高生产力。一个企业的信息门户对外是企业网站，对内则是管理和查询日常业务的公共平台。通过企业信息门户，员工可以访问企业的生产信息、销售信息、库存信息和客户信息，以最低的成本共享和利用企业的所有信息。而对于企业来说，可以通过企业信息门户及时向客户提供准确的信息，而且随着网上业务的不断发展，企业信息门户还可以拓展企业的业务范围，创造新的业务机会，成为推动企业走进电子商务的强大工具。

企业信息门户是一个企业信息化表现层平台，是基于企业应用集成（EAI）的面向企业内部和外部的统一应用入口。EIP 的本质特点是集成企业内外部资源，为自己的员工、客户和合作伙伴提供个性化的综合服务，以最迅速的方式联系客户、供应商和分销商，以高效方式组织企业运作，优化企业供应链等，EIP 已成为企业信息化建设的一个发展趋势。

12.5.2 物流企业信息门户的典型方案

物流企业信息门户参考框架如图 12－13 所示。

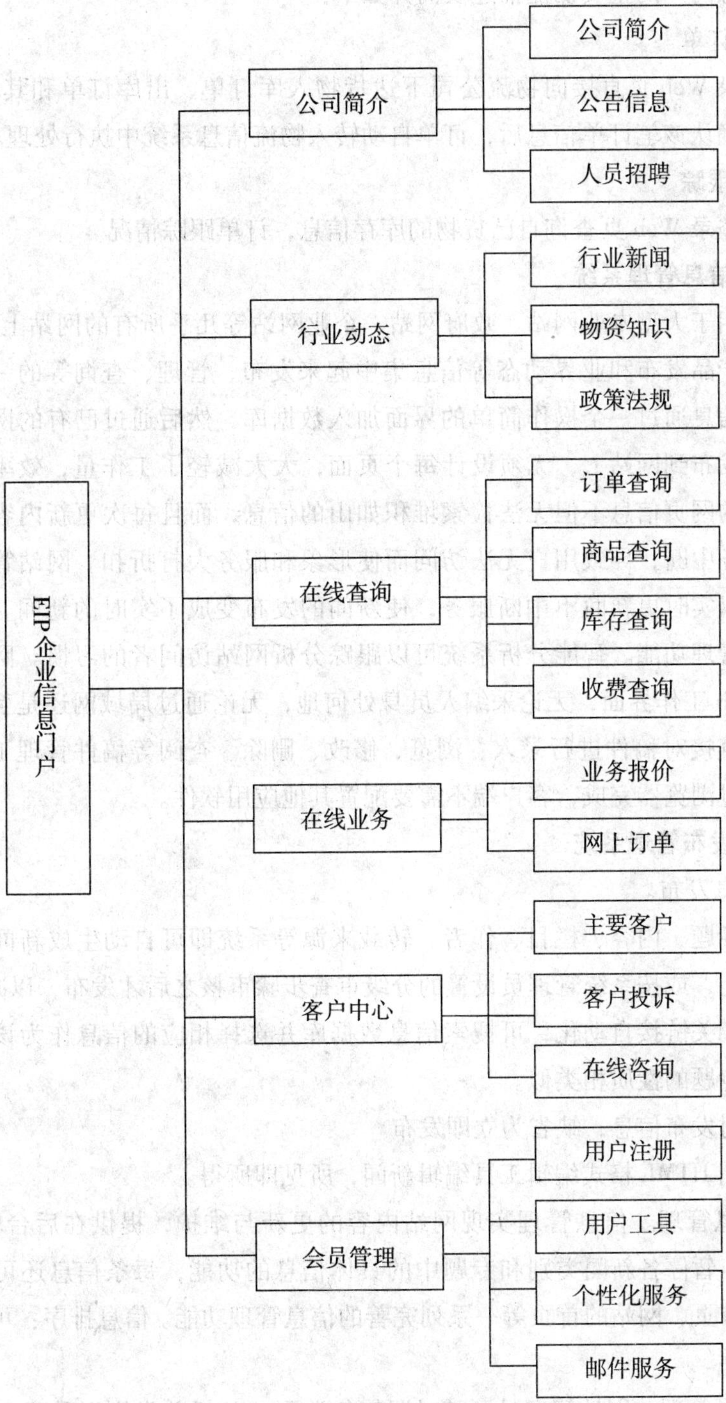

图 12－13　物流企业信息门户参考框架

企业信息门户的主要功能描述及简介如下：

1. 网上订单

货主登录 Web 页直接向物流公司下达货物入库订单、出库订单和其他指令信息，物流公司经确认该笔订单信息后，订单自动转入物流信息系统中执行处理。

2. 网上跟踪

货主可登录 Web 页查询自己货物的库存信息，订单跟踪情况。

3. 网站信息管理系统

广泛应用于大型专业网站、政府网站、企业网站等几乎所有的网站上，是将新闻、信息栏目、产品发布和业界动态等信息集中起来发布、管理、查询等的一种网站应用程序。网站信息通过一个操作简单的界面加入数据库，然后通过已有的网页模板格式与审核流程发布到网站上，无须设计每个页面，大大减轻了工作量，效率非常高。手工制作发布的网页信息不但无法检索堆积如山的信息，而且每次更新内容并上传的时候都会使服务中断，导致用户无法访问而使形象和服务大打折扣。网站管理系统使得网站内容可以实时更新而不中断服务，使新闻的发布变成了实时的新闻。系统还集成了图片广告管理功能。智能分析系统可以跟踪分析网站访问者的习惯。网站信息管理系统基于 Web 工作界面，无论采编人员身处何地，无论通过局域网还是互联网，都能在浏览器中直接对稿件进行录入、浏览、修改、删除、查阅等稿件管理工作。所有的操作可以通过浏览器完成，客户端不需要配置其他应用软件。

4. 信息发布管理系统

（1）信息发布。

①输入标题、内容、栏目、作者、转载来源等系统即可自动生成新闻，并可立即发布到网站上，或按系统管理员设置的分级审查步骤审核之后才发布，以减少失误。

②支持相关链接自动化，可搜索信息数据库并选择相应的信息作为该信息的相关信息，这与专题的性质相类似。

③可定时发布信息，缺省为立即发布。

④可利用 HTML 格式编辑工具编辑新闻，所见即所得。

（2）信息管理。信息管理实现网站内容的更新与维护，提供在后台输入、查询、修改、删除、暂停各新闻类别和专题中的具体信息的功能，每条信息还可选择是否出现在栏目的首页、网站的首页等一系列完善的信息管理功能。信息排序：可手工调整信息排列的顺序。

（3）目录管理。网站管理员可随时调整各类别（包括总类别以及下一级的类别），都可以根据需要增加、修改或删除，支持多级子目录，也就是可以增加网站的栏目。这对于网站上新闻信息的分类调整以及网站发展规划中第二步的实现具有很大的作用，可以极大地减少二次开发的工作量。类别管理提供的具体功能如下：增加、修改、删除新闻类别和专题的功能；更改类别顺序以确定新闻类别和专题在网站页面上出现的排序的功能；更改新闻类别和专题的中文名称及其英文目录名的功能。

（4）专题管理。可搜索信息数据库并选择相应的信息组成信息专题或新闻热点专题；可组建组图新闻、图片新闻，并自动生成可点击放大的组图；支持连载文章，连载文章中的每一篇均有明确的链接可以到任何其他一篇文章。

（5）模板管理。模板管理主要是用来管理网站各个栏目及不同页面的风格，我们使用模板来管理，这样就可以让用户随心所欲的按自己的风格来制作页面。

（6）信息检索。可按关键字、标题、全文、作者、来源、发布时间、发布时间段等检索信息。

（7）调查分析系统。可用于单位内部民意调查、意见收集，也可以用于对外的客户调查，使用广泛。

（8）邮件列表。邮件列表（Mail List）是一种可以获得特定客户群体 E－mail 地址并快速方便地发送大批量电子邮件的工具，邮件列表具有传播范围广、使用简单方便的特点，只要能够使用 E－mail，就可以使用邮件列表。它和传统媒体最大的区别就是实时和个性化，每一份发送出去的内容都是不相同的，满足每个人的特殊要求。

将网站的更新内容及用户自己定制的特别内容定期或不定期以电子邮件方式自动发送给用户。系统自动发送和编辑信息，不需要人工管理，而且可以做到实时自动发送，同时可以自动通知到用户的呼机和手机上，用户就可以随时知道最新的信息，且只收取本人关心的信息。

邮件列表功能强大，前台用户可以任意选择自己所喜欢的信息类别，可以选择发送的日期间隔，可以选择实时发送（一有新信息就自动发送），可随时订阅或退订，可详细定义电子商务网站的商品和商业机会信息，可按用户的要求增加其他功能。后台的电子杂志编辑系统用于网络邮件列表的编辑、预览、HTML 优化、文章管理、发行，可创建自己的电子刊物模板，减少重复劳动。

（9）网上招聘。

①发布管理：对待发布职位信息定义发布的条件，如发布语言、发布方式及发布时间等并进行发布；可设置多种发布方式并对其进行管理，如可发布到企业主页、招聘网站、猎头公司、职介中心等企业常用的招聘机构。

②简历管理：用户可以自定义筛选条件，寻找最合适的人选；定义列表关键字只显示简历中与定义的关键字相符的字段并进行列表；用户可快速阅读大量的简历，并以简历中的某一项或几项作为列表；用户可将文本简历输入至简历库中。

③面试管理：信息丰富、使用便捷的电子化面试流程管理；针对不同职位建立相应的面试题库。

④聘用管理：向应聘者发录用通知；通知相应部门，办理相关手续；实现与企业

HR、OA 系统的无缝连接。

⑤招聘效果分析：招聘效果分析来自于不同招聘渠道的招聘效果；统计每种渠道收到的简历数、统计进入面试的人数、统计被聘用的人数；成本分析统计年度招聘总预算、部门预算、每个职位预算；统计实际发生的每个职位招聘费用、部门费用；简历处理状况分析可以统计出每个部门简历处理效率及效果，利于引导企业及部门改善招聘工作方法，提高工作效率。

13 典型配送中心仓储管理信息系统案例

内容提要：

物流配送中心仓储管理信息系统是现代配送中心在仓储环节进行货物管理和处理的业务操作系统。它可以实现配送中心仓储的精细化管理，对货物存储和出货等进行动态安排，可以对仓储作业的全过程进行电子化操作。另外，根据配送中心的作业情况可知，配送中心仓储管理信息系统在拣货作业管理上要求比其他仓储管理信息系统高，同时具备其他一般仓储管理信息系统不具备的流通加工功能。

本章主要介绍了典型配送中心仓储管理信息系统的设计，包括了系统分析、系统设计和系统实施3个信息系统开发的主要过程。

学习要点：

通过这一章内容的学习，我们要达到这样几个目标：

(1) 掌握仓储管理信息系统的功能模块设计。

(2) 理解仓储管理信息系统数据库和输入输出设计。

(3) 了解仓储管理信息系统的系统实施过程。

13.1 配送中心仓储管理信息系统概述

配送中心仓储管理信息系统需采用实时处理系统，规范管理操作人员完成作业，从收货到发货全过程控制配送中心仓储作业的各个环节，这对改善配送中心服务质量，增强配送中心在市场竞争中的主动性具有非常重要的意义，具体地说，其作用主要有以下几点：

(1) 有利于实现仓储作业信息的透明化，使配送中心可以及时准确地掌握库内的货物存放情况，因此可以及时调配仓储资源，提高仓库利用率。

(2) 有利于保证配送中心与客户间的即时互动，便于管理更新。利用系统强大的查询和报表输出功能，能很快地为客户提供货物在库“进、出、存”的实时情况及报表统计，确保市场信息的及时性和准确性。

(3) 有力于提高配送中心仓储的仓储服务水平和工作效率，特别是拣货作业的效率，以相对较小的资金投入，实现仓储管理的优化，合理调配了配送中心仓储资源，提高库房和工具的使用率，减少了大量票据的传送，规范了工作流程；堵塞了管理漏洞，管理信息系统的运用使配送中心仓储管理更轻松，同时能达到减员增效的目的，有利于降低仓储成本。

13.2 系统分析

13.2.1 系统需求分析

仓储管理信息系统（Warehouse Management System，WMS），是用来管理出入库操作、库存等的软件实施工具。配送中心的仓储管理信息系统需要其他子系统通过接口进行交流才能真正发挥其作用，这也是配送中心仓储管理信息系统的特点之一。仓储管理信息系统是配送中心信息系统的一个子系统，因此应把其放到配送中心管理信息系统中进行考虑，来制定其目标。其目标是：

（1）仓储作业功能完备。在系统设计之初，要充分考虑各种仓储作业流程，注意配送中心仓储管理信息系统与一般仓储管理系统的不同之处，把配送中心所特有的某些功能纳入该系统中。

（2）仓储管理科学化、自动化。系统要能为配送中心仓储的所有活动提供及时准确的信息，保持信息的透明化，使企业可以实时掌握配送中心的库存情况以及货物的存放情况，以及时调配仓储资源，提高仓库的利用率。

（3）仓储作业的高效、准确。为了提高客户的满意度，应该尽量保持配送作业的准确性，避免货物的错配或漏配。

（4）与客户即时互动。配送中心的服务对象大多是超级市场或零售商，因此该系统要能良好地与客户即时互动，能及时准确地为客户提供货物在库实时情况，确保市场信息的准确性。

（5）与配送中心其他子系统良好协作。仓储管理信息系统是配送中心信息系统中的一个子系统，为了保持信息的共享性以及避免大量的数据冗余，该系统要能够通过接口与其他的子系统之间进行数据交换和数据传输，并且能相互访问，为提供一体化的配送中心信息管理创造条件。

总之，配送中心仓储管理信息系统的目标是：以较小的资金投入实现配送中心仓储管理的系统优化，并通过系统优化能够提高配送中心仓储的工作效率，合理调配仓储资源，减少大量票据传输，使工作流程更加标准化、一体化，最终能够实现减员增效，降低仓储成本，提高客户满意度。

根据对配送中心仓储管理信息系统的目标分析，结合中国国情及实际情况对其业务流程进行优化，得出该系统应具有以下功能：

（1）入库管理。该功能主要实现入库单录入、入库审核以及确认操作记录等操作管理。

（2）入库操作。实现数据库的更新，可以提高入库操作的准确性，提高效率。

（3）出库管理。该功能主要实现出库单录入、记录出库现场作业情况等。和入库管理一样，属于业务操作工作。要根据出库记录的数据，及时更新数据库。

（4）调度管理。该功能主要实现对不同仓库的货物进行重新安排货位，商品货架管理以及空间合理利用等。

（5）在库统计。该功能主要根据配送中心数据库提供的数据进行库存策略的制定，实现货物的分类以及货物在库盘点等功能。

（6）拣货管理。拣货是为了提高配送中心的送货效率，为出库做准备。该功能需要制订拣货计划、打印拣货单和出库通知书等。

（7）基本信息管理。该系统主要是对配送中心仓储部门工作人员、仓储库位、供货商、客户和货物等基本信息的记录，以及对这些基本信息的维护等。

13.2.2 系统流程调查分析

系统流程图详细描述了系统整体流程，如图 13－1 所示。

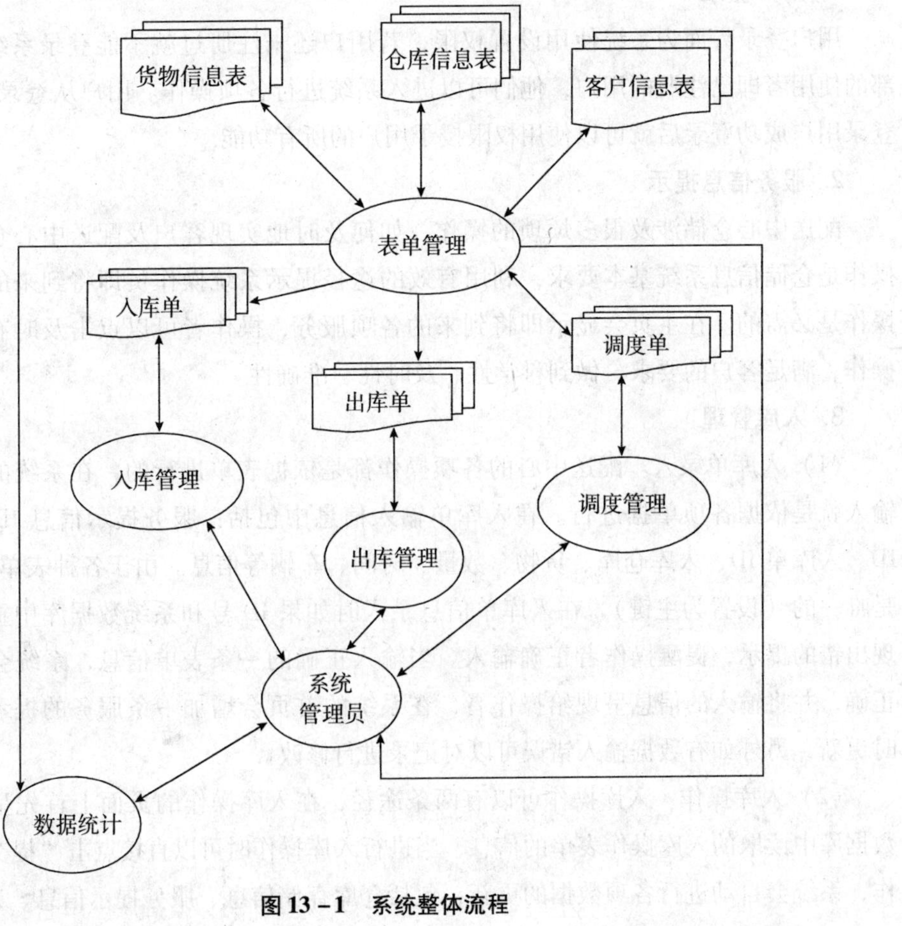

图 13－1 系统整体流程

13.3 系统设计

13.3.1 系统功能模块设计

由需求分析得出系统的功能模块设置，是信息系统开发中一个很重要的阶段，它主要是依据需求分析的文档资料和正确的方法确定系统的功能模块，以及如何将这些模块联系起来组成一个机内系统，还要考虑实现系统功能，需要进行数据库的详细设计及编码设计，输入、输出设计等。系统的设计主要是通过配送中心仓储的服务提示操作开始，经过入库，出库，调度以及相应的表单管理和数据统计分析，把它们组织成一个有机的整体，从而提高配送中心的效率，提高客户满意度。

主页显示仓库操作的各项信息。包括货物出库、入库、调度等信息，用户根据时间的紧迫性进行操作。用户没有登录之前，权限受到限制。总体功能模块如图 13－2 所示。

1. 用户登录

用户登录界面为系统使用设置权限，若用户还未注册过就不能登录系统，系统内部的使用者即已注册的用户，他们可以进入系统进行各项操作。用户从登录界面登录。登录用户成功登录后就可以使用权限授予用户的所有功能。

2. 服务信息提示

配送中心仓储涉及很多烦琐的操作，如何及时地实现客户及配送中心仓储的各项操作是仓储信息系统基本要求，利用有效的途径提示系统操作员即将到来的各项仓储操作是必需的。在主页会显示即将到来的各项服务，操作者可以点击及时有效的进行操作，满足客户的要求，做到科学性、及时性、准确性。

3. 入库管理

（1）入库单录入。配送中心的各项操作都是依据表单进行的，在系统的原始数据输入就是依据各项单据进行。在入库单输入信息中包括：服务提示信息 ID 号、客户 ID、入库单 ID、入库仓库、货物、数量、时间、车辆等信息。由于各种表单的 ID 号都是唯一的（设置为主键），在入库单信息录入时如果 ID 号和系统数据库中重复，会出现出错的提示，提醒操作者正确输入。当输入正确的一条表单信息，系统会提示提交正确，并将输入的信息呈现给操作者，在系统的首页会增加一条服务的提示信息，及时更新，另外如有数据输入错误可以对记录进行修改。

（2）入库操作。入库操作可以有两条途径，在入库操作的页面上首先呈现的是从数据库中读取的入库操作表单的信息，当进行入库操作时可以直接点击“提交”进行操作，系统会自动进行各项数据的更新，包括仓库存储信息、服务提示信息、入库单等。

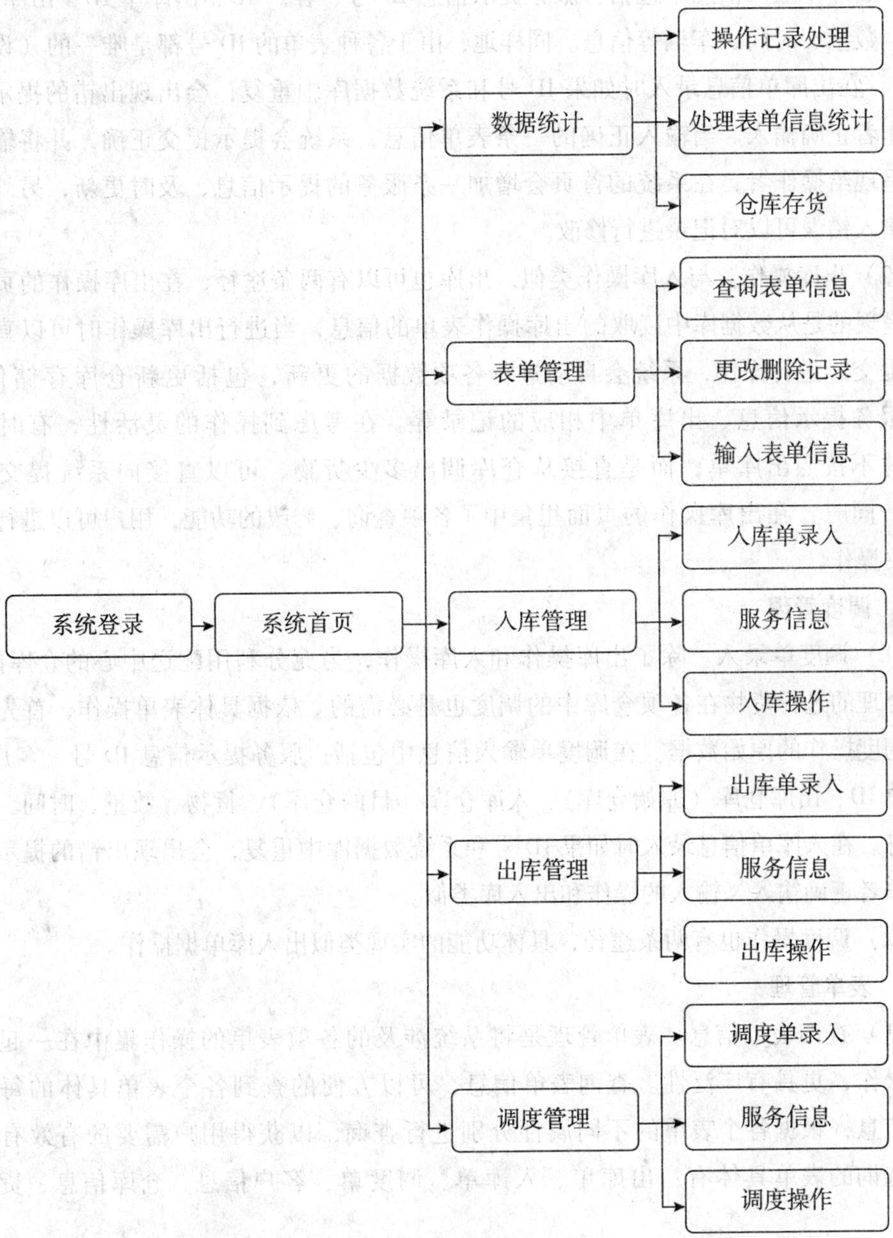

图 13－2　系统功能模块

在考虑到操作的灵活性，有时仓库进货并不按照入库单，而是直接从仓库调入多少货物时，可以直接向系统提交具体操作。同时，在入库操作的页面里集中了各项查询、修改的功能，用户可以进行其他的相关操作，更加的人性化。

4. 出库管理

（1）出库单录入。出库操作是入库操作的反向操作，依据表单输入出库的原始数据。在出库单输入信息中包括：服务提示信息 ID 号、客户 ID、出库单 ID、出库仓库、货物、数量、时间、车辆等信息。同样地，由于各种表单的 ID 号都是唯一的（设置为主键），在出库单信息录入时如果 ID 号和系统数据库中重复，会出现出错的提示，提醒操作者正确输入。当输入正确的一条表单信息，系统会提示提交正确，并将输入的信息呈现给操作者，在系统的首页会增加一条服务的提示信息，及时更新，另外如有数据输入错误可以对记录进行修改。

（2）出库操作。与入库操作类似，出库也可以有两条途径，在出库操作的页面上首先呈现的是从数据库中读取的出库操作表单的信息，当进行出库操作时可以直接点击"提交"进行操作，系统会自动进行各项数据的更新，包括更新仓库存储信息、删除服务提示信息、出库单中相应的记录等。在考虑到操作的灵活性，有时仓库进货并不按照出库单，而是直接从仓库调出多少货物，可以直接向系统提交具体操作。同时，在出库操作的页面里集中了各项查询、修改的功能，用户可以进行其他的相关操作。

5. 调度管理

（1）调度单录入。除了出库操作和入库操作，为充分利用配送中心的仓库能力，及时合理的进行货物在各项仓库中的调度也是必需的。依据具体表单操作，首先进行输入调度操作的原始数据。在调度单输入信息中包括：服务提示信息 ID 号、客户 ID、调度单 ID、出库仓库（原始仓库）、入库仓库（目的仓库）、货物、数量、时间、车辆等信息。在入库单信息录入时如果 ID 号和系统数据库中重复，会出现出错的提示，提醒操作者正确输入，输入的操作和出入库类似。

（2）调度操作也有两条途径，具体功能的实现类似出入库单据操作。

6. 表单管理

（1）查询表单信息。表单管理是将系统涉及的各项表单的操作集中在一起方便集中操作，更具有广泛性。查询表单信息，可以方便的查到各个表单具体的每条记录的信息，根据各个表单的不同属性分别进行查询，以获得用户需要的有效有用信息。查询的表单具体有：出库单、入库单、调度单、客户信息、仓库信息、货物信息等。

（2）输入表单信息。可以根据系统需要，录入各个表单相应的额外记录，丰富数据，增强系统的处理功能。

（3）更改删除记录。对所有系统有关的表单进行删除和修改的操作，及时更新数据。

7. 数据统计

（1）操作记录处理。一个科学的信息系统必须拥有强大的数据处理功能，便于系统进行各项数据的统计工作。对系统的各项涉及数据变更的操作进行记录，存入数据库，是进行数据统计必需的准备。在系统进行出入库以及调度操作时对每条操作记录进行备份，如统计出入库、各项货物在每个仓库的分布情况。除了统计的功能外，在操作记录的页面中还实现了因操作失误而引起的数据变化的还原功能。还原是原来具体操作的逆向实现，包括更新仓库存储信息、还原服务提示信息、单据中相应的记录等。在操作记录中也可以直接对记录操作进行修改、删除功能。

（2）操作表单信息统计。统计各个仓库的使用情况，货物的进出频率可以更好的协调配送中心的调度工作，在操作表单统计中统计了各类货物在各仓库中出库和入库的数量，而且也可以了解在各仓库中货物的存货情况。

（3）仓库存货。仓库存货是对所有操作后仓库的各类货物存货情况的统计，分仓库分货物列成表格形式。可以对表格进行打印。

13.3.2 系统用例图

系统使用的用户是配送中心仓储管理方，系统中存在的操作如图 13－3 所示。

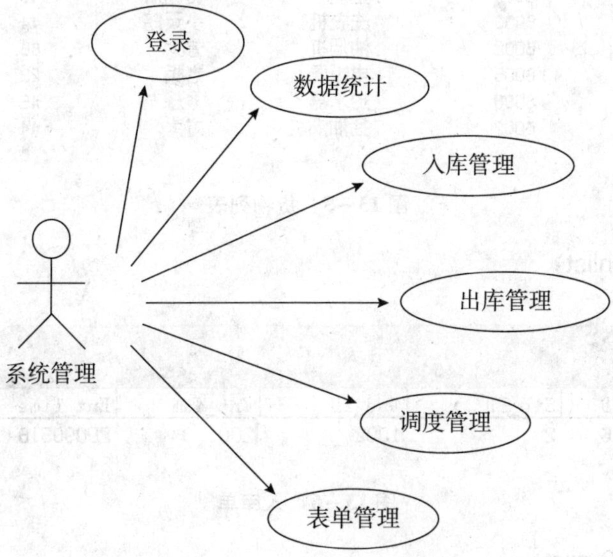

图 13－3 系统用例

13.3.3 数据库表设计

数据库内共存储了 12 张表，各张表的信息依据系统需要设置。下面列举了几张有代表性的简单表格描述数据库的内容，如图 13－4 ~ 图 13－11 所示。

1. 客户（公司）列表（CompInfo）

表 "CompInfo" 中的数据，位置是 "demo" 中、"(local)" 上

Co_ID	Co_Na	Co_Ad	Co_OfTe	Co_Ma	Co_No
6001	haier	北京	023-5557888*	1364875926*	一级客户
6002	方太集团	上海	021-2345435*	1349596496*	二级客户
6003	小天鹅	江苏	0551-4579703*	1589955994*	二级客户
6004	奥克斯	杭州	0571-4529445*	1580494940*	一级客户
6005	老板	深圳	0413-9985432*	1389595949*	三级客户
6006	康佳	上海	021-4976495*	1321958595*	二级客户
6008	桑乐有限	青岛	0545-9855958*	1319948856*	二级客户
*					

图 13－4　客户信息

2. 货物列表（Goods）

表 "Goods" 中的数据，位置是 "demo" 中、"(local)" 上

God_ID	Co_ID	God_Name	God_Brand	God_Size
1001	6006	彩电	康佳	50
1002	6001	冰箱	haier	50
1003	6004	空调	奥克斯	40
1004	6003	洗衣机	小天鹅	44
1005	6002	油烟机	方太	66
1006	6005	电饭煲	老板	22
1007	6008	热水器	桑乐	45
1005	6002	抽油烟机	方太	44
*				

图 13－5　货物列表

3. 入库单（Inlist）

表 "Inlist" 中的数据，位置是 "demo" 中、"(local)" 上

EntSto_ID	Sto_ID	God_ID	Ent_Num	Ent_Time	Car
B20090516	2	1002	200	20090516	A001

图 13－6　入库单

4. 出库单（Outlist）

表 "Outlist" 中的数据，位置是 "demo" 中、"(local)" 上

OutSto_ID	Sto_ID	God_ID	Out_Num	Out_Time	Car
A20090611	2	1002	50	20090611	B001
*					

图 13－7　出库单

5. 调度单（Changer）

表"Changer"中的数据，位置是"demo"中、"(local)"上

Chan_ID	OriSto_ID	AimSto_ID	God_ID	Chan_Num	Chan_Time	Car
C20090701	4	5	1004	40	20090701	C001

图 13－8　调度单

6. 服务提示信息（ServeItem）

表"ServeItem"中的数据，位置是"demo"中、"(local)"上

SerIte_ID	Co_ID	List_ID	Ser_Item	Ser_Con	Ser_Time
001	6001	B20090516	入库	小心轻放	20090516
004	6001	A20090611	出库	注意数量	20090611
006	6003	C20090701	调度	小心搬运	20090701
007	6004	C20090711	调度	小心搬运	20090711

图 13－9　服务提示信息

7. 仓库存货信息（StorageInfo）

表"StorageInfo"中的数据，位置是"demo"中、"(local)"上

Sto_ID	GodID1_Num	GodID2_Num	GodID3_Num	GodID4_Num	GodID5_Num	GodID6_Num	GodID7_Num
1	0	0	0	0	0	0	0
2	0	0	0	0	0	0	0
3	0	0	150	0	0	0	0
4	0	0	0	80	0	0	0
5	0	0	40	0	0	0	0

图 13－10　仓库存货信息

8. 操作记录信息（Caozuo）

表"Caozuo"中的数据，位置是"demo"中、"(local)"上

Cztype	Cz_ID	OriSto_ID	AimSto_ID	God_ID	Num	Cz_time	Cz_Car
B	B20090529	无	4	1004	80	20090529	A004
B	B20090526	无	3	1003	100	20090526	A002
A	A20090615	3	无	1003	60	20090615	B002
B	B20090801	无	3	1003	150	20090801	B003
C	C20090711	3	5	1003	40	20090711	C002

图 13－11　操作记录信息

13.3.4 输入、输出设计

1. 系统主界面

主页显示所有功能模块，用户在进入系统后对权限进行所有操作，操作者可以从主页上发现即将到来的各项服务，点击及时有效的进行操作，满足客户的要求。系统的各个模块分类，如图 13－12 所示。

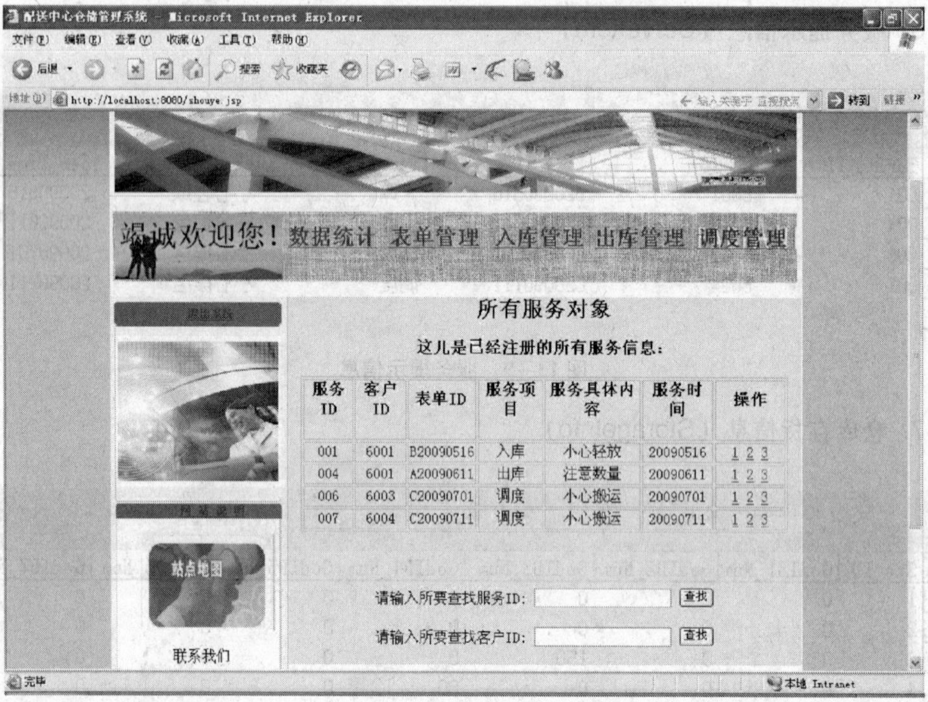

图 13－12 系统主界面

2. 输入设计

根据客户的入库单、输入提示，输入服务提示信息 ID 号、客户 ID、入库单 ID、入库仓库、货物、数量、时间、车辆等信息，存入数据库，如图 13－13 所示。在输入错误时系统会自动提示出错，包括唯一性的表单 ID 重复，空格之类的。入库单成功界面如图 13－14 所示。

3. 输出设计

同样，根据客户的出库单、输入提示，输入服务提示信息 ID 号、客户 ID、出库单 ID、出库仓库、货物、数量、时间、车辆等信息，存入数据库。其中考虑到操作的可变性，各项表单的 ID 都是手工输入的，如图 13－15 所示。出库单录入成功页面如图 13－16所示。

图 13－13　入库单录入

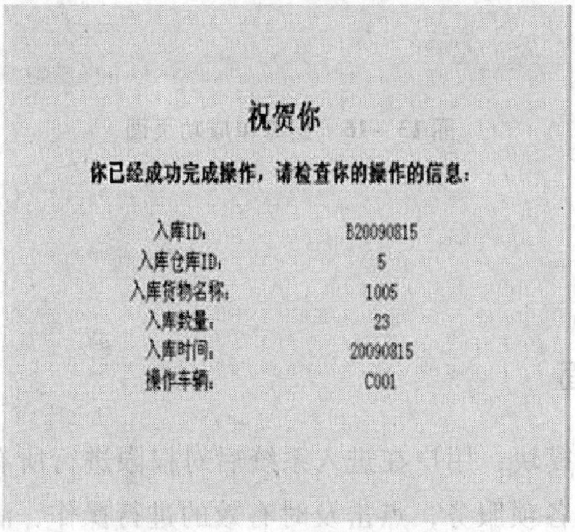

图 13－14　入库单成功界面

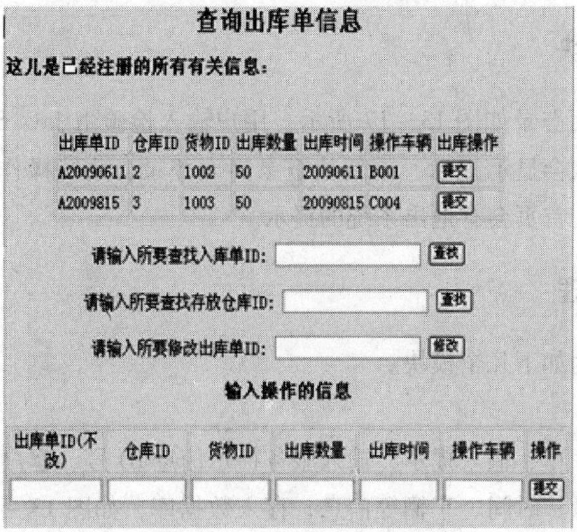

图 13－15　出库单录入

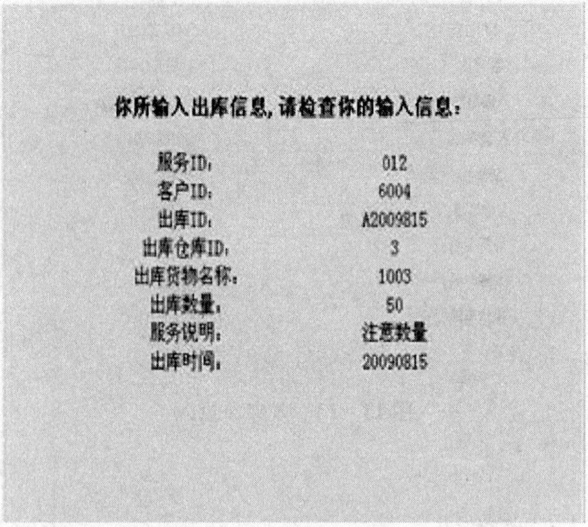

图 13－16　出库单成功页面

13.4　系统实施

13.4.1　系统主界面

主页显示所有功能模块，用户在进入系统后对权限进行所有操作，操作者可以从主页上发现即将到来的各项服务，点击及时有效的进行操作，满足客户的要求。系统的各个模块分类如图 13－12 所示。

13.4.2　登录模块

用户从登录界面登录如图 13－17 所示，用户输入检验由 Java Script 实现，当用户输入错误或没有输入会显示提示，重新从登录界面登录，系统操作者也可以重新注册新的用户名，另外在首页会有退出系统的提示。

13.4.3　入库管理

入库管理又分为如下几个模块。

1. 入库单录入

根据客户的入库单、输入提示，输入服务提示信息 ID 号、客户 ID、入库单 ID、入库仓库、货物、数量、时间、车辆等信息，存入数据库，如图 13－13 所示。在输入错误时系统会自动提示出错，包括唯一性的表单 ID 重复，空格之类的。

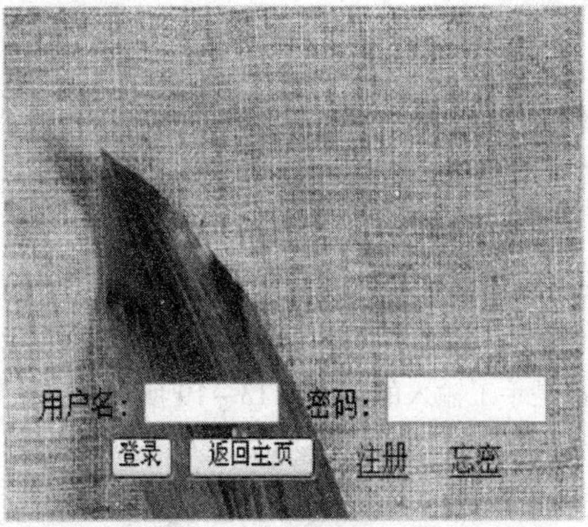

图 13－17　登录界面

2. 入库操作

页面上呈现的是从数据库中读取的入库操作表单的信息，当进行入库操作是依据入库单进行时可以直接点击“提交”进行操作，系统会自动进行各项数据的更新，包括仓库存储信息、服务提示信息、入库单等。在考虑到操作的灵活性，有时仓库进货并不按照入库单，而是直接从仓库调入多少货物时，可以直接向系统提交具体操作。同时，在入库操作的页面里集中了各项查询、修改的功能，用户可以进行其他的相关操作，如图 13－18 所示。

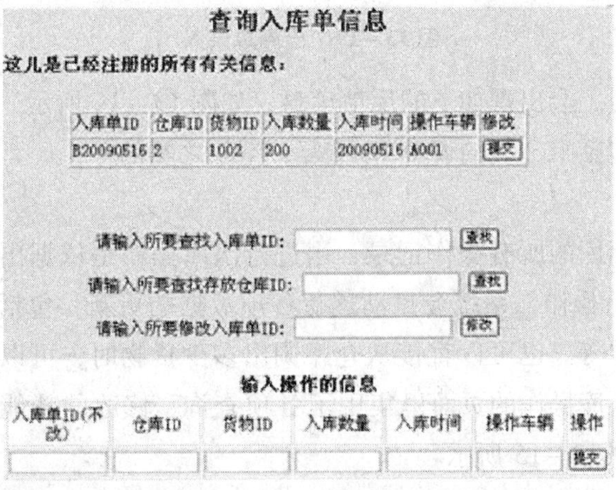

图 13－18　入库操作及修改页面

当操作成功时，会出现如下的提示信息，另外在首页上的服务提示信息将被删除，系统中其他的数据表格将实现更新，如图 13－14 所示。如果入库单上的记录需要修改，可以在查询这条记录之后进行修改，修改页面如图 13－18 所示。

13.4.4 出库管理

出库管理是入库管理的逆向操作，出库管理集查询、修改、数据更新各模块于一体。出库管理又分为如下几个模块。

1. 出库单录入

同样，根据客户的出库单、输入提示，输入服务提示信息 ID 号、客户 ID、出库单 ID、出库仓库、货物、数量、时间、车辆等信息，存入数据库。其中考虑到操作的可变性，各项表单的 ID 都是手工输入的，如图 13－19 所示。

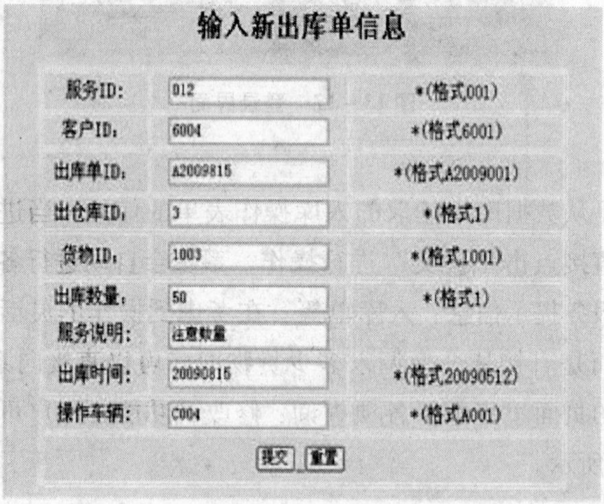

图 13－19　出库单录入

提交信息成功时，会出现如下的反馈信息，如图 13－16 所示。在输入错误时系统会自动提示出错，包括唯一性的表单 ID 重复，空格之类的。

2. 出库操作

系统自动读取出库的所有操作记录，当进行出库操作是依据出库单进行时可以直接点击“提交”进行操作，系统会自动进行各项数据的更新，包括仓库存储信息、服务提示信息、出库单等。也可以直接从仓库调出多少货物时，可以直接向系统提交具体操作。同时，在入库操作的页面里集中了各项查询、修改的功能，用户可以进行其他的相关操作，如图 13－15 所示。

当操作成功时，会出现相应的提示信息，另外在首页上的服务提示信息将被删除，系统中其他的数据表格将实现更新。出现的页面类似入库操作时的反馈。如果出库单上的记录需要修改，可以在查询这条记录之后进行修改。

13.4.5 调度管理

调度管理其实是出库管理和入库管理的综合操作，调度管理集查询、修改、数据更新各模块于一体。调度管理又分为如下几个模块。

1. 调度单录入

系统操作员在收到操作单据后，根据客户的调度单、输入提示，输入服务提示信息ID号、客户ID、调度单ID、出库仓库、入库仓库、货物、数量、时间、车辆等信息，存入数据库，如图13－20所示。

图13－20　调度单录入页面

当提交信息成功时，会出现如下的反馈信息，如图13－21所示。在输入错误时系统会自动提示出错，包括唯一性的表单ID重复，空格之类的。

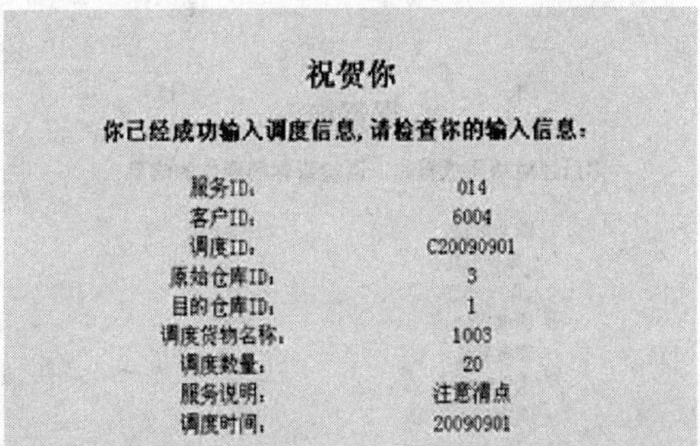

图13－21　调度单录入

2. 调度操作

在上面我们重新输入了一条调度操作，将在操作页面上显示出来，系统自动读取调度的所有操作记录，当进行调度操作时直接点击“提交”进行操作，系统会自动进行各项数据的更新，包括仓库存储信息、服务提示信息、调度单等。也可以直接从一个仓库调出多少货物到其他仓库，可以直接向系统提交具体操作。同时，在入库操作的页面里集中了各项查询、修改的功能，用户可以进行其他的相关操作，如图13－22所示。

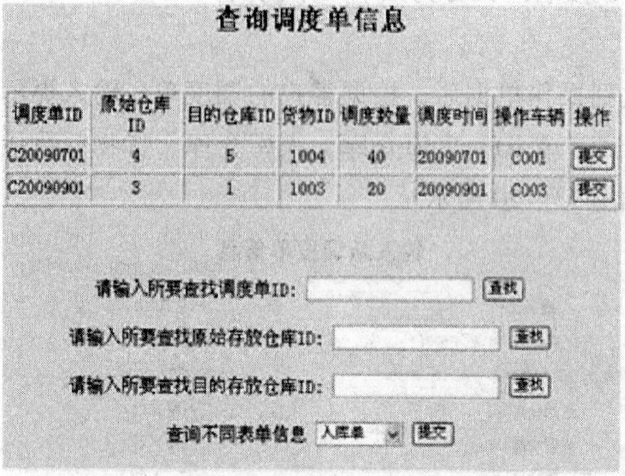

图 13－22　调度操作

当操作成功时，会出现如下的提示信息，另外在首页上的服务提示信息将被删除，系统中其他的数据表格将实现更新。出现的页面类似出入库操作时的反馈。如果调度单上的记录需要修改，可以在查询这条记录之后进行修改，如图 13－23 所示。操作成功后，我们可以检测数据的变化，在接下来的数据统计中将会具体分析。

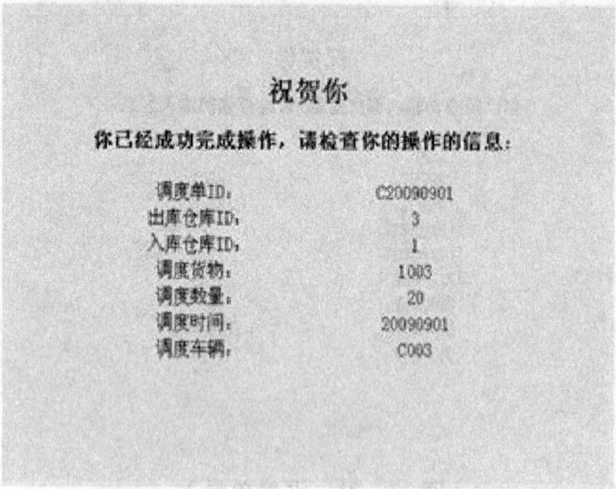

图 13－23　调度操作成功

13. 4. 6　表单管理

1. 查询表单信息

表单管理是将系统涉及的各项表单的操作集中在一起操作，更具有广泛性。查询表单信息，可以方便的查到各个表单的每条记录的信息，根据各个表单的不同属性分别进行查询，以获得用户需要的有效有用信息。查询的表单具体有：出库单、入库单、调度单、客户信息、仓库信息、货物信息等，如图 13－24、图 13－25所示。

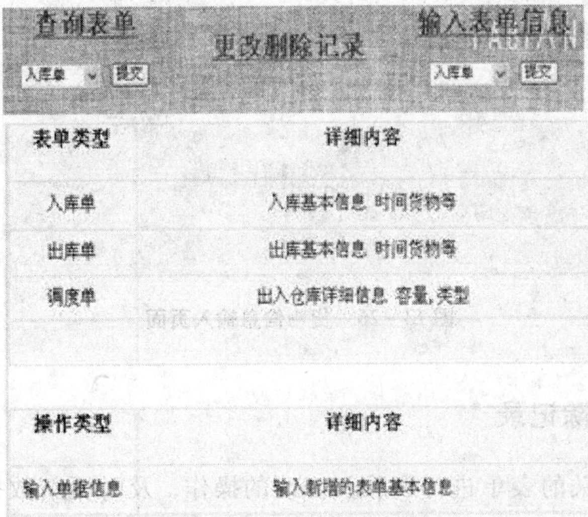

图 13－24　表单管理页面

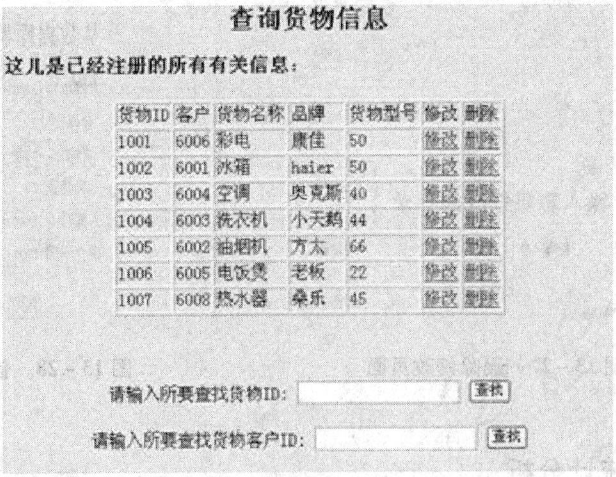

图 13－25　货物信息查询页面

2. 输入表单信息

可以根据系统需要，录入各个表单相应的额外记录，丰富数据，增强系统的处理功能，如图 13－26 所示。

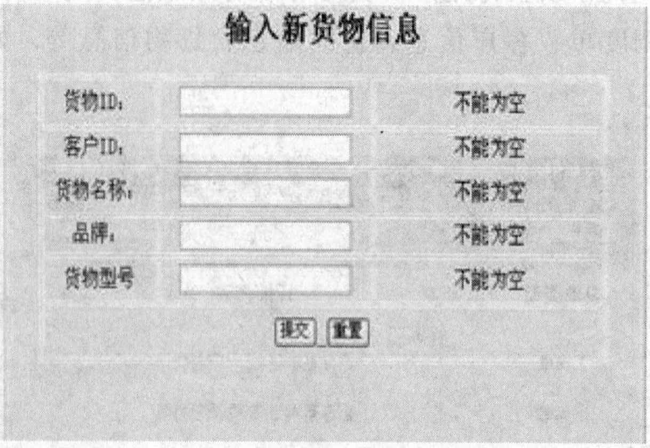

图 13 – 26　货物信息输入页面

13.4.7　更改删除记录

对所有系统有关的表单进行删除和修改的操作，及时更新数据，如图 13 – 27、图 13 – 28所示。

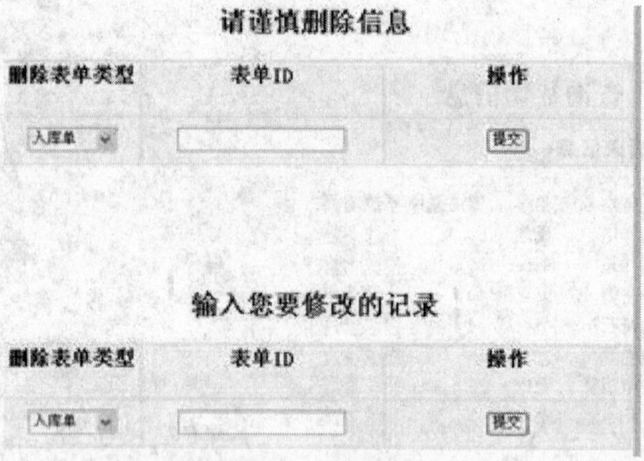

图 13 – 27　删除修改页面

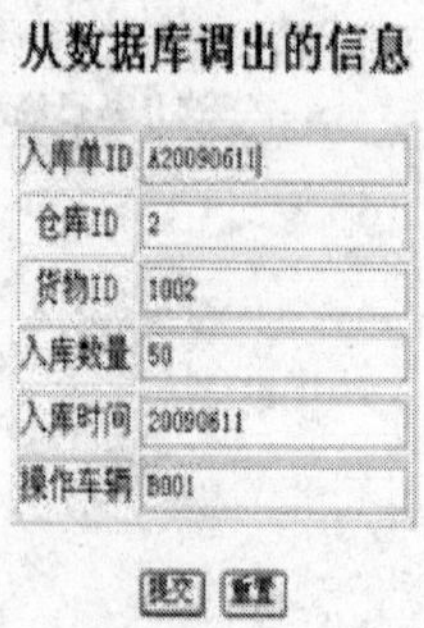

图 13 – 28　信息修改页面

13.4.8　数据统计分析

1. 操作记录

在系统进行出入库以及调度操作时对每条操作记录进行备份，如统计出入库、各项货物在每个仓库的分布情况。在操作记录的页面中还实现了因操作失误而引起的数据变化的还原功能。还原是原来具体操作的逆向实现，包括更新仓库存储信息、还原服务提示信息、单据中相应的记录等。在操作记录中也可以直接对记录操作进行修改、删除功能，如图 13 – 29 所示。

表单类型	操作表单ID	原始仓库ID	目的仓库ID	货物ID	数量	操作时间	操作车辆	表单还原
B	B20090529	无	4	1004	80	20090529	A004	提交
B	B20090526	无	3	1003	100	20090526	A002	提交
A	A20090615	3	无	1003	60	20090615	B002	提交
B	B20090801	无	3	1003	150	20090801	B003	提交
C	C20090711	3	5	1003	40	20090711	C002	提交
B	B20090815	无	5	1005	23	20090815	C001	提交
A	A2009815	3	无	1003	50	20090815	C004	提交
C	C20090901	3	1	1003	20	20090901	C003	提交

图 13－29　操作记录页面

2. 操作表单信息统计

统计各个仓库的使用情况，货物的进出频率可以更好地协调配送中心的调度工作，在操作表单统计中统计了各类货物在各仓库中出库和入库的数量，而且也可以了解在各仓库中货物的存货情况，如图 13－30 所示。

查询显示货物入库信息

仓库号	货物ID	入库数量(包括调度)
1	1003	20
3	1003	250
4	1004	80
5	1003	40
5	1005	23

打印　打印预览　页面设置

查询显示货物出库信息

仓库号	货物ID	出库数量(包括调度)
3	1003	170

图 13－30　表单操作统计

3. 仓库存货

仓库存货是对所有操作后仓库的各类货物存货情况的统计，分仓库分货物列成表格形式。可以对表格进行打印。当数据发生变更时，表格及时更新，如将 3 号仓库的“1003”号货物调度到 1 号仓库 20 个，则表格前后数据更新如图 13－31、图 13－32 所示。

查询仓库货物信息

这儿是已经注册的所有有关信息：

仓库ID	货物1001	货物1002	货物1003	货物1004	货物1005	货物1006	货物1007	总计
1	0	0	0	0	0	0	0	0
2	0	0	0	0	0	0	0	0
3	0	0	100	0	0	0	0	100
4	0	0	0	80	0	0	0	80
5	0	0	40	0	23	0	0	63
总计	0	0	140	80	23	0	0	243

图 13－31　仓库存货 1

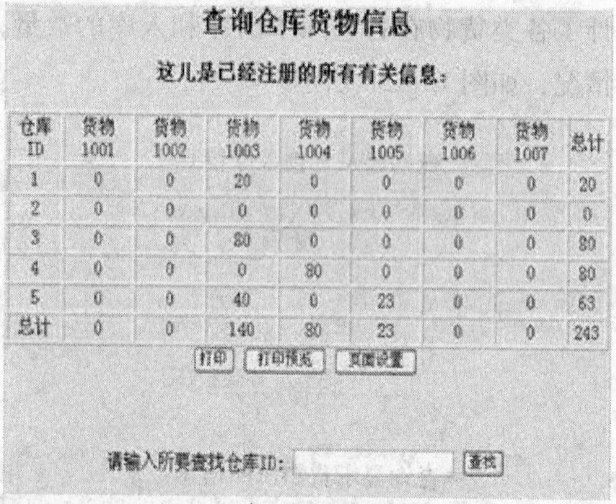

查询仓库货物信息

这儿是已经注册的所有有关信息：

仓库ID	货物1001	货物1002	货物1003	货物1004	货物1005	货物1006	货物1007	总计
1	0	0	20	0	0	0	0	20
2	0	0	0	0	0	0	0	0
3	0	0	80	0	0	0	0	80
4	0	0	0	80	0	0	0	80
5	0	0	40	0	23	0	0	63
总计	0	0	140	80	23	0	0	243

图 13－32　仓库存货 2

参考文献

[1] 黄梯云．管理信息系统［M］．北京：高等教育出版社，2005.

[2] 李艳杰．管理信息系统［M］．南京：东南大学出版社，2005.

[3] 李安华．物流信息系统［M］．成都：四川大学出版社，2006.

[4] 王世文．物流管理信息系统［M］．北京：电子工业出版社，2006.

[5] 金锡方．物流管理信息系统［M］．南京：东南大学出版社，2006.

[6] 滕佳东．管理信息系统［M］．大连：东北财经大学出版社，2008.

[7] 陈京民．管理信息系统［M］．北京：清华大学出版社，2005.

[8] 罗超理．管理信息系统原理与应用［M］．北京：清华大学出版社，2002.

[9] 安忠，佟志臣．管理信息系统［M］．北京：中国铁道出版社，经济科学出版社，2003.

[10] 张志清．管理信息系统实用教程［M］．北京：电子工业出版社，2005.

[11] 张亚东，程云喜．管理信息系统［M］．郑州：河南人民出版社，2006.

[12] 易荣华．管理信息系统［M］．北京：中国计量出版社，2006.

[13] 梅雷，邵淑华．管理信息系统［M］．北京：中国铁道出版社，2006.

[14] 柳佩九．管理信息系统及其开发技术［M］．长沙：国防科技大学出版社，2005.

[15] 陈晓红．管理信息系统［M］．北京：高等教育出版社，2006.

[16] 苏选良．管理信息系统［M］．北京：电子工业出版社，2009.

[17] 王知强．管理信息系统入门与提高［M］．北京：清华大学出版社，2005.

[18] 厉小军．Web 编程技术［M］．北京：机械工业出版社，2009.

[19] 潘云，吴海燕，杨贵君．物流软件开发工具［M］．北京：高等教育出版社，2006.

[20] 李平，赵丽华，马丽．管理信息系统［M］．北京：清华大学出版社，北京交通大学出版社，2006.

[21] 陈旭东，刘迪仁．JSP2.0 应用教程［M］．北京:清华大学出版社，北京交通大学出版社，2006.

［22］张周平．中国电子商务发展的环境和前景分析［EB/OL］．［2009－07－27］http：//news. iresearch. cn/0200/20090727/98049. shtml.

［23］董良，高磊，朱明峰，等．深入浅出 Delphi 6［M］．北京：清华大学出版社，2002.

［24］刘仲英．管理信息系统［M］．北京：高等教育出版社，2006.

［25］张树山．物流信息系统［M］．北京：人民交通出版社，2005.